DIDEROT,
LE GÉNIE DÉBRAILLÉ

Sophie Chauveau

DIDEROT,
LE GÉNIE DÉBRAILLÉ

Tome 1
Les années bohème
1728-1749

Suivi du Neveu de Rameau
adaptation pour le théâtre

Éditions SW Télémaque

L'adaptation du *Neveu de Rameau* est publiée
avec l'aimable autorisation
du théâtre Le Ranelagh et des auteurs.

© Éditions SW Télémaque, 2009
7, rue Pérignon, 75015 Paris
www.editionstelemaque.com
ISBN : 978-2-7533-0094-1

*À Liliane Kandel,
et cette amitié sans pareille.*

*J'aime la vie à la folie,
cent vies ne me lasseraient pas.*

Claude Lanzmann

Chapitre 1

1728
Première fugue

> *… Tu recules à l'aspect de leurs cheveux ébouriffés et de leurs vêtements déchirés. C'est ainsi que j'étais quand j'étais jeune, et c'est ainsi que je plaisais, même aux femmes et aux filles de ma province. Elles m'aimaient mieux débraillé, sans chapeau, quelques fois sans chaussure, en veste et pieds nus, moi, fils d'un artisan que ce petit monsieur bien vêtu, bien poudré, bien frisé, tiré à quatre épingles, le fils de madame la présidente du bailliage…*
>
> Correspondance

— Chut !
— Quoi ?
— Moins de bruit ! Arrête de bouger, tu vas réveiller toute la maison.
— Et là ?… C'était combien, là ? Quelle heure vient de sonner ?
— Ah quand même. Cette fois tu as entendu. Un coup après minuit, ça peut être le quart, la demie, moins le quart, ou l'heure. Et dire que ça va continuer comme ça jusqu'à deux heures…
— On n'a pas intérêt à rater le deuxième coup ! ajoutent-ils ensemble, à voix très basse, en éclatant de rire.

Un rire sous cape, un rire interdit, un rire clandestin, un rire d'enfance aussi, fait de répétition, de connivence et d'habitude. Un rire qui ne veut pas finir.

— Quand même, t'es fort, un fou rire dans un moment pareil ! Alors que tu dois mourir de peur.

— Tu es folle ! Peur ? Au contraire, je suis terriblement excité, j'ai hâte...

La fluette petite Denise, toute gracile dans sa grande chemise de nuit flottante, ses longs cheveux blonds lâchés sur ses épaules, à peine éclairée par deux minuscules bougies, ressemble à une trop jeune mariée. Ou à une fée bébé. Son grand frère Denis, son aîné de deux ans, il aura 15 ans dans quelques semaines, est lui tout habillé. Prêt à affronter le froid, la nuit, l'aventure. C'est un grand adolescent monté en graine, maigre mais costaud, musclé et nerveux, assez long et des épaules déjà charpentées. Ce qu'on remarque dès l'abord, ce sont ses yeux luisants comme des aiguilles. Son regard perçant, incisif. Et ses gestes, on les croirait indépendants, sinon de sa volonté, du moins de lui-même. Ils soulignent et accentuent tout, son corps a l'air de les suivre. Avant de parler, il a bougé ses mots. Ses mots se sont exprimés par des mouvements, son corps sait avant lui ce qu'il va dire et l'indique, le précise. Comme il y a des sanguins ou des nerveux, lui c'est un musculaire. Son physique parle pour lui et parle bien, il a de beaux gestes. Dans la pénombre de sa chambre de jeune garçon, où la petite est enfermée avec lui depuis un moment à guetter, à attendre la bonne heure, il a la mine d'un conspirateur amateur. Et elle, d'une comploteuse enfant.

Ils préparent le plus gros coup de leur enfance : la petite aide l'aîné à prendre la fuite. À s'échapper. Tout simplement. À fuir sa famille, sa ville, son avenir ici tout tracé. Son destin, ajoute-t-il, pour se donner du courage. Il part cette nuit, tout seul, pour la capitale, et Paris depuis Langres en Champagne, ce n'est pas la porte à côté.

Ça fait si longtemps qu'il nourrit ce rêve secret, au moins dix mois ! Seule sa petite sœur est dans la confidence. Près d'une année qu'il l'abreuve de ses imaginations, de ses désirs, de ses espoirs, de ses ambitions. Fuir Langres pour réussir à Paris. Ni le frère ni la sœur n'ont besoin de préciser davantage. Réussir signifie *a minima* devenir Voltaire ou Montesquieu. Au pis, Marivaux. Auteurs parvenus jusqu'à Langres mais sous le manteau, sulfureux mais incontestables. Faire connaître sa pensée, diffuser ses idées, peser sur le cours des choses… Et pourquoi pas, changer le monde à l'aide de ces auteurs que le jeune Denis Diderot lit le soir à sa petite sœur, et qu'il renonce à emporter dans sa fuite pour rester léger. Ces auteurs qu'il lui lègue… Tout prend ce soir des proportions au bord de l'abîme.

On ne s'habitue pas à pareille pénombre, surtout qu'ils ont choisi exprès une nuit sans lune. Bien que ce soit une idée insistante de la petite, c'est lui qui va se heurter à la nuit noire.

Il inspecte chaque recoin de sa chambre d'enfant à l'aide d'une flamme vacillante comme pour mesurer l'étendue du fouillis qu'il abandonne, ou faire l'inventaire de ce qu'il emporte : outre deux besaces et un havresac trouvé au grenier, entreposés derrière la porte, il tient ses croquenots à la main, le reste est dans le noir. On devine sur le lit étroit la toute jeune fille, assise en tailleur – les rideaux sont tirés sur la nuit, la pièce déjà sent l'abandon. Denis embrasse les lieux d'un coup d'œil prolongé, animé du sentiment ambivalent de partir pour toujours, tout en promettant à sa sœur de revenir… Finalement en dépit de sa peur, ça ne lui semble pas encore très réel, peut-être même que sa fuite n'aura pas lieu…

Comme elle s'agite, la jeune fille qui joue à la petite épouse, elle s'active, vérifie les sacs, remet dans une poche de côté un énième gâteau, confectionné en cachette dans l'après-midi pendant que son grand frère…

– Tu y es vraiment allé ?

— Mais oui ! Quand je dis une chose, je le fais.
— Alors raconte.
Le grand frère se tait. Elle insiste...
— Allez, raconte... Juste un peu.
— Écoute...
Il ne sait pas comment dire, par où commencer.
— Elle s'appelait Fanchon. Elle avait des cheveux blonds, plus blonds que les tiens, moins longs, des yeux marron, des petits seins très haut perchés, très mignons. Elle m'a laissé les embrasser parce qu'elle m'a trouvé gentil. Je lui ai dit que je ne pouvais pas arriver puceau à Paris et ça l'a fait rire. Elle a été adorable. Elle avait la peau des cuisses d'une douceur, tu n'as pas idée, incroyable.
— Toutes les filles ont les cuisses douces... Ensuite ? Tu n'as pas eu peur ?
— Si. Un peu. Avant. Mais je te dis, elle a été tellement gentille. Et puis, tu avais raison, elle m'a trouvé beaucoup plus propre que les paysans ou les curés qu'elle voit d'habitude. Elle m'a même dit que ça la changeait en bien. Alors je lui ai expliqué plus en détail que pour rencontrer les grands poètes, je ne pouvais pas être vierge. Elle m'a promis que je ne le serais plus du tout et... On n'a plus parlé.
— Alors donc, ça y est, tu es un homme ?
— Oui. Je peux partir.
— Tu es sûr que tu veux vraiment... Il vaut peut-être mieux attendre le printemps. Ou la nuit prochaine...
— Non, c'est maintenant, c'est aujourd'hui, c'est décidé.
— Tu me laisses toute seule. Si tu me quittes comme ça, c'est que tu ne m'aimes plus...
— Sœurette, arrête. Tu sais que je t'aime. Là n'est pas la question.
— Alors pourquoi tu m'abandonnes ?

– Pour vivre ma vie. Ma vie. La vraie. Et tu sais bien que dès que je pourrai, je te ferai venir… Je viendrai te chercher…

– Mais tu n'es pas triste de quitter maman, et Père ?

– Je ne veux pas y penser, surtout à maman. Je ne dois surtout pas penser à elle…

– Elle sera triste.

– Bien sûr, mais il lui reste toi et Catherine et Angélique et le petit Didier…

– Oui, mais moi, je serai toute seule sans toi.

– Je te laisse mes livres.

– Tu sais, j'ai pensé voler un jambon…

Tous deux éclatent de rire.

– Ah non !

– Moins fort, tu vas tous les réveiller.

– Tu veux me faire rattraper par les chiens errants…

– Mais non, c'était pour rire, tu te souviens ?

– Comment veux-tu que j'oublie. J'en ai encore les marques sur les mollets. Ah ça, ton jambon ! Tous ces chiens affamés qui nous suivaient en hurlant qu'on avait volé le jambon. Non, vraiment, il a suffi d'une fois pour m'ôter le goût du jambon en plein air…

– Et encore, cette fois-là, c'était de jour.

– Et je n'étais pas en fuite. Imagine…

– Je t'ai dit que c'était pour rire. Pour que tu n'oublies pas comme tu as été heureux avec moi, ici…

Sa voix se perd dans un sanglot gravement réprimé.

– Ma Sœurette, je sais. Je n'oublierai pas. Je ne peux pas oublier, mais ma vie, mon avenir, c'est à Paris. Si je veux devenir quelqu'un, ça ne peut pas être ici. On en a parlé cent fois. Je me sens trop différent pour que ça ne veuille pas dire quelque chose. Je dois me faire confiance, me fier à mes sentiments. Suivre mon instinct, et mon instinct m'envoie à Paris. C'est comme si j'étais appelé, et pas par Dieu, crois-moi.

— Mais alors, c'est quoi ?

— C'est comme une lumière. La gloire, le pouvoir de faire des grandes choses.

— Mais tu vas faire quoi pour devenir un grand homme ?

— Je ne sais pas exactement... Écrire, déclamer au théâtre, arrêter les injustices... Tout peut-être... Je ne sais pas encore. Je me sens une ambition à ne pas tenir en place, à ne plus supporter la cage de Langres. Je dois devenir moi, et je ne le peux que loin d'ici, où je me sens entravé. Donc, c'est forcément à Paris où sont tous ceux que j'admire.

— Tu te rappelles les pièces qu'on a jouées ici tous les deux ? Tu vas en faire d'autres, c'était tellement bien.

— Je te les ai laissées. Avec les *Lettres persanes*. Je n'ai emporté qu'Homère et Horace. Je t'ai aussi laissé Marivaux et l'*Œdipe* de Voltaire mais ceux-là, tu les caches, tu as promis. Si Père te trouve avec...

— Qu'est-ce qu'il te ferait ? Tu es plus fort que lui maintenant... Depuis ta dernière bagarre, tout le monde a peur de toi. On parle de ta force comme dans les légendes...

— Ici, j'ai l'air costaud comme ça, parce que je n'ai pas peur de faire le coup de poing, mais jamais je ne pourrais lever la main sur mon père. J'ose à peine lui tenir tête.

— Et s'il me demande où tu es ?

— Tu dis la vérité, que tu n'en sais rien. Est-ce que moi-même, je sais où je vais atterrir ? Mais je dois trouver où il faut aller pour devenir grand. Sans doute la Sorbonne. Ils en parlent tous, même Voltaire le dit. C'est là qu'on fabrique les grands esprits.

— J'ai volé l'argent de la quête de ce matin, tiens. Avec ça, plus le reste, tu dois bien pouvoir tenir... je ne sais pas moi,

PREMIÈRE FUGUE

123 livres une centaine de sols... peut-être une semaine, un mois...

— Merci Sœurette... Sans toi... Vraiment merci. Le curé n'a rien vu ?

— Il trouve seulement que ses paroissiens sont de plus en plus grigous.

Denis fait les cent pas en chaussettes sur ce parquet tant de fois arpenté. On dirait un ours en cage. Denise l'invite à s'asseoir puisqu'il refuse de s'allonger. Il a trop peur de s'endormir.

— Énervé comme tu es, ça m'étonnerait. Mais si tu continues à tourner en rond, tu vas finir par les réveiller.

— Comme la fois où j'étais malade. Qu'est-ce que j'ai pu avoir peur en les voyant tous débarquer dans ma chambre...

— Faut dire que tu avais mangé un poulet entier. Et volé encore.

— J'avais faim.

— Non, tu es un glouton, voilà tout.

Et ils éclatent de rire. Rire qu'à nouveau Denise étouffe sous un coussin. Depuis sa naissance, elle entend son frère dire qu'il a encore faim, et ses parents répéter en chœur qu'il n'a plus faim et qu'il n'est qu'un glouton.

Plaisanterie de l'enfance qui, à cette heure ardente, a le don de les souder davantage.

— Tu vas tellement me manquer...

— Je t'écrirai chez le cousin Victor, c'est entendu. Mais tu ne me fais pas prendre, tu détruis mes lettres, jure-le-moi.

— Je te l'ai déjà juré vingt fois.

Un long temps. Denise ne sait plus qu'inventer pour attirer l'attention sur elle, il revient toujours à sa fuite imminente. Alors bon, tant pis, elle insiste.

— Tu n'as vraiment pas peur.

– De plus en plus à mesure que l'heure avance.
– Peur de te faire prendre ?
– Mais oui, évidemment. Ensuite, si j'arrive à Paris, à moi la belle vie.
– Chut ! Tu parles trop fort.
– Tu as raison, mais je n'en peux plus. Il faut que ce soit l'heure.

Ils se taisent. Un temps. Puis la petite se lève et va se lover dans les bras de son grand frère. Très grand par rapport à elle. Il la serre de toutes ses forces, mais la repousse presque aussitôt.

– Je ne dois pas penser à maman.
– Tu peux remercier Hélène, elle « t'a » fait un deuxième pain aux raisins. Et un flan. Elle ignore tout ce que j'ai pu lui chaparder pour toi mais je suis sûre que demain, quand elle aura compris que c'était pour toi, elle ne dira rien. Enfin, je crois.

Denise va pleurer, elle sent les larmes monter, elle ne voit plus à quoi se raccrocher pour les empêcher de couler.

– Tu sais…
– Oui, mais si tu m'en parles encore…
– Mais toi aussi.
– Moi aussi évidemment, mais moi j'ai besoin de toutes mes forces, de tout mon courage… Arrête, je t'en prie, ne me l'ôte pas. Et jure-moi que tu ne diras rien à personne. D'ailleurs tu n'as pas intérêt à te vanter de m'avoir aidé…
– Chut, moins fort…

Denis reprend plus bas mais tout de même très remonté.

– Parce que ça se retournerait contre toi, et comme ils ne m'auront plus sous la main, c'est toi qui prendras pour moi…
– Tu es drôlement intelligent, tu penses à tout.

PREMIÈRE FUGUE

Avec cette gamine futée, maligne et si vive, Denis ne sait jamais si elle l'admire autant qu'elle le lui témoigne, ou si elle se moque ouvertement. Sans doute un peu des deux. Son immense orgueil l'autorise à croire sincère son admiration, mais tout de même. Elle l'adore, il lui est une sorte de dieu de l'enfance. Depuis sa naissance, ils sont tout l'un pour l'autre. Et c'est vrai qu'après son départ, elle va se sentir seule. Leurs autres frère et sœurs sont bêtes. En tout cas, trop petits pour une complicité de ce tonneau-là.

Mais il ne doit pas penser à elle. Il ne doit pas penser à autre chose qu'à son départ, imminent, à son arrivée à Paris... Il est bientôt deux heures, l'heure qu'ils ont choisie après maintes discussions comme la plus sûre. L'heure du plus profond sommeil. Plus tard, vers trois-quatre heures, leur mère descend parfois manger un fruit, dit-elle.

— C'est l'heure ? s'alarme la petite.

— Non, pas encore, il vient juste de sonner un coup, sans doute moins le quart...

— Arrête de gigoter, tout est prêt. Tout est prêt. On a déjà fait mille fois l'inventaire de tes affaires, si tu as oublié quelque chose, c'est que tu as oublié d'y penser. Mais ça m'étonnerait, ajoute Denise, les yeux écarquillés d'amour.

Oui, c'est bien de l'admiration. Il a toujours été le héros de son enfance.

— Et tu sais, dit-elle encore plus bas, au point qu'il doit se pencher sur elle, toujours en tailleur sur le lit, pour l'entendre, j'aimerais que ça rate. Que tu me restes. En plus je suis horriblement envieuse.

— Ça ne peut pas rater, tranche Denis, qui ne peut nier l'ambivalence de ses propres sentiments aussi, car bien sûr, c'est pire chez lui.

« Partir, ne pas partir » se mêlent depuis des semaines dans sa tête, mais l'action l'emporte, et Paris demeure la seule clef d'entrée dans le monde des grands hommes.

— Ça ne doit pas rater, il en va de mon existence, de ma liberté, de ma vie entière...

— Mais qui va me faire découvrir à moi, toutes les belles choses du monde ?

— Mais si je ne les connais pas, je ne pourrai pas en inventer de nouvelles à t'offrir.

— Tu as toujours été absolument obstiné.

— Oui, et je sais avec entêtement que je dois partir d'ici pour grandir.

— Mais il y a quoi ici qui t'empêche ?

— La bienveillance et la surveillance. La douceur et la mollesse. L'amour et le piège, l'avenir tout tracé en barreau de prison, et ces remparts qui bornent tout l'horizon...

— Ils ont raison, tu es une forte tête.

— Si ça veut dire que je me sens ici trop à l'étroit pour me déployer comme je dois, appelle ça forte tête si tu veux.

— Mais je vais mourir de peur.

— Tu dis ça chaque fois que je fais quelque chose mais en réalité tu ne meurs jamais.

— Arrête de te moquer.

La petite est prête à fondre en larmes.

— Mais non, je me donne du courage. Hé ! Tu as entendu ?

— Oui, cette fois, ce n'est plus le quart. C'est bien deux heures qui ont sonné.

— Ben oui. Faut y aller. Prête ?

— Tu as pris tes gants ?

— On a déjà tout vérifié cent fois.

— C'est peut-être mieux si on remet à demain...

— Sœurette ! Tu sais bien que ce sera pareil demain.

PREMIÈRE FUGUE

Frère et sœur enlacés retiennent leur souffle, étouffent leurs sanglots. Ne pas pleurer, ne pas s'effondrer. Denis enfile son havresac, attrape du même bras ses deux autres sacoches, pendant que Denise tout doucement, avec le moins de grincement possible, lui entrouvre la porte et murmure dans un souffle : « Va. Descends, je reste sur le palier. Embrasse-moi, je t'aime. »

Une dernière fois, sa paume se détache de la joue si douce de l'enfant. Il était temps, les larmes l'envahissent aussitôt. Mais Denis n'a rien senti. Il a déjà filé.

À pas de loup et dans une totale obscurité, il descend les vingt et une marches qui mènent au vestibule, encore plus sombre si c'est possible. Il a tout prévu. Il s'est arrangé pour que la porte ne soit pas verrouillée, mais seulement repoussée. Il y a veillé.

Sans doute a-t-il atteint la porte, se dit Denise de là-haut, étonnée de n'avoir pas encore senti une bouffée d'air frais, on est en septembre tout de même. Quand, soudain, une lumière. La lumière d'un flambeau au moins ou de plusieurs, dessine des ombres gigantesques et déformées dans la cage d'escalier. Denise ne voit rien, mais elle entend tout. La flamme s'immobilise en tremblant. Alors la voix de son père s'élève, mauvaise.

– Où comptais-tu aller à cette heure si terriblement matinale ?

– À Paris, croit entendre Denise, ou bien c'est parce qu'elle le sait – peut-être que tétanisé son frère n'a rien pu dire.

Son père reprend un ton au-dessous. Denis semble cette fois lui répondre, mais Denise n'entend plus. Elle a le cœur qui bat. Elle est contente et désolée. Inquiète surtout, que va-t-il se passer maintenant ? Denis saura-t-il convaincre ce père si sévère ? Il en a le talent. Elle en est sûre. Et après tout, c'est pour d'excellentes raisons qu'il a besoin de s'en aller. Mais est-ce que son père peut entendre ses « raisons » de gloire, de théâtre, d'amour de l'étude et des arts ?... Son besoin de se mesurer à Voltaire, à Montesquieu, à tous ces grands hommes qu'il ne connaît pas, à sa folie de changer le monde ?

Rien de très solide aux yeux de leur père, elle s'en doute un peu. De toute façon, Denis est tellement surpris qu'il ne trouve aucun des fameux arguments qui ont tant séduit sa sœur. Sur un ton impératif et assez menaçant, elle entend à nouveau la voix de son père.

– ... Monsieur Diderot, sachez que ça ne se passera pas comme ça.

Denis a dû vouloir ramasser ses affaires, car son père, furibard, lui crie de tout laisser là, qu'il va en faire l'inventaire lui-même, et qu'on verra ce qu'on verra...

Demain.

Chapitre 2

1728
Tribunal familial

Celui qui serait sage n'aurait point de fou. Celui donc qui a un fou n'est pas sage ; s'il n'est pas sage il est fou, et, peut-être, fût-il roi, le fou de son fou.

Le Neveu de Rameau

Des puceaux, elle en a déjà « fait » souvent, de jeunes paysans à déniaiser, de malheureux clercs échappés du petit séminaire, et même quelques bourgeois à la peau douce et fine, mais des comme celui-là, jamais ! « Mon poète », elle l'appelle, la petite Fanchon. Et elle n'en est pas revenue.

— Je ne peux absolument pas arriver à Paris garçon. Je dois devenir un grand homme mais avant d'être grand, je dois être un homme.

Ça, elle n'avait encore pas entendu. C'était à la fois drôle et joli. Elle n'a pas pu s'empêcher de courir tout raconter à Lison, son amie de cœur et sa sœur de lait, pensionnaire comme elle de cette petite maison de plaisir, unique maison entre les murs de Langres. Bien sûr, Lison qui a aussi l'esprit poète a savouré l'anecdote, et l'a aussitôt racontée à son Mathieu, un bon gars, qui l'épousera peut-être un jour. Pour l'heure, il est encore apprenti en coutellerie. Aussi a-t-il vu tout de suite quel parti tirer de cette histoire, s'il la déballait à temps à son patron, Didier Diderot, propriétaire de La Perle, fabrique de lames d'excellente réputation depuis 1628.

C'est donc grâce à lui que le père de Denis a su jusqu'à l'heure fixée de la fuite de son fils aîné ; et même ses motifs grandiloquents ; qu'il a pu se dresser face à son fils, à l'instant où celui-ci s'apprêtait à franchir le seuil de la maison paternelle, au grand dam du jeune fugueur, partagé entre rage et dépit, honte et vexation. Et pourquoi ne pas le dire, un rien de soulagement…

Le lendemain dès neuf heures, toute la famille dûment convoquée jusqu'à la parentèle maternelle, se tient assemblée dans le grand salon des jours de fêtes. L'oncle curé, frère de sa mère, trône en place d'honneur. Il a l'œil qui frise, insolite en ce jour de tragédie. Sous une apparente gravité, il semble savourer le moment. Il est naturellement bienveillant. Et là, en dépit du climat de drame intentionnel, il réprime difficilement un sourire de connivence.

En aparté, le père lui chuchote qui l'a informé de l'entreprise de son fils, comment, en quelle circonstance, et grâce à quoi il a pu le prendre sur le fait. Sitôt qu'il a fini de raconter à voix basse ces singulières et risibles aventures, le patriarche exige le silence de sa famille réunie. Personne ne sait pourquoi officiellement. Mais tout le monde se doute. Cette convocation à une heure si matinale le confirme : une catastrophe couve, elle est palpable.

Père est le portrait craché en plus vieux du fils qu'il juge, difficile de faire plus ressemblant. Grand et musclé, un visage expressif, un nez fort, un grand front, et des yeux qui vous éclaboussent quand ils se posent sur vous d'une lumière d'exigence. Un personnage de Noble, dit-on au théâtre, un être qui n'appelle pas le soupçon. L'honnêteté faite homme. Encore plus grand que son fils mais on sent que ce dernier n'est pas loin de le rattraper, peut-être de le dépasser. Près de lui, Denis fait penser à un de ces jeunes chiens dont les grosses pattes pataudes et si démesurées indiquent une croissance inachevée.

Dans le coin le plus éloigné du théâtre où se joue la grande scène, *mezza voce* les enfants se chamaillent. Les deux petites sœurs, six et cinq ans, dans l'ordre Catherine et Angélique, et le petit dernier de quatre ans, Didier, sont littéralement enchantés que leur aîné soit l'objet d'un courroux si grave et si spectaculaire qu'eux-mêmes sont convoqués pour assister à l'événement. Du côté des pleureuses, enlacées, Angélique la mère et Hélène Brûlé la servante qui, à son insu, a confectionné de quoi alimenter la fugue, et Denise, écartelée entre les larmes de frayeur des femmes et son admiration pour l'attitude de son frère. Fier, grave, sans un mot depuis son réveil, il fixe son père dans les yeux. Déjà en entrant, il n'a pas eu un regard pour l'assistance. À aucun moment il ne baisse les yeux. Il semble retenir ses gestes, immobilisés par sa force d'âme, les bras le long de son corps. Roide. Le silence se fait plus lourd, seulement entrecoupé des chuchotis des petits et des reniflements des femmes. Un long temps après l'aparté avec le curé, le père ouvre les sacs de voyage de son fils. Et en sort solennellement un à un tous ses effets en les nommant. Précautionneusement, et non sans les avoir exhibés à hauteur des yeux du public, il prend plaisir à les énumérer, les inventorier en détail. Pains et chaussettes, linge et saucisses, fromages et écharpes, livres et paletot... pour finir par une bourse qu'il renverse sur le guéridon d'acajou.

– D'où vient, monsieur, tout cet argent ? À qui donc l'avez-vous volé ?

– Je l'ai économisé longuement, Père.

— Taisez-vous, vous êtes un menteur, en plus du reste. Et ces victuailles, toutes ces provisions de bouche accumulées, vous les auriez aussi économisées sur vos repas depuis des semaines ?

Denis ne dit plus mot.

— Alors ? J'attends. Je veux immédiatement savoir le nom de vos complices.

Denis persiste en son mutisme.

— Ne me dites pas que vous vous êtes servi de cette malheureuse enfant pour accomplir vos forfaits ! Vous n'avez tout de même pas osé la transformer en voleuse ? Et en criminelle de surcroît ! Car qui d'autre pouvait-elle voler sinon ses père et mère ?

— Mais Père, il ne m'a jamais forcée à rien, avoue malgré elle la petite Denise qui, bravache, s'est détachée du groupe des femmes pour clamer haut et fort à la face de son père son amour pour son frère sans songer qu'ainsi elle le perd.

Aussitôt sa mère la tire par la manche pour la faire taire et rentrer dans leur rang.

Reste donc seul au centre du motif et du salon l'accusé, et devant la fenêtre, son juge, son père, dressé comme la justice mais quasi en ombre chinoise tant la lumière est forte en ce frais matin d'automne. Et dans le haut fauteuil, l'oncle curé porte sur la scène un regard indulgent. Après tout, Denis est le plus brillant de ses neveux, et il ne revendique que d'aller étudier, ce pourquoi ils l'ont élevé. Les jésuites d'ici lui ont dit tant de bien de ce petit-là qu'il est prêt à croire au grand homme qu'il s'est vanté de vouloir devenir auprès de la petite putain. Eh oui, pourquoi ne pas le laisser aller chez les jésuites de Paris, faire de plus solides études que Langres ne saurait lui offrir ?

Le silence se fait de plus en plus lourd, comme tombé après une avalanche, de l'aveu de la complicité de la petite sœur.

– Avez-vous d'autres complices, monsieur ?

– Non, j'ai agi seul.

Pourtant les soupçons de son père se portent naturellement sur l'auteur des gâteaux. La tendre Hélène qui semble avoir offert sa vie à cette famille et la sert avec un dévouement confinant à l'abnégation. Par la seule qualité de ses sentiments et sa hauteur d'âme, elle a gagné parmi eux une place et une considération particulières qu'aucune autre servante n'a atteintes jusqu'ici : quand il n'y a pas d'invité, elle est même conviée à la table familiale. Elle est devenue sinon la meilleure amie, du moins la plus proche confidente d'Angélique, la mère des enfants. Cette grande Lorraine franchement rousse, aux cheveux relevés très haut, enserrés dans un fichu aux heures de travail, débagoulant soir et dimanche, a le teint des vraies rousses : blanc laiteux, semé de taches de son. Un vrai portrait flamand. Charpentée pour les travaux de force, musclée et pourtant déliée, il y a en elle quelque chose de la déesse des moissons, aux yeux de Denis l'helléniste qui l'adore en secret, comme un homme. Denise aussi l'adore. Plus directe et plus familière que leur mère, elle leur témoigne la tendresse de qui n'a pas d'enfant à soi, tendresse qu'elle n'ose exprimer devant les autres.

Sa mère est plus réservée, elle est si soumise à son coutelier d'époux. Si blonde, si fragile, presque effacée, plus pâle et plus fatiguée que toute sa tribu. Plus âgée aussi, elle a huit ans de plus que son mari. Elle s'est d'ailleurs mariée tard, et n'a sans doute jamais récupéré de la naissance de ses six enfants très rapprochés. Ou peut-être de la mort de l'aînée.

Elle a la voix de son physique, frémissante et haut perchée, sauf qu'elle se contente depuis toujours de murmurer.

Sans les confidences d'Hélène, les deux aînés ne sauraient pas qu'elle ose à son heure tenir tête à son mari, mais exclusivement à propos de ses enfants. Ce qui les rend plutôt confiants pour la suite des événements. Denis et Denise regrettent de ne plus l'avoir pour eux, entièrement requise par les trois petits derniers, qui l'épuisent. Elle semble pourtant toujours inconsolable de la mort de sa première fille, une petite Catherine née avant Denis, morte à deux ans. En tout cas, tout la touche au cœur.

Par Denise, elle a su un jour que Denis avait été blessé d'un coup de lance par un garde suisse chargé de lui interdire l'accès à l'école. Denis avait été renvoyé suite à de rudes bagarres qu'il ne pouvait interrompre puisqu'il avait le dessus. Pourtant il tenait plus que tout à ne pas rater un devoir de latin et un cours de mathématiques. Donc il avait enfreint l'interdit armé du Suisse, qui le voyant se faufiler quand même, l'a poursuivi et blessé au flanc. Diderot a réussi à lui filer entre les doigts pour s'engouffrer dans sa classe et participer au devoir de latin, thème plus version, vingt sur vingt, comme toujours : Denis Diderot premier de classe. Ensuite sans se faire voir, il s'est glissé au cours de mathématiques, puis s'est escamoté pour rentrer chez lui sans revoir le méchant. À tout le monde, il a dissimulé sa plaie ouverte. Seule Hélène en ramassant son linge le soir au coucher a vu du sang sur sa chemise, seule Hélène, sous le sceau du secret, a insisté et obtenu le droit de le soigner. Denise, une fois son frère guéri, fièvre tombée, cicatrice refermée, l'a confirmé à leur mère, histoire de vanter l'immense courage de son Denis adoré. La mère regarde soudain ce fils tout debout, tout roide au milieu du salon, et essuie discrètement une larme à l'évocation de ce souvenir héroïque, de l'endurance de cet enfant et de sa terrible capacité à dissimuler.

« Il partait sans te dire au revoir », comme le lui a seriné son mari depuis cette nuit, afin de l'armer contre ce fils qu'elle couve trop. « Il partait sans me dire au revoir... Mais où partait-il ? et pourquoi ? », voilà ce qu'elle aimerait savoir, mais n'ose demander devant tout le monde. Son mari ou son frère le curé devraient le faire, mais ils s'y prennent si maladroitement ! Didier lui a pourtant promis...

Elle serre plus fort la main d'Hélène qui lui rend sa pression. Elle non plus n'en mène pas large : ne sont-ce pas ses gâteaux, ses pains dorés, reconnaissables entre tous dans cette famille de gourmets ? Ses réserves de confiture fabriquée de ses mains... Bien sûr, elle n'a jamais dit à personne qu'autant de nourriture a disparu. Oh, elle s'en est rendu compte, allez ! Mais... Bah !

Et là dans l'inventaire du havresac, chaque victuaille la désigne comme complice. Pourtant elle ne savait rien des projets du jeune chien fou. Sinon... ? Eh bien, sinon elle l'aurait encore plus aidé ! Denis pouvait compter sur elle, comme sur sa sœur, pour ne rien dire. Nier lui est d'autant plus aisé là, qu'en dépit des faits qui l'accusent, vraiment, elle ne savait rien.

Denise, elle, tremble de tous ses membres. Les mains un peu sèches de sa mère, ni celles d'Hélène, plus rêches, ne contiennent sa peur. Complice ? Oh oui, s'il y en eut jamais. Et prête à recommencer demain ! Elle recommencera d'ailleurs, elle en est sûre. Toujours elle fera passer son frère avant les siens, et même avant elle.

Le curé a terminé son sermon sur le vol, le mensonge, la probité, toutes choses que les enfants auraient pu réciter à sa place. Certes, il est dans son rôle, mais là il fait spécialement court. Les trois petits n'en sont pas moins secoués de rire, et ne cherchent même plus à s'en cacher. Ils adorent qu'on gronde ce grand frère arrogant et méchant, trop fier pour jamais jouer avec eux. Et comme là, ils ne sont pour rien dans l'histoire, ils en profitent tout leur saoul. Qu'ils n'espèrent tout de même pas ce que prêchent les contes dont on les abreuve : non, il n'y aura pas de bastonnade. Ce qu'ils déplorent. On est chez des gens de bien. On cherche avant tout à comprendre, et ça fait bâiller les plus petits.

Il est temps que Denis s'explique. Ne s'est-il pas assez tu ?

L'étalage de ses larcins, ajouté à la mise au jour de son forfait, et à la culpabilité de sa complice, ont assez duré. Après les remontrances doivent venir les explications, prêche le curé, exige son père, insiste chacun.

— Dites-nous un peu pourquoi Paris et ce que vous comptiez y faire ? demandent-ils tous à leur manière.

Denis est au centre, on le somme de s'expliquer, on est prêt à lui accorder une réelle attention. Bien. Il a eu le temps de juguler sa peur, on lui donne la parole. Il l'accepte. Il la prend. Il n'a plus rien à perdre, alors perdu pour perdu, il va plaider la vérité. Sa vérité. Et pour la première fois de sa vie, tout dire de soi aux siens.

— Je montais à la source du savoir. Père, vous n'avez pas été sans remarquer mon goût pour l'étude, ma passion pour Horace, pour le latin, pour le grec, pour toutes les matières enseignées à l'école, toutes choses où, si je n'ai pas excellé, personne à Langres n'excella. Monsieur mon oncle peut vous le confirmer, ses collègues de la Compagnie n'ont jamais eu à se plaindre de mon travail.

— Certes, mais on ne peut en dire autant de votre conduite...

— C'est que j'en ai jugé les règles idiotes. Je veux être abreuvé de savoir, or l'activité principale de ce collège consiste à nous aligner en rang pour nous faire marcher par deux en silence, durant des temps infinis et donc perdus pour l'étude.

— Où voulez-vous en venir ?

— Apprendre, étudier, comprendre, c'est forcément poser des questions, approfondir, aller de-ci de-là, à la bibliothèque, en promenade d'observation, et pas en rang par deux et en silence... J'ai fait le tour des maîtres de Langres...

Et l'emballement monte... L'exaltation s'empare de lui. En parlant, il se met en mouvement, il marche de long en large, fait de grands gestes, accélère, s'emporte de plus en plus, plein de ses rêves en train de se réaliser sous ses yeux... Il s'essouffle, mais pourrait continuer de rêver son avenir à voix haute toute la journée. Les yeux de son oncle témoignent qu'il est plus admiratif que vraiment fâché, il semble même se féliciter de ce que son neveu en veuille autant. Se réjouir de tant d'ambition. Et dire presque à voix haute, « ce jeune homme a de l'avenir. Il promet ».

— ... Aujourd'hui, je ne crois pas qu'ils puissent m'en apprendre davantage. Ce que je veux savoir, ce que je veux admirer, ils ne l'ont pas. Je dois m'instruire auprès de plus grands maîtres, je veux devenir plus grand, plus savant, un grand parmi les grands, et seule la capitale réunit autant de talent, je veux aller m'en abreuver.

Monsieur Père se drape de plus en plus dans la posture de l'autorité. Plus il prend l'air sévère, plus il paraît grandi aux yeux intimidés de l'assistance.

— Je veux, je veux... Croyez-vous vraiment être en état et en âge de décider de votre vie ? Qui donc êtes-vous pour vous plaindre de vos maîtres ? Un futur grand homme, dites-vous ? Mais vous n'êtes encore qu'un tout petit homme, un garçonnet quasi à la mamelle, et qui se conduit en criminel, en voleur, en menteur, en fugueur, en bagarreur...

À ce moment, il est en colère, il ne la feint plus.

– ... Je sais tout, ne croyez pas m'avoir rien dissimulé. Les bons pères m'ont tout raconté. Vous êtes indiscipliné à un point qui nuit à vos études, certes brillantes, mais il n'y a pas que cela dans la vie. Vous avez reçu la tonsure, vous ne semblez pas vous en rappeler souvent, ni respecter beaucoup les commandements de l'Église, à commencer par l'humilité et la déférence due à vos supérieurs.

L'oncle curé se sent obligé d'opiner aux propos du père. Après tout, c'est de son métier qu'on parle. Mais comme il a beaucoup de tendresse pour ce brillant neveu, il est curieux, il se demande ce que ce dernier va bien pouvoir répondre. En une fraction de seconde, Denis trouve le seul argument imparable.

– Mais mon père, c'est que je suis bien trop choyé ici. J'ai besoin de l'anonymat de la grande ville. Ici où que j'aille, partout, je suis le fils de l'honorable coutelier, le neveu de feu monsieur le Chapelain, et de monsieur le curé, tant aimé de ses paroissiens. Si je suis si bon élève, je vous supplie de me croire, c'est que je suis allé au bout des programmes. Alors, bien sûr, la discipline ! Oh vous avez mille fois raison, mon père, mais c'est qu'ici tout m'est permis, sinon pardonné. Et vous avez encore raison, j'ai besoin d'être plus encadré. Tenu, diriez-vous. Il faut donc me rendre anonyme, afin que je fasse mes preuves à moi, sans le soutien d'une réputation familiale immaculée. Il faut me donner des maîtres plus gradés et plus exigeants, que je peine à comprendre et à satisfaire. Il faut me mettre en pension sous une sévère tutelle que rien n'amollisse, il faut m'éloigner des merveilleuses douceurs d'Hélène, des tendresses de ma mère, et même de vos gronderies. Pardon, ma mère, mais la seule certitude de vos bras si doux m'autorise toutes les bagarres, tous les mauvais coups. Vous consolez si bien. Et puis, ne m'avez-vous pas toujours tout pardonné, comment aurais-je pu ne pas me croire tout permis ?

Le curé est absolument soufflé. Son génial neveu a esquivé, plié l'échine au bon moment et finalement emporté le morceau.

Alors, et pour la première fois depuis qu'il a commencé à parler, sa superbe s'effrite, un lointain trémolo dans sa voix... Pourtant il ne s'est rien passé, sans doute un trop-plein. Il n'aurait pas dû s'adresser directement à sa mère. C'est son talon d'Achille, son amour pour elle. Il se reprend.

– Bien sûr, je vous demande pardon d'avoir cherché à vous quitter en cachette, mais comment aurais-je eu le courage d'affronter le regard de ma mère en lui disant « adieu, tu m'aimes trop » ?

Un sanglot l'oblige à s'interrompre, à quoi répondent comme en écho les hoquets des femmes. Denise, Hélène et sa mère enlacées sanglotent, en s'efforçant mal de faire le moins de bruit possible. Renifler sans bruit n'est pas aisé. Le curé se demande si ce prodigieux neveu est complètement sincère ou s'il leur joue une spectaculaire comédie. Il ne sait si l'émotion l'a saisi ou s'il s'est tant investi dans un personnage que celle-ci l'a submergé... Mystère.

Profitant de la pause, entrecoupée de petits reniflements, le père de Denis se penche vers le curé et, à voix très basse, entame un dialogue qui échappe à l'assemblée.

Denis n'ose reprendre la parole que sa faiblesse a interrompue, mais s'avance vers le clan des femmes afin de leur demander réellement pardon. Aussitôt sa mère cherche à le prendre dans ses bras, effectivement très enveloppants, très rassurants...

– Oh non, Mère, je vous en prie, ne m'affaiblissez pas davantage.

Il s'éloigne pour ne pas repousser ses caresses...

Après son conciliabule, Père se redresse et de sa grosse voix, qui n'est plus de colère, mais de gravité, plus en harmonie avec sa bonhomie naturelle, annonce à l'assemblée que, suivant son vœu, Denis partira bel et bien continuer ses études à Paris, mais que ce ne sera plus un départ improvisé, mais préparé, planifié, organisé. Il va d'ailleurs de ce pas faire partir des courriers afin d'assurer à son fils une place dans un établissement des plus sévères.

– ... Puisque nous sommes bien d'accord, telle est votre volonté...

Les femmes redoublent de sanglots. Le curé se lève et bénit son neveu.

– Et j'insiste, ajoute-t-il. Que ton père demeure à Paris le temps de s'assurer que tu es bien installé et déjà au travail...

Comme le curé a une grande influence sur sa sœur, laquelle ne cesse décidément de pleurer, tous souscrivent à ses propositions. S'il dit que son neveu doit partir accompagné de son père, son neveu partira, et son père avec.

Seule Denise se réjouit, quant à Denis, il est un peu ivre, abasourdi par toutes ces paroles dites, ou, peut-être, enfin entendues...

Les petits sont repartis avec Hélène et leur mère. Ils ont fini par s'ennuyer, il n'y a vraiment pas assez de bagarre. Père et curé se congratulent : n'ont-ils pas décidé au mieux ? Oui sûrement...

Chapitre 3

1728-1729
À nous deux, Paris !

Plusieurs années de suite j'ai été aussi religieux à lire un chant d'Homère avant de me coucher, que l'est un bon prêtre à réciter son bréviaire. J'ai sucé de bonne heure le lait d'Horace et de Virgile, d'Homère, de Térence, d'Anacréon, de Platon, d'Euripide, coupé avec celui de Moïse et des prophètes.

Correspondance

– Alors, mon père, êtes-vous content de mon enfant ?

En homme sans façon, Diderot père attaque sans préambule. Il a préparé sa phrase dans sa tête afin d'obtenir la réponse la plus favorable. Il est passé chez le barbier se faire tailler la barbiche, ce qui a pour vertu de le rendre plus sûr de lui. Trois semaines tout de même qu'il n'a pas visité son fils, trois semaines qu'il erre dans Paris en attendant que son rejeton trouve ses marques et s'adapte à sa vie nouvelle. Là, il ne tient plus. Paris est peut-être la plus belle ville du monde mais surtout c'est la plus puante, crottée, boueuse, infecte...

Le Langrois a vite fait le tour des couteliers revendeurs de ses fabrications. Quelques anciens apprentis, qui après avoir été formés par lui sont venus eux aussi « réussir à la capitale ». Il a même eu assez de loisir pour étoffer sa clientèle. Maintenant il lui faut savoir si son fils aîné fait autant d'étincelles qu'à Langres, si en trois semaines, les jésuites ont déjà discerné ses mérites. C'est avec une sorte d'orgueilleuse appréhension qu'il s'enquiert auprès du Principal en charge des études au collège Louis-le-Grand.

— Certes, certes... Oui, sujet brillant, vraiment... Mais comment dire ? Peut-être un peu trop.

Comment ? se retient de demander M. Diderot. Il attend la suite. Qui ne vient pas. Alors, plus hésitant, il réclame l'explication du *trop*.

— Lors d'un devoir d'une simplicité biblique, « rédiger le discours que tient le Serpent de la Genèse pour convaincre Ève de goûter au fruit de l'arbre de la connaissance du bien et du mal »...

Là, c'est de stupéfaction qu'est saisi M. Diderot.

— Pardonnez-moi, quelque chose m'échappe, pouvez-vous m'éclairer ?

— Tant que c'est dans mon domaine de compétence...

— Je suis extrêmement étonné de ce sujet, et plus encore qu'à cette occasion, vous ayez pu juger mon fils *brillant*. Quels arguments a-t-il utilisés pour que vous, mon père, ne le jugiez pas blasphémateur ? Ou bien l'a-t-il été, et c'est ce que, par euphémisme, vous appelez *brillant* ?

— Mais non. Au contraire. Il a fait un choix très pertinent, il est parti du caducée qui, vous le savez, symbolise à la fois le serpent luciférien et l'arbre du bien et du mal.

— Mais cet énoncé, ce sujet même oblige à se faire l'avocat du diable, au sens propre.

— Le Serpent n'est autre que Lucifer, l'ange de lumière, chéri entre tous, le plus talentueux des anges. Votre fils a su trouver mieux que quiconque les arguments que Dieu lui-même aurait pu employer...

— Je me demande ce qu'il a bien pu écrire...

— Oh! il s'est livré à un éloge du savoir, cette précieuse nourriture de l'âme, un éloge de tous les apprentissages qui haussent l'homme au-delà de lui-même...

— ... Jusqu'à se prendre pour l'égal de Dieu...

— Oui, et c'est bien ce qui a provoqué la chute de Lucifer... Tout le paradoxe est là. Jusqu'où l'homme peut-il s'élever sans entrer en concurrence avec Dieu? Nous jésuites, considérons que si Dieu a créé l'homme à son image, c'est aussi pour qu'il tente de l'égaler.

— N'est-ce pas un péché?

— Pas de notre point de vue puisque la nature même de Dieu empêche à tout jamais l'homme de le surpasser.

— Mais alors, pardon mon père, mais je ne comprends pas. S'il n'a pas été scandaleux, s'il n'a pas blasphémé, en quoi mon fils s'est-il montré trop *brillant*?

— Ça n'est ni le sujet ni son traitement qui lui vaut l'adverbe « trop ».

— Mais alors, quoi mon père, je vous prie?

— Mettons qu'il ait fait du zèle! Oh, il a sans doute voulu n'être que serviable en aidant un camarade plus faible. Mais les professeurs connaissaient le bas niveau de cet élève à qui votre fils a cru pouvoir innocemment prêter son talent. Et il est allé trop loin: il l'a élevé, au vu de tous, à un niveau jamais atteint par ce malheureux Bertrand. Aussi ont-ils conclu que sa copie ne pouvait être de lui. Ils ont demandé que celui qui avait rédigé ce devoir se dénonce! Personne n'a bougé, bien sûr. Mais quand est tombée la menace de représailles envers toute la classe, votre fils a levé la main. Forte tête mais grand cœur.

— Ce n'est donc au fond qu'un problème de discipline, conclut soulagé le père du *trop brillant* sujet.

— Oui, et c'est pourquoi désormais nous le gardons à l'œil. Ses deux devoirs brillaient donc d'une intelligence formidable, il est parvenu à trouver des arguments différents et justes les deux fois.

— Et en dépit de ça, vous comptez le garder chez vous ?

— Oui monsieur, le garder à l'œil et chez nous. Sous notre férule. Tant qu'il lui plaira d'étudier. Il semble doué. Avide et doué.

— Je puis donc rentrer chez moi en toute confiance et le saluer avant de quitter Paris.

— Je le fais appeler. Au revoir, monsieur, et soyez sans crainte, il est en de bonnes mains.

Ça, c'est l'unique doute qui se soit levé dans le cœur de Diderot père durant cet échange : sont-ce vraiment de si bonnes mains que celles qui exigent d'un jeune cerveau qu'il endosse le discours du Malin ? Demeuré seul au parloir à attendre son fils, le père se rejoue cette étonnante conversation. Doit-il en parler ou pas lors de ses adieux à ce fils *trop brillant* ? Tout de même, il se remet mal qu'on l'encourage à pareille transgression. Ça ne lui semble pas correct. Décidément, ces trois semaines parisiennes ne lui ont rien valu. Oh, il a conclu quelques contrats avec de nouveaux revendeurs, il en a fortifié d'autres, son livre de commandes est plein pour quelques années, mais un provincial à la grand'ville a vite fini sa besogne, et n'était ce fils chéri, il serait rentré bien plus tôt. Las, il s'est engagé envers sa femme à vérifier son installation et surtout son « bien-être », avait-elle précisé, insisté même. Son bien-être ! S'est-on jamais soucié de ça à son époque !

Si son fils se plaît ici, grand bien lui fasse, mais ces concentrations de populace, ce brouhaha constant, cette dangereuse circulation, ces attroupements pour les choses les plus futiles du monde, voire honteuses, comme une voiture qui verse, ne sont plus de son âge, si tant est qu'ils l'aient jamais été. Dans ce parloir feutré où ne perce aucun bruit, il attend son petit pour lui donner ses ultimes recommandations. Il ne peut s'empêcher de l'accueillir par un sermon.

— Rédiger à la place d'un très mauvais élève une très bonne copie est-ce vraiment le seul moyen que vous ayez trouvé pour vous faire remarquer à peu de frais ? Vous devez cesser. Faites-vous oublier ou reconnaître seulement par votre intelligence pure de toute vantardise.

Le très jeune homme qui s'efforce sans trêve d'être parfait et vient de passer trois semaines d'un régime épuisant de perfection sur-jouée est contrarié que son père lui prêche encore plus d'humilité. Il aurait pu être fier, fût-ce quelques secondes, de ses premiers succès. Diderot est, quant à lui, très satisfait de ses copies, surtout celle signée d'un autre.

Il n'en a rien dit, mais lui aussi, comme son père, s'est étonné en son for intérieur d'un sujet pareil. D'abord, ça l'a surpris, mais en posant quelques habiles questions, à la manière jésuite, il a compris ce que le maître attendait. Et cet esprit de paradoxe le séduit au-delà de tout. Comme il a eu raison de vouloir venir à Paris ! Tout lui plaît ici, à commencer par les façons de faire de la Compagnie de Jésus, sa tournure d'esprit. Il n'a pas encore compris comment tout cela marche qu'il y a déjà adhéré.

La scène d'adieu du père au fils menaçant de s'éterniser, Denis adopte une attitude de respect total. Son père est finalement facile à gruger, Diderot mime la soumission et ce dernier, naïf, le croit déjà changé ! Ainsi repart-il content. Pour la première fois, le fils se sent plus fort, plus âgé, voire plus roué que son père. Lequel le bénit, le baise au front, essuie un fantôme de larmes, Denis lui évite le sermon en s'engageant de lui-même à respecter scrupuleusement les règles par lui enseignées. Le tour est joué ! Le voilà libre et seul à Paris.

« Paris ! Pari gagné ! Je suis à Paris, j'ai réussi, je suis le roi de Paris ! Demain, à moi, Paris », se répète-t-il chaque soir en s'endormant, alors qu'il n'ose encore s'adresser à aucun de ses condisciples, qu'il observe, épie, avec l'impression de traîner de la boue à ses chaussures, d'être pris en flagrant délit de rusticité. Ce couvent de jésuites où son père l'a fait enfermer dès sa descente de fiacre, donc sans avoir rien vu de Paris, est une vraie prison. Pas de sortie, des horaires de travail ininterrompus, une surveillance permanente... Tout le jour, le couvent est gardé, et le soir, fermeture des portes et extinction des feux pour tout le monde à la même heure.

Denis n'a pas de chambre pour lui, cinq autres garçons du même milieu et de la même classe la partagent. Ce qui, au moins les premiers temps, lui permet d'observer sans se mêler, d'essayer de comprendre les mœurs du lieu et de sa population, replié dans un silence curieux et une solitude intimidée.

Quel incroyable grouillement ! Ainsi lui apparaît le Quartier latin. Aux heures de début de cours, le matin, et aux heures de soupe, offerte aux miséreux, entre Louis-le-Grand et la Sorbonne, semble se concentrer l'essence de la vie du quartier. Plus de trois mille élèves hantent ce périmètre. Au-delà, existent au moins vingt autres collèges qui se touchent et s'interpénètrent. De quoi terroriser le jeune provincial habitué au silence.

C'est chez les jésuites que l'on compte le plus d'externes. Visiblement ils sont plus riches, mieux vêtus, mieux nourris que les internes, lesquels ont tous plus ou moins l'air nécessiteux. L'œil de Diderot s'accoutume vite à les repérer. À Langres, jamais il n'a croisé autant de diversité humaine et de castes si éloignées. Ici l'enseignement est gratuit pour tous. Mais pas la pension. Et elle est chère : entre 300 et 400 livres tournois l'année. Les plus démunis sont logés et nourris du pain des pauvres certes, mais nourris, au même titre que les indigents et les gueux qui font la queue dehors. Les mois d'hiver, la longue file peut s'étirer sur plus de huit cents mètres. Diderot s'intéresse de près à ces malheureux qui ne sont pas étudiants et pourtant partagent la même soupe. Il les regarde revenir chaque jour aux heures où l'estomac crie famine en essayant d'imaginer leur vie.

Il existe un autre moyen de survie pour élèves pauvres : exploiter la générosité ou le goût pour l'abus de pouvoir de leurs riches condisciples, toujours ravis de les utiliser, qui pour faire leurs devoirs, leurs courses, qui pour cirer leurs bottes… Il en est même qui servent officieusement de domestiques aux plus riches. Diderot espère ne relever d'aucune de ces deux catégories. Du moins il s'y emploie. Parmi les plus pauvres, les plus avancés dans leurs études donnent des cours de rattrapage aux plus jeunes ou aux plus paresseux, repère-t-il. Une troisième catégorie lui apparaît ensuite, celle des externes de la noblesse. Parisiens, ils vivent dans leur famille et arrivent bruyamment en carrosse chaque matin, embouteillant la rue Saint-Jacques ; provinciaux, ils louent de belles maisons particulières, proches du collège. Les seigneurs de province ont la possibilité d'habiter les annexes luxueuses de Louis-le-Grand, le plus souvent accompagnés de leur laquais, et parfois de leur précepteur particulier. Quand la noblesse condescend à suivre quelques cours publics c'est à la carte, au choix. Alors ils se mêlent à leurs condisciples, mais ne s'intéressent que de loin à cet enseignement collectif. Leurs précepteurs particuliers les y contraignent parfois. Les plus émancipés mènent une vie à peu près indépendante. Ce sont eux que Diderot envie.

Peu nombreux, les internes, par principe : les jésuites y sont hostiles. Ils détestent devoir surveiller les mœurs adolescentes toujours compliquées. Deux catégories d'internes, les boursiers, petit groupe misérable destiné, de gré ou de force, à la prêtrise, traités en parias, partout à la dernière place. Les autres sont de petits hobereaux de province, distribués par chambrées de cinq à dix collégiens, avec alcôve individuelle. Dans chaque cellule, un lit, un coffre, une table, deux chaises, sous la surveillance d'un préfet, jeune religieux d'une ou deux années de plus, qui en même temps suit les cours de théologie ou de philosophie du collège. C'est là qu'on a installé Diderot et ça lui convient. Seul sans l'être. Il comprend qu'il ne sait rien de cet univers compliqué, qu'il doit l'étudier avant d'y pénétrer.

Les jésuites ont mis au point un mode d'enseignement qui n'appartient qu'à eux. Ils se sont fait réputation et gloire d'attirer tous les enfants destinés à jouer un rôle dans les affaires du monde, ils se vantent de savoir dépister les intelligences précoces. Un pamphlet janséniste fait dire à un jésuite : « Je suis le souverain des enfants des seigneurs de toute la terre. Les enfants règnent sur leurs mères, les mères dominent leurs maris, leurs maris gouvernent le monde... Je suis donc le souverain de tout l'univers. »

Diderot met quelques mois à comprendre cette énorme machine, tant la foule grouillante lui bouche la vue. La cloche sonne pour tout le monde entre cinq et six heures. Après la prière commune, les internes se retirent chacun dans sa cellule jusqu'à sept heures : révision des leçons puis récitation devant le préfet. On partage là le déjeuner, pain et vin.

Après sept heures et demie, les externes font leur tapageuse entrée, et la classe commence. Pléthoriques, les classes ressemblent à de terribles monômes. Le préfet, censé les superviser, est souvent trop jeune pour avoir la moindre autorité. Les jésuites ont beau rêver d'une discipline sévère, la vénalité règne en maître. Personne n'est incorruptible. Un sac de billes achète une bonne note. Diderot n'a pas de billes. Quant à la popularité, elle grise n'importe qui, fût-il de haute noblesse. Aussi s'entraîne-t-on à tour de rôle devant ce public indomptable de lycéens blasés, à les séduire à coups d'éloquence! Mise à l'épreuve avant l'heure et test impitoyable : réciter ses leçons devant les autres en tentant de retenir leur attention! Obtenir ne fût-ce qu'une minute de silence! Féru d'exemples antiques, comme les autres, Diderot se sent l'âme d'un tribun. Bonne mise en train pour la suite : l'entrée solennelle du maître. Qui corrige d'abord les devoirs de la veille. Il en commente les fautes, apprécie les meilleures copies. C'est son tour de faire son numéro. Le maître triomphe dans le commentaire des grands textes. Lire, résumer, traduire, analyser. Et ça, Diderot adore. Il apprend le plaisir d'un beau balancement, la justesse des expressions, la richesse des tournures, le jeu enivrant de la meilleure traduction, l'équivalent le plus juste, le plus évocateur pour rendre le latin et le grec dans un français digne de traduire le luxe des métaphores...

Si le latin reste la langue officielle, les élèves sont punis si on les surprend, même en récréation, à se parler en français, de plus en plus de grands auteurs de langue française s'invitent dans le cursus. À commencer par Corneille, du moins chez les jésuites... Mais Diderot met un point d'honneur à parler un latin parfait. Il n'a pas été tonsuré pour rien.

La classe du matin dure deux heures et demie, suivie immédiatement de la messe de onze heures. Ensuite on dîne : potage, entrée de mouton ou de bœuf, viande rôtie, légumes, le dîner s'achève par un ou deux desserts, ces jeunes sont en pleine croissance. À la récréation qui suit, dehors par beau temps, l'hiver dans les chambrées, ou dans les couloirs, on joue aux quilles, à la boule, à la paume, au trictrac, aux échecs ou aux dames… Mais surtout on joue ! Immense surprise pour le provincial. À Paris, le jeu a gangrené la société entière et n'épargne nullement les couvents, les clercs et leurs élèves.

L'après-midi répète la matinée, messe en moins. Jusqu'au souper de six heures : légumes, viandes et desserts. Suivi de trois quarts d'heure de récréation, puis d'une libre causerie qui rassemble élèves et préfet jusqu'à vingt et une heures. Les sujets tournent généralement autour de l'histoire, la géographie et les fortifications. Puis extinction des feux.

Une certaine bigarrure sociale règne à Louis-le-Grand. Des fils d'artisans comme Diderot côtoient les enfants de courtisans postés à Versailles, des promis à l'échoppe ou au greffe jouent en récréation avec de futurs ministres, maréchaux ou évêques dans une apparente camaraderie toute temporaire. Les inégalités, ni de naissance ni de fortune, ne font d'obstacle visible à l'amitié. Le tutoiement est de rigueur jusqu'à la fin des études où, impitoyablement, les castes se reforment et condamnent les anciens meilleurs amis à la trahison et à la rupture, cette fois définitive. L'égalité n'est qu'apparence. Règne une aristocratie du logement, du laquais et du précepteur privés. Leur tenue les révèle à livre ouvert, ils sont souvent vêtus de l'habit de fonction de leur père. Portant l'épée, la robe ou le mantelet et selon le grade familial. Pas d'uniforme, chaque métier a son costume. Aussi la profession ou les grades des pères, on les exhibe.

À NOUS DEUX, PARIS!

Si le collège fonctionne réellement en république, ses règles y sont aristocratiques. Par chance, Diderot a reçu la tonsure l'an passé, ça l'autorise à porter le petit habit noir des clercs, abolissant la différence de classe mieux que n'importe quelle tenue.

Aussi surprenant que ça lui paraisse, à Paris, Diderot se révèle timide. Chez lui, il n'a jamais été confronté à cette humeur honteuse, sorte d'humiliation anticipée. À Louis-le-Grand, c'est immédiat. Ça lui est tombé dessus en arrivant, et ça persiste comme une gêne permanente, un caillou dans sa chaussure qui se rappelle à lui à chaque pas. Aussi passe-t-il ses premiers mois à observer. Le temps de décrypter, sous l'emploi du temps rigide, sous les règles égalitaires, tous les manquements, toutes les infractions tolérées, toutes les opportunités...

Puisqu'il ne peut exercer sa chaude et naturelle familiarité comme il l'a toujours fait, il se lance à corps perdu dans les études. Il est là pour ça. Il veut ne se faire remarquer que pour son excellence, voire sa supériorité scolaire. Cet orgueil sans but encore précis toujours le tenaille. De populaire à Langres, ici il sera le plus doué. *S'évader par la cheminée*, comme on dit dans l'argot des jésuites, c'est-à-dire par l'étude, ou pour être plus explicite, *en travaillant du chapeau*. Mieux encore, *en faisant fumer ses méninges*. Sans rien prendre pour argent comptant du dogme qu'on lui assène avec une finesse de raisonnement qui le laisse pantois, comme ivre, le temps de se dégriser de tant d'intelligence. La route à prendre pour s'évader est la plus passionnante qu'il emprunte de sa vie, le chemin pour y arriver n'est pas aisé, mais il le parcourt en entier. Sans sauter un paragraphe.

Dans sa chambrée, ils sont six, un abrégé de ce que le collège accueille. Un garçon avec qui d'emblée il ne s'entend pas, pas du tout, sorte de faux rival, d'antithèse de ce qu'il est, Nicolas de La Mettrie. Il y a l'Antoine, un pauvre garçon, timide et rougeaud, doué pour les études mais accablé d'un visage d'une laideur repoussante. Le plus proche c'est Étienne Benjamin Belle, comme lui fils d'artisan, son père est joaillier, comme Diderot il se sent vaguement dépaysé. Pour qu'il fasse de bonnes études avant de reprendre la boutique, son père l'a fait enfermer chez les jésuites. Il y a aussi un dénommé Dominique de la Crételle qui tente de discréditer ceux qui ne sont pas de bonne naissance. Bizarrement Diderot est insensible à ce mépris-là, il n'entend se mesurer qu'à l'aune de bien meilleures raisons, celles qui les rassemblent en ces lieux : leurs résultats scolaires où il ne craint personne et n'a aucun mal à briller. Parmi les aristocrates, un ou deux sont solidement entraînés, mais dans l'ensemble, il n'a pas de mal à se tailler la réputation du « meilleur ».

Pour la fantaisie qu'il sent bouillir en lui et cet humour qui lui fait trouver la vie plus drôle que belle, il lui faut les tenir sous le boisseau. Ce n'est ni le lieu ni le moment. Lui-même n'est pas prêt à se montrer sous son vrai jour, il observe, cherche à percer tous les codes. Quant à la fraternité, l'amitié, qui lui est aussi vitale que la lecture quotidienne d'Horace, elle trouve à s'épanouir avec François de Bernis. Un peu plus jeune que lui, d'une vieille famille noble, trop désargentée pour lui offrir une carrière militaire, il fait ses humanités à Louis-le-Grand avant d'intégrer le séminaire où le condamne la « pauvreté » de sa famille. Pauvre certes, mais tout de même, il possède un appartement pour lui seul, ce qui demeure l'apanage des nobles. Les deux amis prennent vite l'habitude de s'y retrouver. Ils apprennent à se connaître et envisagent à eux deux de changer le monde. Pas moins! L'intensité de leurs sentiments, l'absolutisme de leur âge, tout les y pousse. Un appartement privé mais ni laquais ni précepteur, et les études de Bernis en pâtissent. C'est pourtant un esprit vif et précoce, il a deux ans de moins que Diderot mais huit quartiers de noblesse lui ont transmis un patrimoine culturel que Diderot n'a pas, ne connaît pas et qui l'intéresse follement. Séduit et curieux, il veut en savoir plus. Bernis est rêveur et paresseux comme une couleuvre. Diderot comprend rapidement que s'il veut le garder près de lui dans sa classe, il va devoir le maintenir à son niveau, aussi collectivise-t-il son travail.

Voyant comme sa famille se plaint du mal qu'elle a à tenir son rang, Diderot découvre les arcanes d'un système étrange où paraître compte plus qu'être. Une microsociété aux règles iniques mais au sens de l'honneur et de la bassesse hypertrophié.

Bernis et Diderot vivent là une de ces amitiés adolescentes, amitié formatrice et d'une folle intensité, vouée sans doute à la déception, à toutes les trahisons… En cette première année, c'est encore le miracle des ressemblances, des aspirations jumelles, des rêves en commun. Venant de mondes que tout oppose, se trouver pareille fraternité…

Diderot comprend pourquoi il doit soutenir scolairement son ami. Celui-ci est affecté du vice le plus à la mode et le mieux partagé du temps, que par hasard (!) lui-même méprise, le jeu. Il commence à peine à s'apercevoir qu'il s'agit là d'un fléau qui dévaste toute la société. Pas de classe sociale indemne, de haut en bas de l'échelle et c'est fou comme à Paris, l'échelle a plus de barreaux qu'à Langres, tout le monde est atteint. Et joue. Et triche. Et perd sa vie. Le crime des clercs le plus fréquent dans les couvents, c'est le jeu. À

Versailles, chaque nuit, des fortunes changent de main. Le jeu envahit tout, infeste la société jusqu'en son tréfonds, sorte de remontée des égouts, relents infects... Tous les sexes, toutes les classes, tous les milieux sont touchés, le jeu, partout le jeu. Cette vacance de l'âme, cette horreur d'oisiveté, cette déshérence du cœur, Diderot n'en est bizarrement pas atteint. Il a même une forte réticence, quasi un dégoût pour cette activité factice s'il en est, grâce sûrement à son amour pour l'étude, le grand, le vrai jeu de la pensée... Mais aussi par peur de déplaire à son père, et assez vite de se déplaire à lui, de passer à côté de son rêve.

Il cherche par tous les moyens sinon à guérir Bernis, du moins à l'empêcher de se faire prendre, sauver ses études et préserver son avenir. Au point que vers la fin de l'année scolaire, ce dernier lui propose un arrangement.

– Écoute, toute l'année, tu m'as fait mon grec et mon latin. Si j'ai surnagé, c'est grâce à toi, aussi je te propose qu'on ne s'arrête pas en si bon chemin. Que dirais-tu de venir passer les vacances chez moi à Saint-Marcel d'Ardèche avec le statut officiel de répétiteur ? Mes parents seront aux anges, qui désespèrent de me voir prendre goût aux études. Comme ça, tu ne retournes pas chez toi, ce que tu sembles redouter, et mieux, tu gagnes un peu ta vie puisque mes parents voudront forcément te rétribuer. Et si ça te gêne trop, on partagera l'argent pour aller chez les filles. Ça te va ?

Et comment ! Des vacances au château ! Gagner de quoi ne rien coûter à ses parents et surtout ne pas rentrer à Langres où la peur d'être pris dans la sentimentalité familiale alors qu'il a tant d'appétits à rassasier à Paris... En prime, goûter à nouveau à la douceur de la chair, des baisers, des étreintes des filles. Comment refuser ? D'autant qu'à la fin des classes,

Diderot est particulièrement gâté côté prix, félicitations, tableau d'honneur et d'excellence pleuvent sur lui.

Les parents de Bernis sont enchantés d'accueillir un si brillant sujet. Et l'accueillent noblement. S'il pouvait avoir une bonne influence sur leur fils… Ils sont les premiers nobles châtelains qu'il rencontre sur leur terre. Nobliaux plutôt, précise le père, ils sont simples, bien élevés, respectueux, rien qui les distingue de son père à lui, sinon le château et l'absence de métier. Diderot découvre ahuri ce que signifie comme humiliations de n'être qu'un « cadet de famille ». À l'aîné, l'étendue des charges, du patrimoine, du titre, de la fortune ; au cadet, à son ami donc, de se débrouiller dans l'armée, d'en tirer gloire ou d'en mourir. Il se félicite de n'être que fils d'artisan, où frères et sœurs sont tous égaux. N'empêche, même désargentés, ces nobles du Vivarais ne vivent pas comme nous, ne semblent effectivement pas respirer le même air que nous. Ça le passionne, il fait là ses premières expériences d'entomologiste humain !

Le château est vaste, les terres alentour arides, rien de luxueux sinon l'espace, et pourtant, tout lui semble venir d'un autre monde. Il apprend, il retient, il se forme. Les filles promises sont d'autant plus accueillantes que Bernis est le fils du seigneur du comté, mais aussi qu'ils sont jolis garçons, qu'ils ont la peau et les mains douces, qu'ils sont bien élevés, assez tendres et bons payeurs. Le fils du châtelain a déjà ses usages dans la petite maison de plaisir locale. Les filles ne leur refusent rien, elles sont sensuelles et généreuses. Diderot rêverait que ça continue toute la vie. Ici où Bernis ne trouve personne pour assouvir sa passion du jeu, il fait quelques progrès en latin, grec et français. Surtout en français. Les deux amis jouent à rédiger les discours de réception à l'Académie et dans les grands corps du royaume.

Le retour au collège est pourtant une grande joie ; ces vacances dans la vraie noblesse lui ont fait prendre de l'assurance, il ose davantage être lui-même. Mieux dégrossi, il commence à comprendre comment marche la vie occulte de ces collèges. Du moins le croit-il. Osant davantage, on le voit davantage. Il devient populaire. Il devient un peu plus lui-même.

Cette année à Louis-le-Grand, enseigne le fameux abbé Porée, le célèbre abbé Porée. Une majesté dans le monde de l'étude. Si en première année, Diderot et lui se sont mutuellement observés, cette fois, ils sont sûrs d'eux : Diderot a trouvé son maître, et Porée son disciple. N'est-ce pas lui qui « a fait Voltaire », ainsi qu'on le murmure dans les rangs... Pas trop fort, Voltaire reste un nom d'infamie, à ne jamais prononcer chez les bons Pères. Pourtant d'aucuns tel Porée s'honorent d'avoir formé son esprit ! Les jésuites ont vraiment des mœurs étranges. Et de bizarres tolérances. Voltaire est interdit de lecture et de citations, mais il n'est pas honteux de se vanter de l'avoir inventé ! En partie à cause de Voltaire et son aura de soufre, Porée suscite une ferveur chez les adolescents, une admiration passionnée. On se bat pour être son préféré. Et le rôle échoit à Diderot, comme ça, de chic, en moins de deux ans. Que de jalousies il suscite. Même pas noble ! Brillant certes, mais sans esbroufe, travailleur amoureux du travail et sans le moins du monde s'en cacher, comme certains qui réussissent, prétendent-ils, sans rien faire, en dormant. Il faut dire que l'abbé a un visage qu'on ne peut qu'apprécier, beau comme un Greco, long, maigre, hâve et décharné, il n'est qu'un sourire aussi large qu'il a les yeux plissés, une bouche épaisse qui prend toute la place, un nez long et fin qui relie ses yeux souriants à sa bouche riante. Son physique prêche pour sa paroisse, il est à l'image d'un certain bonheur austère.

Diderot se fait facilement remarquer, très tôt, il s'avère un orateur brillant. Un acteur en herbe. Lui-même découvre qu'il adore avoir un public. Sitôt que d'autres le regardent, il fait montre d'une exubérance physique et oratoire.

La pédagogie jésuite déploie un amour immodeste pour le théâtre, l'abbé Porée amène souvent ses élèves à la Comédie-Française écouter du Corneille, qu'il préfère à Racine, toujours soupçonné de jansénisme. Diderot en retient vite les plus beaux passages par cœur. Il colle idéalement à l'image de l'élève doué. Il travaille avec ardeur parce que son maître sait développer chez lui cette passion pour l'étude qu'il portait au profond. Le succès lui est encouragement à rêver encore plus haut. Si à Langres, il visait la gloire, ici c'est à la grandeur qu'il aspire. Et à l'audace de la vouloir.

En première année de rhétorique, il a fait le tour des bons professeurs, en seconde année, il cherche à séduire ceux qu'il a élus. Là encore, ça marche. Il faut dire qu'entre 15 et 17 ans, il s'est terriblement allongé : très grand, une tête de plus que ses congénères dont il avait la taille l'an passé, maigre mais musculeux, il donne une impression de santé invulnérable. De force et d'aisance physique. Son visage aussi s'est allongé, il commence à se ressembler. Un très grand front, des joues bien marquées, une bouche sensuelle, gourmande, un nez charpenté comme pour mieux sentir, et un regard aiguisé comme un des couteaux de son père. Un mélange de sensualité et d'intellectualité assez équilibré. Il apprend à saisir l'impression qu'il produit – et ça ne lui déplaît pas.

Ces années-là lui servent d'entraînement à plaire à qui il veut, à mettre au point un irrésistible numéro de charme, d'intelligence et de spéculation, et ça opère de mieux en mieux. Il conquiert qui et quand il veut. Frondeur mais jamais assez révolté pour être pris en défaut, il semble la parfaite illustration de la pédagogie jésuite. Il va pourtant tomber sur un bec. Il y a encore en lui du provincial mal dégrossi. Son amitié pour Bernis ne fait qu'augmenter. Toujours malheureux au jeu, celui-ci ne peut plus payer l'étendue de ses dettes. Alors son créancier principal, Mathias de La Tour-du-Pin, lui offre de sauver son honneur. Il lui met ce marché en main : « Tu feras tous mes devoirs de latin et de grec jusqu'à la fin du trimestre. » Impossible de refuser. Mais impossible d'accepter, vu que depuis un an et demi, c'est Diderot qui fait ses devoirs. Lui seul peut le sortir de cette impasse. Lui qui déjà fait tout le travail en double, va-t-il pouvoir le faire en triple, avec en prime l'obligation de remettre le meilleur devoir au maître chanteur, puisqu'il a exigé d'être toujours classé devant Bernis ? Ce sale corrupteur pique ainsi à peu de frais et sans le savoir la tête de classe à Diderot. Ce qui à terme ne vaut rien pour l'orgueil du Langrois. Il veut bien beaucoup travailler, travailler en triple, mais il a quand même besoin d'en être gratifié. Si c'est un autre, qui plus est un ennemi qui rafle les lauriers, il le vit mal.

Aussi sans rien dire à Bernis, torche-t-il un beau jour une raclure de devoir pour le méchant noble. Un devoir si horrible que ce dernier se ramasse, outre un « zéro moins l'infini » devant toute la classe, un blâme des plus humiliants : il lui est reproché, compte tenu de la qualité de ses précédents travaux, d'avoir délibérément cherché à se moquer de l'autorité en faisant exprès un devoir crapoteux.

– Ça, tu vas me le payer, salaud de Bernis, crache-t-il dès la sortie du cours.

Diderot jusque-là invisible, inconnu du maître chanteur trop noble pour s'abaisser à lui adresser la parole, lui saute dessus. Pas mécontent de l'occasion.

– Non, ce n'est pas à lui, c'est à moi que tu dois ta note, comme toutes les précédentes d'ailleurs, c'est moi qui rédige tes devoirs depuis que tu fais chanter Bernis, et vois-tu, j'en ai eu marre de te voir plastronner.

– Toi ! toi ! fulmine La Tour-du-Pin. Je ne me salirai pas les mains en les levant sur toi. Je vais te faire bastonner par mon laquais.

À ces mots, Diderot se rue sur lui et de toutes ses forces, lui envoie un coup de tête en pleine poitrine. À Langres, son goût pour la bagarre était célèbre, il ne l'a pas perdu. Au point de l'envoyer valdinguer à l'extrémité du couloir. Avant que l'autre ne se relève, plus vif qu'un jaguar, Diderot l'a rejoint et l'attrape au collet, le ramasse et le soufflette de droite et de gauche plusieurs fois à toute vitesse. Quand enfin les jésuites parviennent à les séparer, ou plutôt à ôter à Diderot sa proie, le jeune noble n'a pas encore commencé à se défendre. Aux interrogatoires des Pères, aucun des protagonistes ne peut donner le motif de cette bagarre. Diderot perdrait Bernis et La Tour-du-Pin ne peut avouer le chantage exercé, voire la réduction en esclavage de ses débiteurs.

Aussi change-t-il de stratégie et se plaint-il d'une attaque sauvage sans cause ni raison. Les Pères condamnent Diderot à présenter ses excuses les plus plates, histoire d'en finir avec ces billevesées.

– Je me contenterai d'excuses à genoux, insiste magnanime le fils du fermier général.

Opiniâtrement, Diderot se mure dans un refus grandiose.

– Pas question. Plutôt mourir.

– Alors ce sera le fouet, tranche le régent.

Compte tenu de sa position toujours assez faible, et de son origine plus humble que ses élèves, le régent est forcément du côté du plus fort. À l'heure du procès, le fils d'un noble riche et puissant a forcément le pas sur celui d'un coutelier de province.

Si pas d'excuses alors le fouet ! entérinent les autorités, elles aussi sensibles au titre de grande noblesse de celui qui se prétend l'outragé.

Bernis ne peut rien faire pour s'y opposer. Il a supplié son presque frère de présenter ses excuses, même insincères, histoire d'en finir.

– À s'opposer à un puissant, on est toujours vaincu, lui serine-t-il.

Il le pousse tant qu'il peut à ne pas s'opposer frontalement à plus fort que soi. En vain.

– Et puis, ne t'inquiète pas, une occasion de vengeance viendra plus tard…

– Non.

Donc Diderot est fouetté. Publiquement fouetté. On le déculotte devant tout le collège réuni pour pareille fête dans le préau d'honneur. Un frère bourreau s'est emparé d'un long fouet à lanières de cuir assez beau, juge Diderot, avant de se voir mis à genoux de force et poussé en avant jusqu'à se retrouver à quatre pattes, position des plus humiliantes. Au premier coup de fouet que lui annonce un claquement de lanières, il se cabre intérieurement. C'est douloureux, mais supportable et rien de ce qu'il ressent ne doit apparaître. Le regard muré, les dents serrées, il résiste. Pas un son ne franchit ses lèvres. Il toise le noble qui assiste au premier rang à son châtiment. Et jubile. Denis Diderot s'efforce de glisser dans son regard une fulgurance de haine définitive. Et même de menace.

Il se promet de s'en souvenir toute sa vie !

L'humiliation demeure brûlure. Il ne pardonne pas à la noblesse d'en manquer – de noblesse justement –, d'exercer l'abus de pouvoir, en plus d'user contre des collégiens des privilèges de caste. Ni à Bernis de n'avoir pas levé le petit doigt. À cet instant, pendant que le fouet cingle, il décide de quitter Louis-le-Grand. Et tant pis, de ne pas faire sa classe de philosophie avec ces serviles jésuites. Oh bien sûr, il regrette déjà l'intimité de l'abbé Porée, mais lui non plus n'a rien fait pour lui éviter les coups qui lui tombent sur les reins. Le lacèrent, c'est à hurler. Pas un son ne franchit ses lèvres.

Alors ? C'est dit, c'est juré, c'est fait. Le temps de se remettre, Diderot traverse la rue, frappe chez les ennemis jurés des jésuites, ces fameux jansénistes qui se prétendent insensibles aux privilèges, autres que ceux qu'accorde irrationnellement la grâce divine.

Et si on ne veut pas de lui là-bas, tant pis, il se fera moine !

Chapitre 4

1730-1731
Il sera curé, mathématicien, acteur...

> *J'allais, en hiver, par la saison la plus rigoureuse, réciter à haute voix des rôles de Molière et de Corneille dans les allées solitaires du Luxembourg. Quel était mon projet? d'être applaudi? Peut-être. De vivre familièrement avec les femmes de théâtre que je trouvais infiniment aimables et que je savais très faciles? Assurément. Je ne sais ce que je n'aurais pas fait pour plaire à la Gaussin, qui débutait alors et qui était la beauté personnifiée; à la Dangeville, qui avait tant d'attraits sur la scène...*
>
> Correspondance

Sitôt qu'il en fait la demande, les jansénistes l'accueillent à bras ouverts, sa réputation de « meilleur élève de Porée » a traversé la rue bien avant lui. Mais avant d'intégrer le collège d'Harcourt où les jansénistes dispensent leur science, Diderot doit chercher où passer l'été. Il trouve asile pour la nuit et le souper au collège de Beauvais qui fait internat toute l'année. Alors que certains collèges, comme Harcourt, ferment pour la durée des vacances. Il passe ses journées, longues en cette saison, enfermé à Louis-le-Grand dans la cellule de l'abbé Porée. Il travaille pour payer sa pension dans cette succursale janséniste qui ne l'avoue pas encore. Le combat entre jésuites et jansénistes bat son plein. Pour l'heure on est parvenu à un statu quo dont Diderot profite pour passer de l'un à l'autre. Juste avant, c'eût été impossible.

— C'est bien beau l'orgueil et l'entêtement, mais d'ici la rentrée, tu vas vivre de quoi, mon petit? chuchote à Diderot l'abbé Porée, la veille des vacances.

Depuis son châtiment public Diderot s'est renfermé sur lui-même au point de n'avoir plus parlé à personne. Sinon à l'ami Belle qui lui reste à Louis-le-Grand. Une rue les sépare, difficile à traverser. La question de son entretien mine sournoisement Diderot, aussi sent-il fondre son cœur aux mots de Porée.

– Ben, justement...
– Moi j'ai besoin qu'on mette mes cours au propre. Ça t'avancera pour l'année prochaine, ce sont les cours de philosophie, et je peux te payer... D'accord ?
– D'accord.

Depuis, Diderot revient chaque jour à Louis-le-Grand sur la pointe des pieds et en rasant les murs, il affiche une apparente désinvolture pour le cas bien improbable où il croiserait La Tour-du-Pin. À cette heure, il y a fort à parier qu'il est sur ses terres à en faire fouetter d'autres, serfs ou paysans qui travaillent pour lui – néanmoins il reste sur ses gardes chaque fois qu'il traverse les parties communes de Louis-le-Grand. L'accès aux précieux documents, que Porée le paye pour recopier, lui est une source vive où s'abreuver durant ces longues journées d'été. Chaque soir en retraversant les couloirs vides il se sent plus riche, plus sûr de soi. Son plus grand plaisir, c'est toujours l'étude.

Matin et soir, sur le chemin du collège de Beauvais à la rue Saint-Jacques, il passe rue d'Enfer devant le magnifique couvent des Chartreux. Parfois une étrange sensation l'envahit, que ce dernier lui fait de l'œil, l'aguiche. Pourquoi choisir l'austérité janséniste par réaction à la servilité nobiliaire des jésuites, alors que spontanément sa nature le porte à un excès bien plus radical ? Chaque jour il ralentit devant l'entrée des Chartreux. Sa décision mûrit. Radical pour radical, austérité pour austérité… Bien sûr, les Chartreux ! Se faire chartreux. Carrément, sans hésiter.

Le choix est drastique, sans repentir, l'enfermement définitif dans le silence et la contemplation. Personne chez les Diderot n'a jamais abandonné l'idée, la certitude même que Denis, tonsuré à treize ans, entrerait plus tard dans les ordres. Ses études n'ont pour but que de lui faire grimper les degrés de la hiérarchie cléricale. Puisque les jésuites l'ont déçu, il se dit qu'à l'extrême opposé, les chartreux feront mieux son affaire. La règle est de silence, de solitude, de prière, au pis de travail manuel, histoire de subvenir à la survie de la communauté. Un jour, il n'y tient plus, il frappe et demande à voir le père prieur. Tonsuré, il porte toujours son petit habit noir d'abbé, aussi le portier des chartreux fait-il appeler le prieur qui l'accueille comme un des siens.

Face à l'excès de sa requête, le prieur, un vieillard revenu de tout, le met en demeure de fournir des preuves de sa réelle détermination.

— Oui, mon père, je veux devenir chartreux. Absolument.
— Mais mon fils, où en êtes-vous de vos études ?
— J'ai achevé mes deux années de rhétorique.
— Quoi ! Pas encore en philo ? Et la théologie alors ? c'est pour quand ?
— Mais enfin mon père, si je choisis l'ordre des Chartreux, c'est pour l'intégrer tout de suite.
— Avec ces mains-là ? Ça je ne le crois pas.
— Qu'ont-elles mes mains ?
— Elles appartiennent à une tête qui pense. Elles ne se sont jamais salies et ne le feront pas plus à l'avenir.

Le vieux prieur a visiblement l'esprit aiguisé et l'humour de sa tâche.

– Autrement dit, il faut les mains sales pour vous plaire et avoir le droit de s'abîmer en prière, commence à s'énerver Diderot.

– Qui vous parle d'abîme, mon fils ?

– Pardon mon père, je m'emporte, je m'emporte, mais vous comprenez ce que je veux dire...

– Oui, mon fils ! Je crains même de voir mieux que vous-même, et c'est précisément le problème. Votre intelligence, la hauteur de vos aspirations...

Le prieur se tait. Comme s'il avait fini.

Gros et replet, il est à l'image du moine gras heureux et sans souci, ceux que l'Église elle-même dépeint et défend comme des bons vivants de Dieu. Le prêtre connaît bien les âmes impétueuses de ces jeunes hommes qu'une malheureuse histoire d'amour précipite derrière leur clôture, et qu'une heureuse histoire d'amour reprend. Il a pour mission de les éconduire, surtout quand ils insistent, mais bah, il y en a si peu !

On verra bien si celui-ci s'accroche. Il y a très peu d'éligibles, encore moins d'élus. Il est certain aussi que sa mission consiste à présenter la règle des chartreux en un sacerdoce excessivement contraignant, mais comme c'est ce que Diderot prétend rechercher, le ton monte assez vite.

– Vous prétendez donc... Vous vous arrogez le pouvoir de décider à la place de Dieu... Et vous m'annoncez de but en blanc que, parce que j'ai les mains blanches, je serais un mauvais chartreux, qu'en conséquence Dieu me renvoie à mes études et au monde !

Diderot fulmine, il n'arrive pas à se contenir.

– Parce que j'ai les mains blanches !... Et vous croyez que ce détail importe tant à Dieu...

– Mais je ne parle pas au nom de Dieu, triple buse. Je te dis que tu es tout sauf apte à faire un chartreux acceptable ! Déjà, tu penses trop.

– Ah ! Parce que Dieu veut des serviteurs idiots.

– Mais tu as fini de faire parler Dieu ! Je te dis, moi prieur de ce couvent, que pour servir Dieu de ton mieux, tu ferais bien de redescendre à la Sorbonne, d'y accomplir de solides études de théologie. Là tu as une chance éventuellement d'apprendre à peser sur les âmes, de faire quelques bons pratiquants, quelques savants reconnaissants. Tu veux être un bon moine ?

– Oui, mon père, évidemment.

– Alors cours te rasseoir à l'école. Tu ne sais rien. De ton nez coule encore du lait. Là est ta place. Si tu tiens tant à rester dans les ordres, petit abbé râleur et capricieux ! Mais même ça, je ne suis pas sûr que ce soit ta place : trop arrogant, trop orgueilleux.

N'y tenant plus, c'est assez d'injures et de rebuffades, Diderot « claque » la porte du couvent. En réalité, c'est impossible tant elle est lourde et amortie. Mais il est si furieux qu'il s'y emploie quand même. Il marmonne à mi-voix en courant vers son « dortoir » : « Ah c'est comme ça ! Ah, Dieu ne veut pas de moi. Alors moi non plus, je ne veux plus de Dieu ! »

Et pour bien montrer – à qui grands dieux ? – qu'entre Dieu et lui, les ponts sont coupés, il renonce au petit habit noir d'abbé. Faute de moyens pour se constituer une garde-robe laïque, il en conserve quelques éléments, mais le « déshabille » de tout attribut religieux. Ne veut plus être identifié comme tonsuré. Ah ah !

Très mécontent de Dieu mais très content de lui, il se prépare psychologiquement à gagner ses galons de licencié ès art. Et à intégrer le collège janséniste d'Harcourt. Maintenant qu'il n'a plus Dieu dans ses projets, il lui faut de meilleurs diplômes !

Il décide de ne plus tricher sur la fonction cléricale, de se présenter en simple collégien. Mais a-t-il jamais triché ? Sa passion pour l'étude l'a pourvu d'une solide rigueur, et sa violente réaction à la partialité jésuite, d'un goût profond et aride pour l'austérité. Il adopte immédiatement la simplicité prônée par les disciples de Mère Angélique, la fondatrice de la secte janséniste qui porte le doux nom de sa mère. Il y est d'ailleurs accueilli sans bruit ni heurt. Comme une évidence. Il se coule dans le moule janséniste, comme il y a deux ans à son arrivée à Paris, il s'est adapté aux mœurs jésuites. Le contraste entre les deux ordres relève pourtant du grand écart. À Harcourt, l'élite est exclusivement intellectuelle. Si la grâce peut exceptionnellement s'acquérir au mérite, elle est surtout aléatoire, pas donnée à tout le monde. Certains en seront définitivement empêchés et jamais Dieu ne dira pourquoi. C'est « la grâce suffisante ».

La loi de saint Augustin que revendique le jansénisme est appliquée à la lettre. Diderot y perçoit une sournoise volonté de casser l'élitisme de naissance et de fortune qui règne en face, chez les jésuites de Louis-le-Grand. En basant leur enseignement sur la langue française, et non plus sur le latin que les enfants des basses classes n'ont pas tété dès la naissance, les jansénistes ouvrent le champ à tous. De plus à Harcourt les classes se font en groupes restreints, jamais plus de vingt-cinq élèves, du coup la relation avec le maître y est souvent forte.

La chance de Diderot, c'est qu'enseigne ici le célèbre révérend Rivard, et il enseigne de vraies disciplines scientifiques. Il est alors seul au monde à dispenser ces matières. Ce pour quoi il est très connu, mais Diderot, fraîchement parisien, l'ignore encore.

Sa réputation n'est pas usurpée : il est aussi passionné que passionnant. C'est une révélation. Diderot bascule corps et biens dans la matière scientifique, qu'il élève à l'égal d'Homère tant il en fait son miel. À nouveau, il s'est trouvé une vocation. Mathématicien ! Adieu tout autre rêve, c'est décidé, l'avenir est à la mathématique.

Que fait-il d'autre l'année de ses 17 ans ? Des mathématiques, des calculs à l'infini dans un bonheur total, sans une once d'ennui ni le moindre état d'âme. C'est donc ça étudier, n'avoir de place pour rien d'autre, ni amitié, ni humiliation, ni mise à l'écart, ni popularité grisante, rien que l'enfouissement dans le raisonnement abstrait qui rend heureux et libre. Qui entraîne chez lui un retour aux valeurs sacrées de l'enfance, humilité, obéissance. Valeurs qui soudain le rassurent et lui permettent de déployer ses talents sans arrière-pensées. Il n'est plus encombré par les parasites de la concurrence, du paraître, de l'épate jésuite ! La foi dans le libre-arbitre, tellement encouragé par les jansénistes, le conduit à affirmer puis affirmer son jugement. Et de plus en plus à se faire confiance.

Les théories professées ici l'enchantent ; il a découvert que le terme même de jansénisme était réducteur, voire péjoratif. Ici on parle d'augustinisme.

Il adopte donc la théorie augustinienne, et la trouve belle. Enfin il croit qu'il y croit. Ce qui lui offre au milieu de ses études une année à la fois studieuse et brillante. La foi en Dieu ou dans les mathématiques ? Peu importe, une forme de foi en tout cas. Les mathématiques l'ont tant pris qu'il n'a plus le temps de s'interroger sur lui-même. Passionné par l'abstraction lyrique de ces beaux théorèmes, il a l'impression de devenir de plus en plus abstrait. Vive la règle augustinienne, la mise en sommeil des affects. Ce qui pourrait s'apparenter à une forme de sécheresse, si l'estime et l'attention des professeurs ne compensaient largement toutes sortes d'amitiés plus compliquées que bienfaisantes. Diderot vient d'en faire l'expérience et n'a pas envie de la renouveler. Pour l'instant, la réussite dans ses études et la reconnaissance de ses maîtres lui suffisent. Ils sont d'ailleurs en train de faire de Diderot un pur esprit. Il ne voit pas passer l'année. C'est précisément à la fin de celle-ci qu'il passe les trois épreuves qui valident la fin de son cycle, et lui ouvrent le suivant.

La première des trois épreuves pour la maîtrise ès art a lieu à la fin août, Diderot la réussit haut la main, thèmes et versions grecques et latines, il est à son affaire. La deuxième se déroule en septembre, dissertation sur un sujet littéraire, il tombe sur Homère, autant dire chez lui, il rend la meilleure copie, et arrive encore premier. Quant à la dernière, qu'on appelle simplement « le grand oral », elle se déroule dans l'amphithéâtre de la Sorbonne, plein comme un œuf, et consiste en une improvisation sur thèmes choisis par Rivard – chic, Diderot va enfin briller en sciences –, suivie de questions pendant six heures. Diderot le passe en octobre et reçoit les félicitations du jury. Cette année encore, puisque ces épreuves se déroulent pendant la période des vacances, Diderot échappe au retour à Langres qu'il redoute tant. Il ne saurait dire pourquoi. D'autant que sa sœurette, sa chère Denise, lui manque terriblement, sans parler des bras de sa mère. De l'odeur sucrée d'Hélène... Une peur primitive, inexpliquée.

IL SERA CURÉ, MATHÉMATICIEN, ACTEUR…

Il s'adonne aux révisions avec une fougue renouvelée. Après un an d'abstraction scientifique sous la férule de Rivard, retrouver le grec, le latin, la joie des dissertations pour son diplôme, lui semble un jeu d'enfant. Et un immense plaisir. Diderot se met au travail seul, aussi aisément qu'un gourmand s'installe à table. Il a la sensation qu'il peut se passer de tout sauf d'étudier. Chez les jansénistes, l'absence de distraction donne à sa passion pour le savoir un léger goût de transgression. Il s'y épanouit. C'est flagrant lors de son grand oral. Déjà on dirait un maître. Il a acquis une éloquence, une sûreté de soi, un don pour l'improvisation autour d'un thème qui emballent le jury. Rivard est aux anges, Diderot est sa meilleure recrue depuis longtemps. Diderot n'est pas mécontent non plus, d'abord parce qu'il devance, mieux il écrase son rival, ce Nicolas de La Mettrie, petit noble prétentieux et provocateur, qui le suit et souvent le talonne depuis Louis-le-Grand. La Mettrie n'a pas son brio, ni sans doute ses facilités. Mais sans cesse marche sur ses brisées. Et ne manque pas d'ambitions. Diderot est fier de ses succès. Pour la première fois depuis qu'il est à Paris, ceux-ci sont réellement spectaculaires. Unanimes. Indéniables.

Après avoir été si brillamment reçu maître ès art, le révérend Rivard accède à son désir de demeurer une année supplémentaire en classe de philo. Non comme redoublant, mais comme assistant du régent, un tout petit homme, assez jeune mais déjà dégarni, le teint jaune cireux et un nez, un nez…, d'une démesure telle que même les plus charitables des élèves esquissent un fou rire la première fois qu'ils le voient. Le pauvre est en outre affublé d'une tâche qui, bien qu'elle lui revienne chaque année, le dégoûte absolument. Il est sommé de composer une pièce de théâtre en vers latins avec un rôle pour chaque élève. Cette année, ils sont douze. Diderot lui propose son aide. Le régent nommé Pascal, en hommage à Blaise – on est chez les jansénistes –, Pascal donc saute sur la proposition du plus doué des assistants qu'on lui ait jamais donnés. Il accepte à condition que ça reste un secret entre eux. Aussi laisse-t-il à Diderot toute la place, sachant que le succès, si succès il doit y avoir, lui reviendra, et qu'il pourra toujours mettre l'échec sur le dos de cet élève assistant.

Diderot n'imagine pas une seconde de ne pas s'écrire le rôle principal. Il préside à la distribution, s'occupe activement de la mise en scène, se prend au jeu, fait exécuter décors et costumes, veille à tout avec un plaisir indissimulable. Une joie singulière, inédite, insoupçonnée, totalement hors de proportion avec le travail fourni, s'empare de lui. Il a déjà ressenti les prémices de ce plaisir-là lors de son grand oral, au milieu de sa péroraison, quand une sorte de second souffle a envahi sa poitrine et lui a inspiré un réel talent pour convaincre, une force de persuasion neuve qu'il ne se connaissait pas. Il a d'abord cru à un dépassement de soi pour réussir son examen, un état de grâce accidentel. Or là, à chaque répétition, ça recommence, ça ne s'use pas ! Écrire pour le théâtre, fût-ce en latin, lui plaît beaucoup, mais jouer, faire l'acteur, interpréter, oh ! ça vraiment, c'est incomparable. Sa plus grande joie !

Encore que le mot *joie* lui semble impropre, tant cette explosion de plaisir dure, dure…, au moins autant que la représentation. Faire du théâtre, voilà désormais toute son ambition, sa vocation, la voie de sa réalisation. Il se prend au jeu au point de s'y croire absolument. Même si son succès est attribué au régent, le bonheur fou qu'il en retire le dédommage par avance de ce petit accroc à sa vanité. D'ailleurs il l'oublie aussitôt.

IL SERA CURÉ, MATHÉMATICIEN, ACTEUR...

Le jour de la représentation, Rivard est épaté par la révélation de « son » Diderot sur les planches. Il ignore tout de son travail d'écriture, en revanche son interprétation ne lui échappe pas. Le bon Rivard trouve ce succès mérité. Il a assisté à ses examens. Tant de dons. Trop de dons... Il s'inquiète pour l'avenir de sa brillante recrue. Il espère que ce dernier ne rêve pas de basculer dans le théâtre... Eh si ! évidemment !

Amusé et interloqué, le révérend tente de lui démontrer que poursuivre ses études est sans doute le seul moyen de savoir pour quelle discipline il est réellement fait. Mais au théâtre, le succès est si grand par rapport aux lauriers que rapporte un prix de sciences, qu'il doute de la portée de ses arguments. Sauf que Diderot, fort de ce même succès, a le sentiment que désormais plus rien ne lui est inaccessible. Que toutes les portes peuvent s'ouvrir, toutes et en même temps... Oui. Mais à condition d'avoir l'assentiment de son père !

Diplômé, apprécié de ses maîtres, encouragé, voire favorisé par Pascal, son régent, qui espère bien renouveler « leur » exploit théâtral l'an prochain, il est en quelque sorte « invité » à demeurer une année supplémentaire. Diderot se considère comme un étudiant beaucoup plus libre, autorisé à se rendre au théâtre chaque semaine. Exclusivement à la Comédie-Française, le temps passant il s'affranchit des autorisations et se risque à fréquenter d'autres lieux de représentations, et des acteurs, et les cafés où ceux-ci se réunissent... Il n'ose encore approcher les trop belles actrices. Il en meurt d'envie, ce qui n'est pas très janséniste. Mais elles sont tellement belles.

Après s'être cru, s'être voulu voué à Dieu et à l'étude, voilà que le démon des filles...

Alors il écrit à son père, soutenu et même encouragé par le révérend Rivard, pour lui annoncer qu'il a décidé de continuer ses études, ici on le croit doué pour, et qu'il envisage de faire sa théologie à la Sorbonne. En réalité, face aux dilemmes de Diderot, à ses erratiques hésitations, le révérend lui a mis le marché en main : « Mathématiques ou théâtre, il faut choisir. Mais au fond tu sais déjà que tu n'as pas le choix. Tu dois aller jusqu'à la Sorbonique... »

Diderot voit le monde s'ouvrir et se fermer successivement sous ses pas : il sait qu'il ne peut choisir le théâtre. Il a compris que, ni noble ni rentier, il ne saurait en faire un métier, il devra se contenter de le chérir, le cultiver comme un vice. Officiellement et pour l'instant. Pour compenser et conserver quelques heures de mathématiques, il choisit la théologie. Continuer ses études, c'est aussi reculer l'heure du choix.

Pourquoi pas la théologie ? N'est-il pas officiellement toujours membre de l'Église ? Le régent Pascal, qui compte sur sa promesse de lui écrire et de faire jouer « sa » pièce de l'an prochain, soutient toutes ses requêtes, y compris auprès de Rivard. Du coup, celui-ci l'aide à convaincre sa famille de le laisser vivre chez l'habitant, comme nombre d'étudiants de la Sorbonne, l'an prochain. Ainsi dès la rentrée ne sera-t-il plus en pension, mais libre... Libre !

Si ses études ont toujours été gratuites, sa pension, certes moins onéreuse chez les jansénistes que chez les jésuites, a jusqu'ici toujours été réglée par sa famille, aussi Diderot a-t-il le sentiment de les alléger en choisissant l'hébergement chez des particuliers du Quartier latin, nettement moins cher, nettement moins confortable. Il pousse le culot jusqu'à le présenter à son père comme une mesure d'économie.

Pauvre certes, mais libre, libre...

IL SERA CURÉ, MATHÉMATICIEN, ACTEUR...

Bernis, qui s'est échappé quelques heures du séminaire de Saint-Sulpice pour applaudir son ancien meilleur ami dans sa gloire théâtrale, lui rappelle par sa seule présence que, si rien ne lui semble désormais impossible, il n'égalera jamais le dernier des aristocrates, même dénué de talent. Il retrouve Bernis comme s'ils s'étaient quittés la veille, sauf que dans le cœur de Diderot quelque chose est cassé. Il ne l'a pas défendu. Il est du côté de ses ennemis. Étienne Belle aussi a franchi la frontière morale et même pire, qui sépare Louis-le-Grand d'Harcourt, ou plutôt les jésuites des jansénistes, pour tomber dans les bras de Diderot, fondu d'admiration pour son exploit théâtral. Avec lui, sans le moindre doute, règne une belle égalité. Belle va partir aux Pays-Bas parachever sa formation de tailleur de pierres, les meilleurs y sont. Ça ressemble à des adieux. Mais Diderot est si content, qu'il ne doute pas de le retrouver encore.

Une troisième année chez les jansénistes finira de lui remettre ses valeurs en place, ne prônent-ils pas que les vrais aristocrates, les vrais « meilleurs » sont irrémédiablement Homère et Horace hier, Boileau et Racine aujourd'hui, anciens élèves des jansénistes ? C'est vers les poètes et les penseurs qui savent écrire que Diderot se dirige irrésistiblement.

Même s'il ne sait comment s'y prendre, un jour, Diderot tutoiera les plus grands. Il n'en doute pas.

Chapitre 5

1731-1735
Années abstraites, années d'études

> *Nous ressemblons à de vrais instruments dont les passions sont les cordes.*
> *Un homme sans passion est un instrument dont on a coupé les cordes ou qui n'en eut jamais.*
>
> Pensées philosophiques

Années abstraites, années pur esprit, années d'études et de solitude... Tels sont les vœux pieux et les proclamations d'intention de Diderot à son père par écrit, quand il s'engage à achever sa théologie, jusqu'à la Sorbonique, le diplôme le plus élevé. Vœux à lui-même surtout pour juguler la tentation. Toutes les tentations, et Dieu sait qu'il y est sujet !

D'autant qu'il est libre désormais. Libre. Tous les jours il se rend à la Sorbonne. Les cours ont lieu en amphithéâtre pour des centaines d'étudiants. En première année de théologie, l'amphithéâtre déborde. Diderot découvre qu'il peut s'absenter sans que ça se voie. Grand changement après les cours quasi particuliers des jansénistes. Peu à peu, tout doucement, il se met à piocher dans ses cours, à choisir ceux qui le passionnent, à en délaisser d'autres plus..., enfin moins... S'il ne rate jamais ceux de Rivard, s'il a la joie de retrouver l'abbé Porée, il est d'autres professeurs qui ne connaîtront jamais son visage. Ces matières qu'il se permet de négliger, soit il en avait déjà fait le tour, soit il gagne du temps en les étudiant seul. Ainsi acquiert-il d'autres connaissances non enseignées mais dont il ressent un vif besoin.

Depuis ses premières années, encore à Langres, il s'est amouraché – il n'y a pas d'autre mot – des écrits de Montesquieu et de Voltaire, noms à ne jamais prononcer dans l'enceinte sacrée de la Sorbonne. Pour des raisons politiques que Diderot commence à peine à percevoir, l'un puis l'autre ont trouvé refuge en Angleterre, qui en exil, qui en voyage de découverte très prolongé. L'un comme l'autre y ont exalté l'idée de liberté déployée dans tout son faste. Diderot rêve d'aller y voir de plus près. Comme il est dans l'incapacité économique de s'y rendre, il lui reste à en apprendre la langue, afin de comprendre, au moins en lisant les grands penseurs anglais comme Hume. Il sera prêt le jour où...

Années studieuses donc. Las, il faut pourtant que jeunesse se passe et que le corps exulte. Diderot va avoir vingt ans. Certes, il s'est juré de ne se consacrer qu'à l'étude. Mais il y a de si ravissantes raisons à ses entorses. Parmi ses apprentissages, il ne peut faire fi de tout ce qu'un étudiant doit savoir. Un étudiant de cette ville, qui pousse au bas du Quartier latin – près de la Seine, entre l'Opéra et la Comédie-Française, sis entre l'Odéon et le Procope vers la rue Dauphine –, qui draine dans ses cafés et autres bouges alentour une faune grouillante, pauvre, souvent famélique mais plus magnifique encore, surprenante, poétique, lumineuse, irrésistible.

Diderot se passionne pour les échecs. Il y a dans les jardins du Palais-Royal à la belle saison, et dans les cafés du Procope et de la Régence par temps froid, quelques magnifiques pousseurs de bois. Il les observe de nombreuses soirées avant de s'y risquer. Il doit devenir très bon, sinon ça n'est pas la peine.

Dans ces cafés près des théâtres, acteurs et actrices retrouvent leurs admirateurs. Tous se lient facilement aux buveurs, surtout aux jeunes hommes pétris d'admiration, les yeux écarquillés devant tant de beauté et de nouveauté...

De plus en plus, Diderot dissimule aux siens ce qu'il fait, ce qu'il pense, ses rêves, ses ambitions. Ses lettres à ses parents, qui se sont déjà pas mal espacées, se banalisent. Même à Sœurette, sa si chère Denise, il cache l'essentiel. Ce qu'il peine à s'avouer aussi à lui-même. L'influence de ses nouvelles relations sur son âme, comment ces insolites joueurs d'échecs l'entraînent dans des abîmes de remise en question quant à son avenir. Les voir jouer, anticiper leurs coups, les calculer des heures à l'avance, n'est-ce pas un formidable apprentissage, un indispensable complément à la pensée mathématique ? Sa mauvaise foi ne va pas jusqu'à s'en vanter auprès des siens. Idem pour l'anglais, inestimable outil de connaissance fort utile à ses yeux puisqu'il lui ouvre l'accès aux écrits les plus subversifs du moment.

Désormais il habite chez une logeuse pour étudiant de la rue de Poitou, matrone bon marché, très mauvaise cuisinière mais si brave femme – et puis, est-ce que ça compte la nourriture à cet âge ? À l'étage mettons plus noble niche Peter, un jeune Anglais accompagné de sa « nurse », encore assez jeune fille. Elle a pour tâche d'améliorer l'ordinaire des repas de son maître, de repasser son linge, de préparer ses vêtements, d'entretenir sa chambre... Diderot a déjà sympathisé avec le jeune homme qui parle couramment français, et lui demande l'autorisation de prendre quelques cours de pratique avec sa « nurse ». Certes Peter lui donne quelques fondamentaux en grammaire, les verbes irréguliers..., mais pour l'accent, prétexte Diderot, il préfère la jeune femme terriblement dégourdie – comme une Anglaise –, conclut hâtivement le jeune

Langrois. En tout cas avec elle, il fait des progrès fulgurants. En échange de ses leçons d'anglais, Diderot donne à Peter des cours de mathématiques. Contre des heures de pratique avec little Dorothy, Diderot toutes ses nuits lui dispense de la tendresse. Il faut dire qu'elle est rousse, comme Hélène sa belle Lorraine, idéal amoureux de l'enfant Denis, incroyablement rousse, et que pour la première fois Denis approche enfin de si près cette peau magnifique, pleine de gaieté, ces odeurs musquées, *marvelous*... Sa première rousse, sa première Anglaise, sa première vraie liaison à Paris. Il se sent « affranchi ». Même s'il n'ose croire à pareille bonne fortune. Avec elle, il prend concrètement langue dans cet idiome qu'il juge évidemment de toute beauté.

Diantre, pourquoi l'Église exige-t-elle l'abstinence de ses clercs ?

Diderot qui reste avant tout un chercheur obstiné, passe plusieurs heures dans la grande bibliothèque de théologie de la Sorbonne, à décrypter les textes des Pères de l'Église à la recherche de l'origine de cette étrange notion... Et ne trouve rien !

Enfin rien au-delà de la parole du Christ : « Si quelqu'un veut être mon disciple, qu'il renonce à lui-même, qu'il se charge de sa croix et me suive. » Est-ce que renoncer à soi, c'est renoncer au plaisir partagé ? Diderot ne le croit pas. Les grands textes n'ont jamais parlé de chasteté. Sauf pendant de brèves périodes récurrentes, comme le carême et autre chemin de croix. L'Église a besoin que ses ouailles s'aiment, donnent l'exemple et se reproduisent. Même Paul de Tarse est obligé d'en convenir ! Diderot est naturellement sensuel et débordant de désir. Personne ne l'empêchera jamais de laisser ses mains aller doucement sur un dos qui les accueille ou les réclame.

Par chance, si leur hôtesse cuisine mal, et Diderot est quand même assez gourmand pour le déplorer certains soirs de famine, elle est aussi très sourde. Ou très libérale ? En tout cas, elle feint de tout ignorer des va-et-vient nocturnes de la fameuse nurse.

Si Diderot travaille toujours avec autant d'acharnement, peut-être même davantage, il dort de moins en moins. Et ça ne le fatigue pas. Il s'en réjouit. Il n'a vraiment pas assez d'heures ni à ses journées ni à ses nuits. De plus en plus, ses soirées sont vouées au plaisir, à l'amitié, au théâtre et ses belles actrices, à l'opéra et ses encore plus magnifiques chanteuses…

Il a vingt ans, toute l'avidité du monde, un cœur gros comme ça, et un corps à la mesure de sa gourmandise. Il est heureux, et n'imagine pas de ne pas l'être. Toujours.

Partagé entre l'étude intensive et le plaisir ardent, il ne connaît pas de meilleure existence. Si, pourtant. Les écrits de Voltaire. Ah ! S'il pouvait en faire autant…

Après deux séjours en prison et trois années d'exil anglais, Voltaire rentre en France où il s'installe loin de Versailles et même de Paris. D'Angleterre, il a ramené un goût très neuf pour une liberté plus politique que celle, désordonnée, qu'il revendiquait jusque-là. Avant lui, il ne s'agissait pour chacun que de conquérir sa liberté propre, de s'émanciper de la tutelle du roi, de ses fermiers généraux et autres représentants officiels, pour penser à sa façon et tenter de « vivre sa vie ». On est sous Louis XV, la Régence n'est pas si loin, il suffit à ce roi-là d'être sobre et courtois, bien disposé envers son peuple, pour être surnommé le Bien-Aimé. L'heure des réformes a sonné, rêve Voltaire à haute voix, mais loin de la cour. Depuis qu'il s'est mis à penser anglais, il a compris que le combat qui commence outre-Manche sera long. À son tour, Diderot s'efforce de comprendre les rouages de l'oppression du royaume afin de progresser vers un ciel plus libre.

Entre les mathématiques qu'il persiste à perfectionner – quoiqu'un diplôme de théologie n'exige en rien ce type de sciences trop exactes pour être honnêtes –, la langue anglaise à laquelle il s'adonne avec ferveur, à la vitesse de ses amours, le latin, le grec, la composition française qu'il ne néglige jamais, il finit toujours ses journées avec quelques vers d'Horace..., la physique, parent pauvre de l'université, commence aussi à lui faire de l'œil... Oui mais... et le théâtre..., et la musique..., et les échecs..., et l'opéra..., et les amitiés..., et les amours..., comment se contenter d'une seule vie ? Il a de moins en moins de temps pour dormir. Plus il pousse sa propre bête, plus il parvient à en faire, ça marche. Il n'a plus besoin de sommeil. Il le supprime et cumule travaux pour la Sorbonne, pour lui-même et son bon plaisir, avec la découverte de la vie nocturne dans ce qu'il croit être les « bas-fonds », et qui n'est pourtant qu'une assez aimable bohème artistique et littéraire. Celle qui gravite autour des théâtres, des cafés et des échiquiers...

Cette formidable énergie lui permet de passer sa matinée en cours à composer, à expédier des exercices de mathématiques ou de physique, des versions grecques et des thèmes latins, de dîner ou souper en langue anglaise, d'enchaîner parfois sur une sieste exténuante, puis de reprendre l'étude, avant de rejoindre ses « cours » d'échecs, puis de théâtre, ce qui consiste à déclamer avec ses amis de café des tirades plus belles les unes que les autres... Sa mémoire est un instrument de haute volée, il peut tout lui demander. Hier chez les jésuites, il retenait à la vitesse de l'éclair Bossuet ou Corneille. Maintenant c'est Marivaux, Voltaire qu'il ne peut oublier... Un soir, il cède au défi d'un acteur pris de boisson : « savoir sous huitaine *La Henriade* par cœur en entier ». Chiche ? Chiche ! *La Henriade* est la dernière pièce de Voltaire, rapportée de son exil anglais, en l'honneur d'Henri IV et de ses idées de tolérance. Qu'à cela ne tienne. Cinq actes ! Diderot relève le pari. Quelques soirs plus tard, debout sur une table du Procope, il déclame toute la pièce sans hésiter, par cœur, au grand dam des tenanciers vaguement inquiets qu'on transforme leur établissement en tribune de propagande frondeuse. Diderot a du mal à les persuader qu'il ne s'agit que d'une pièce de théâtre, la dernière de « Monsieur de Voltaire » comme il est le seul à l'appeler : à ses yeux tant de talent vaut quartiers de noblesse. Il est connu pour n'être qu'un pauvre étudiant en théologie, pas un acteur, mais il déclame ce texte avec une telle fougue, qu'aux oreilles des auditeurs, ce ne peut être qu'un appel à la révolte.

Ainsi se déroulent les études supérieures de Denis Diderot.

Paradoxalement, alors qu'il jouit à la Sorbonne comme dans les cafés d'un début de gloire populaire, il ne se fait plus d'ami. Comme s'il n'en avait plus le temps. Et il n'en souffre pas. D'ami véritable comme Bernis avant sa lâcheté, il préfère se passer, trop douloureux. Avec lui, c'est bien fini. Il fait à la fois une brillante carrière dans la religion et brillamment semblant d'y croire. C'est un libertin achevé. Bientôt cardinal, ministre... Bah, après tout si c'est comme ça que l'Église les préfère ! Il n'oublie pas les rebuffades du père chartreux.

Il travaille très seul, pourtant il devient un petit chef de bande. Il ne réussit pas mais n'essaie pas non plus de fédérer ses troupes comme il le devrait s'il en était un. Tout de même, son charisme s'exerce dans le cercle de ses études. Il a pour spécialité, sitôt sorti d'un cours, de le refaire en langage simple, d'abord pour lui-même afin de le mémoriser aisément, puis pour ceux qui font grappe autour de lui dans le but avoué d'entendre la traduction en français courant de ce qui vient d'être enseigné. Il traduit pour ceux qui n'ont pas sa vivacité, sans jamais donner l'impression d'être plus intelligent ni de se mettre à la portée de son auditoire, il se parle comme on rêve à voix haute, comme s'il ne refaisait le cours que pour lui.

Il rêve d'ailleurs de plus en plus haut, de plus en plus ambitieux. Il ne se sent pas autorisé à l'avouer, mais ça doit se sentir. Ses rêves prennent plus d'ampleur, du coup lui aussi. « En trois ans, je me suis fait bachelier, dans cinq ans, je serai docteur... Qu'est-ce que je veux ? Jusqu'où puis-je aller ? Si rien ne m'en empêche... Voltaire, toujours ! C'est le grand, l'unique modèle. Avec Montesquieu. »

Comme ses espérances s'amplifient, il ne parvient pas à les dissimuler, aussi entraîne-t-il de plus en plus de gens derrière lui. Comment atteindre Voltaire ? aller plus loin ? plus haut ?... Écrire, rêver, parler, parler... Parler beaucoup dans la nuit des idées...

Quand on a de semblables ambitions, il faut s'en donner les moyens. Régler certains détails : besoin de perfectionner son anglais ? Il envisage de traduire *Gulliver*, ce chef-d'œuvre de Swift dont bruit toute l'Angleterre. Après quoi, il se présentera devant l'Académie anglaise, puisque Montesquieu et Voltaire en sont membres, pourquoi pas lui ? Vu tout ce qu'on dit et écrit sur la liberté en Angleterre, surtout la liberté de mœurs, il commence à se sentir incompris en France. En réalité ses rêves le dépassent de beaucoup. Il ne se comprend plus bien, sa boulimie de savoir épouse toutes les formes. Il veut tout... Il veut être tout. Il se sent ogre face à n'importe quoi, il désire toujours tout très haut, très fort. L'anglais à peine avalé, il passe à l'italien, il veut comprendre l'opéra, ses magnifiques chanteuses. La musique ne lui est pas familière.

La modernité en musique vient d'Italie, répète-t-on. Une jeune recrue de l'Opéra accepte de coucher avec lui en italien ? Il prend langue voluptueusement. Après tout, c'est du latin simplifié. À son tour, il peut huer Scarlatti.

Tant de langues étrangères encore inconnues de lui, tant d'idiomes à déchiffrer. Ce n'est pas seulement pour savoir l'anglais, l'italien, la musique ou la logique mathématique qu'il s'y jette à corps perdu, pas seulement pour parler ces langues étrangères – et la musique comme les mathématiques sont pour lui autant de langues étrangères que l'italien ou les échecs –, que pour en comprendre le fonctionnement. Comment ça marche, quelles structures semblables ou différentes sous-tendent ces idiomes.

Son insatiable curiosité ne supporte pas de se sentir exclu d'un groupe qu'il ne comprend pas, n'entend pas. Rien ne doit lui résister. C'est tout. Il a 20 ans, 21, 22, bientôt 23, il fonce dans toutes les directions. N'est-ce pas cela les études ? Et pourquoi cela devrait-il s'interrompre un jour ? Que ne se fait-il officiellement pédagogue ? Puisque dès qu'il a compris, il faut qu'à son tour il explique en langage simple à ses pairs plus lents, moins curieux, moins brillants. Il restitue ses cours les plus passionnants à Denise en de longues lettres didactiques voire techniques. Ce n'est pas pour rien qu'il l'a surnommée « Socrate femelle », elle veut tout savoir, tout comprendre, mais elle n'a que le truchement de son frère pour y parvenir. N'en apprend-il autant que pour tout lui transmettre ? Sans doute pas uniquement, mais ce devoir constitue un bon moteur. La longueur de ses lettres à sa sœur permet de faire l'économie de ses états d'âme, de ses confidences et de toutes sortes d'effusions. Il se méfie de sa propre sensiblerie, aussi se caparaçonne-t-il sous la science. Par exemple après un cours de théologie éblouissant fait par un jeune abbé « libéral », Diderot pour son public d'habitués fait une immédiate traduction littérale. Comme il a pris l'habitude pour Sœurette de tout transcrire en langue simple, il s'entraîne sur elle par écrit, puis auprès de ses habitués, pour un cercle de moins en moins restreint, à qui il résume, réduit, en quelques formules lapidaires, explicite le plus limpidement possible, que chacun puisse y avoir accès. Il sera bientôt prêt. Prêt à quoi ? Pourquoi pas à enseigner à son tour comme l'y incite vivement le révérend Rivard ? Ah non ! Pas tout de suite, en tout cas. Choisir c'est éliminer, et Diderot veut toujours tout. Alors, prêt à quoi ? On verra. Il ne perd jamais de vue sa haute ambition, même s'il ne peut préciser laquelle au-delà d'une vague notion qu'il appelle « Voltaire »…

Par exemple sur l'Immaculée Conception, il affirme péremptoirement que Jésus n'est pas né d'une vierge. « Vierge » est une mauvaise traduction, une traduction fautive du latin « virgo » qui veut simplement dire « jeune fille ». Laquelle jeune fille est très régulièrement mariée avec Joseph et personne n'a jamais affirmé que ce mariage n'a pas été consommé. On se demanderait pourquoi, et les Pères de l'Église auraient dû fournir pléthore d'explications. Il est certain que « le fruit de ses entrailles a été sanctifié par l'archange Gabriel, l'envoyé de Dieu », de cela, nul ne doute, mais si quelqu'un « a été conçu sans péché » dans cette histoire, c'est Marie, née d'une femme stérile et d'un père absent depuis plus d'un an. Anne et Joachim ne pouvaient avoir d'enfants, la petite Marie leur est donnée par divine anticipation afin qu'un jour, elle mette au monde le Sauveur.

Diderot ne s'interdit pas de réduire les problèmes compliqués à des réponses simples et s'illustre dans les raccourcis de pensée, parfois saisissants.

ANNÉES ABSTRAITES, ANNÉES D'ÉTUDES

Par goût, par passion, pour réaliser ses rêves, sans cesse il se remet à l'œuvre. Trop de motivations le tenaillent pour avancer lentement, il lui faut foncer, tracer, aller de l'avant. Il se fabrique une mémoire colossale. Après Corneille chez les jésuites, *La Henriade* l'an dernier, aujourd'hui c'est de la prose qu'il mémorise, et de la prose libertine et cruelle s'il vous plaît, du Marivaux, pas moins. Il a aussi besoin de plaire – pas de s'attacher, il n'en a ni le temps ni les moyens, mais de séduire. Marivaux lui entrouvre une porte dérobée vers le plaisir.

Sitôt qu'il découvre une chose inconnue, toute affaire cessante, il s'en fait une spécialité. À la moindre provocation du destin, il fuse tous azimuts, monte sur ses grands chevaux et domine au plus vite le sujet en question... Les yeux plus gros que le ventre, disait la bonne Hélène quand il était petit, aujourd'hui on dit de lui qu'il est mégalomane et boulimique.

Il craint de n'avoir pas assez d'une seule existence pour vivre toutes ses vies. Il veut tant vivre, il veut tout vivre. Partir en Angleterre ? Il sait assez l'anglais. À moi Londres, je suis prêt ! Réussir en musique, écrire un livret d'opéra, être joué à la Scala ? *Buongiorno* l'Italie, et Venise, et Florence, et Rome... Ah Rome ! Aimer toutes les femmes, goûter tous les mets, humer tous les vins. Les actrices surtout l'attirent, qui brûlent parfois avec lui leurs nuits parisiennes... Mais aussi faire du théâtre, écrire pour la Comédie-Française, renouveler le genre, être joué, applaudi, célébré... Il s'arrange pour y aller presque tous les soirs, sa logeuse est bonne fille, qui l'autorise à rentrer à Dieu sait quelle heure, voire à ne pas rentrer. Il passe une partie de ses nuits avec les troupes de passage qui se succèdent dans les théâtres des bords de Seine. Beau et beau parleur, il séduit aisément, très ardent, il a beaucoup d'amies. Et sans exclusive, il s'offre là une vraie jeunesse.

Un tourbillon. Le reste de son temps est voué à l'étude. Il n'oublie jamais qu'il lui faut aussi devenir un grand savant en mathématique, ou en physique, ou en... Peu importe. C'est grand qu'il veut être, ensuite, les disciplines comptent nettement moins. Il s'attelle à tout comme un fou.

Ces trois années de théologie se déroulent sur un ruban de perfection. Il réussit tous ses examens, emporte la Sorbonique haut la main, achève avec maestria ses études, brille en anglais, chante en italien, jubile au théâtre, se fait un petit nom aux échecs, est assez aimé par quelques remarquables soprani de l'opéra, s'est fait de nombreux compères dans les cafés... Il adore la vie, sa vie, et la vie le lui rend bien.

Quand tombe la lettre de son père. « Mes félicitations pour tes beaux diplômes. Maintenant il est temps de rentrer à la maison afin d'y exercer ton sacerdoce. L'évêque de Langres est prêt à te recevoir pour te transmettre ton bénéfice le 13 décembre 1735. Nous nous réjouissons tous infiniment de te revoir enfin. Ton père qui t'aime... »

Comment faire autrement ? Comment s'échapper ? Adieu Londres, Rome, Milan, le théâtre et l'opéra, les femmes, les amourettes et les grands systèmes astronomiques qu'il allait mettre au jour, les mathématiques compliquées, Homère et même son cher Horace, le destin inexorable et prévisible, ce sera Langres. L'Église. Le tombeau.

Chapitre 6

Hiver 1735
Retour à la case départ et deuxième fugue

> *La Maréchale :* Que gagnez-vous donc à ne pas croire ?
> *Diderot :* Rien du tout, madame la Maréchale. Est-ce qu'on croit parce qu'il y a quelque chose à gagner ?
>
> Entretien d'un philosophe avec la Maréchale de ***

Retour à la case départ.

Tout ça pour ça !

C'est impossible. Diderot ne parvient pas à se convaincre de ce retour. Le retour de l'enfant prodigue ! Le contraire de ce dont il a toujours rêvé.

Oh, ce ne sont pas ses parents, sa famille qu'il redoute de voir, non, ils sont adorables et s'il est honnête, certains lui ont beaucoup manqué. Non, c'est le jeune homme en lui, presque l'enfant qui, il y a sept ans déjà, n'en pouvait plus, au point d'organiser – mal – sa fuite.

S'il est parvenu à ne pas y retourner une seule fois en sept ans, il a de profondes raisons, outre les piètres excuses qu'il a chaque fois inventées. Même s'il n'a pas envie de les inventorier.

Ce retour-là est pire que toutes les vacances auxquelles il a échappé. Car, comment, pourquoi quitter Paris maintenant ? Tous ses désirs, toutes ses espérances y sont rassemblés. C'est

« sa » ville, c'est là qu'est sa vie, là qu'elle doit s'épanouir. Même si elle n'est pas encore glorieuse, c'est d'ici qu'il prend son élan. Son envol.

Pourtant en ce début d'hiver, Paris est sinistre. Diderot en souffre qui toujours a des fourmis dans les jambes et besoin de marcher deux à trois heures par jour, sous cette lumière sombre, où le jour se lève de plus en plus tard, se couche de plus en plus tôt, et laisse le promeneur gelé et crotté ou pis, mouillé. Paris est triste et glaciale. C'est pourtant cette cité-là, en cette saison-là, qu'il ne veut pas quitter ! N'est-il pas fou ? Officiellement, il rentre à Langres pour s'y installer jusqu'à la fin de ses jours.

Pour toujours ?

Toujours !

Mais comment, quand a-t-il décidé de quitter Paris pour ne jamais y revenir ? C'est comme s'il n'avait pas le choix, y était acculé par une force supérieure. L'obéissance à son père !

La mort dans l'âme, en dépit de sa volonté, il se prepare au départ. Il se résout à vendre quelques-uns de ses livres. Les plus précieux, les plus aimés, il les confie à deux de ses récents copains de café, Eidous et Toussaint, qui promettent de les lui garder précautionneusement à condition de pouvoir les lire – peut-être les vendre, s'il fait trop faim, au moins Diderot est prévenu, sauf qu'auparavant, ils les auront lus ! Ils promettent de les lui rendre à son retour. Mais puisqu'il ne rentrera pas ! Puisqu'il part pour toujours ! Non. Impossible qu'il ne revienne pas !

Il ne cherche pas à démêler l'écheveau de ses contradictions. Il donne congé à sa logeuse, rompt plus ou moins avec sa dernière maîtresse, la belle soprano, dans la loge de qui cependant il passe ses dernières nuits parisiennes.

RETOUR À LA CASE DÉPART ET DEUXIÈME FUGUE

Ça y est, il a réservé sa place dans la diligence. Déprimé par ces préparatifs de départ qu'il craint irrémédiables, il se fuit lui-même jusqu'à se réfugier dans cette semi-somnolence qui ne laisse aucune place à l'introspection. Des ciels lourds et noirs déversent de grandes eaux sur ses larges épaules de colosse. Il fait nuit la plus grande partie du jour, et mauvais tout le temps. Et triste, et froid, et Diderot se sent seul, et mal de devoir quitter sa vie, sa joie, ses projets, ses rêves... Et voilà qu'il se découvre une sensibilité météorologique.

Fin novembre... C'est la dernière limite. Il embarque corps et biens, et la mort dans l'âme. Ces sept jours de voyage se passent dans un total brouillard. Brinquebalé et secoué comme dans n'importe quelle chaise de poste, importuné par les uns et les autres, il parvient tout de même à passer les trois quarts de son temps à somnoler. Fatigue, épuisement, décompression, appréhension ?... Il ne fait que dormir. À peine descendu, il oublie immédiatement ses douze compagnons de diligence.

Son baluchon est des plus légers. Ses diplômes, seuls... Après sept ans d'absence, il rapporte, outre son Quinquenium, sa maîtrise ès art et son baccalauréat en théologie... Vrais trophées ! Tout ça pour recevoir le bénéfice de l'évêque de Langres sous la forme d'une minable petite cure dans sa ville natale, pas même une abbaye, quoique, le temps aidant, avec de la bonne volonté, et de la patience... Mais même si c'était un archevêché... Il choisirait Paris la grand'ville.

Le voilà à Langres. Oh comme il ne le voulait pas. Il ne parvient pas à s'imaginer y passer sa vie entière, à intriguer au sein de la hiérarchie ecclésiale... Pourtant, il y est... Il s'y est rendu comme un bœuf à l'abattoir, mais il s'y est rendu...

Son arrivée est une telle fête. Adulé, adoré, loué, félicité, et terriblement gêné. Sept ans, à ces âges, c'est très long. Les embrassades immenses. Sœurette, ah, enfin ! Ils ont tant à se dire, mais tous le sollicitent, il se doit à l'ensemble. À plus tard l'intimité recouvrée avec Denise.

Ils ont tous sept ans de plus. Et la vie n'est pas tendre en province. Mère, la plus chère à son cœur, celle qu'il a le plus désiré revoir s'est toute ridée, toute ratatinée, abîmée, l'âge l'a frappée de plein fouet. Elle a toujours eu huit années de plus que Père, mais maintenant, Diderot le voit. Elle parle de plus en plus bas, sur un souffle, elle regarde son fils intensément, mais sitôt qu'il lui rend son regard, gênée, elle baisse les yeux. On dirait qu'il lui fait peur. Qu'il lui est devenu un étranger, un danger. Il croit qu'elle n'est lointaine qu'envers lui mais non, elle est très fatiguée, elle s'est beaucoup éloignée des siens, de tous les siens. Même son amour pour lui, son cher fils aîné, semble avoir vieilli. Père en revanche s'est anobli. Il a blanchi, s'est desséché, mais il reste très droit, une image à peine caricaturale de la droiture. À la question Père, Denis répond « Sévère » comme si c'était le nom d'une couleur. Pas d'autre épithète pour lui. En proportion de l'impression d'autorité qu'il ressent et à laquelle il vient de faire allégeance. Sinon Père a le teint frais de qui mène une vie saine, équilibrée, bien aérée. Père a les mains sûres et les gestes mesurés. Père parle bas mais alentour, chacun tend l'oreille parce que ce qu'il dit est toujours juste. Père ne semble pas pouvoir être pris en défaut – se réjouit et se désole à la fois son fils. Quant au passage du temps sur lui, il n'a pas perdu une once de sa haute taille, on dirait même qu'il se tient plus droit qu'hier. Si, peut-être, ces cernes bleutés sous les yeux, comme une légère flétrissure du temps.

Ses frère et sœurs sont tous devenus plus beaux, plus grands, plus attirants, sauf la petite Catherine, la filleule de Denis. Elle est d'une pâleur inquiétante, blanche, diaphane. Transparente. Couchée tout le jour, officiellement on la dit « malade » mais personne ne sait ce dont elle est censée souffrir. Très faible, elle peine à esquisser un sourire en reconnaissant son parrain de grand frère. C'est son maximum, elle se rendort aussitôt. Veillée par sa mère, qui après avoir embrassé son fils presque précipitamment, est retournée s'isoler avec la petite malade.

C'est Denise, sa sœur adorée qui l'accoutume à l'idée que Catherine est bien davantage que malade. Mourante.

Ces deux-là se sont retrouvés comme ils se sont quittés. En symbiose, enlacés, dans une connivence qui réveille leurs rires jumeaux. Ils s'étreignent plus qu'ils ne se parlent. Denise est devenue femme sans rien perdre de son allure juvénile, ce qui lui confère une étrangeté vague, un air androgyne qu'accentuent ses gestes, ses grands pas, ses mouvements brusques et assez masculins. Elle a une telle liberté de mouvement qu'on n'imagine pas une femme accomplie se le permettre. Ses bras prennent l'initiative d'enlacer, de s'agiter, d'expliquer… Elle se pend sans cesse au cou de son portefaix de frère, le seul qui a la force de la soulever de terre, le seul qu'elle aime avec cette ferveur et cette certitude. Elle lui raconte tout. Y compris ce qu'elle redoute, que leur petite sœur meure avant la Noël et emporte Mère avec elle. Depuis qu'elle la soigne, elle a vieilli et perdu tout son goût pour la vie.

Denise est devenue ce qu'elle promettait. Une Socrate femelle, comme Denis l'avait surnommée hier. Ce surnom, elle le mérite aujourd'hui. Visiblement les hommes, les enfants, fonder une famille, l'avenir des filles à marier ne l'intéressent pas. Son énergie se déploie dans l'administration des biens familiaux, les fermages de la campagne alentour. Cette activité semble la combler. Elle aime à commander, avoue-t-elle à son frère, mais pour améliorer le sort de tous.

Denis ne met pas deux jours à le constater, c'est elle qui fait marcher la maison. Oh! elle a beaucoup d'amies qui la rejoignent à la campagne lors de ses tournées de fermages. Elle ne s'ennuie pas une seconde, elle sait à peu près tout ce qui se dit, se fait, s'écrit dans cette Europe qui communique de plus en plus vite.

Denis s'en étonne.

– Jusqu'à Langres?

– Quand on s'intéresse, on peut tout savoir, réplique-t-elle, en péronnelle qu'elle n'a cessé d'être.

Quant à la petite Angélique, c'est une sorte d'ange. Elle a 15 ans, frêle, toute pieuse, illuminée. Denis a beau la trouver merveilleuse et belle, quelque chose en elle l'inquiète. Sa trop grande foi? Non. Il n'est tout de même pas devenu si mécréant!

Décidément ses trois sœurs sont d'étranges créatures. Catherine se meurt, Angélique ne semble pas de ce monde et Denise s'en est créé un où peu de gens trouvent grâce à ses yeux.

Inchangée, la seule dans les bras de qui il retrouve tous les parfums de l'enfance, c'est sa belle Lorraine, Hélène Brûlé, la toujours tendre servante, fidèle au poste, forte et ferme, solide et sûre. C'est visiblement sur elle que Denise s'appuie pour faire tourner la maisonnée. Et ça marche plutôt harmonieusement. N'était la hargne mauvaise et qui s'est encore étoffée de Didier, le jaloux petit frère. C'est aujourd'hui un adolescent rugueux, à croire que ses défauts d'enfant se sont épanouis avec lui. Il est devenu de ces croyants fanatiques, effrayants. Il impose une forme de terreur, pour commencer dans sa famille. Manière d'entraînement pour plus tard, en plus grand.

« On ne mange pas ça, on ne parle pas de ci... »

En l'écoutant prêcher – car il ne parle pas, il prêche – Denis comprend ce qui a brouillé le cerveau d'Angélique, la pauvrette, plus fragile, elle aura basculé corps et âme sous les diktats de son frère. Le ver est dans le fruit.

Une fois les portes refermées sur la famille au complet, le climat n'est pas sain. Oh ! l'accueil est des plus chaleureux, chacun témoigne de sa joie à le revoir, de son bonheur de le ravoir ici. De sa fierté pour le savant qu'il est devenu. Tous sauf le mauvais petit frère.

Denis a 22 ans, donc Denise en a 20, Catherine 17, Angélique juste 15, et le petit Didier 13, mais il possède déjà la méchanceté d'un fanatique de l'an mille. Tout ce branle-bas pour le retour de l'enfant prodigue, dont les espions de son père n'ont pas dissimulé les frasques parisiennes, lui paraît disproportionné. Au lieu de lui faire fête, le petit dernier le mettrait volontiers au pain sec et à l'eau, voire en prison s'il en avait les moyens. Par chance, il ne les a pas, mais Denise invite quand même son aîné à s'en méfier. La profonde inimitié qui le lie au seul autre garçon de la fratrie semble dater de sa naissance.

À Denise seule, Denis fait le récit circonstancié, quoique passablement arrangé, de ses années loin d'elle. Il lui parle de ses contemporains admirables, l'abbé Porée, le révérend Rivard... De ses chagrins, de son amitié pour Bernis qui lui a laissé une plaie au cœur, de son admiration déçue pour les jésuites. De sa compréhension, oh très calme, de la doctrine des jansénistes. Mais surtout, surtout, il lui raconte par le menu le théâtre et les actrices qui jouent Marivaux.

Pourquoi se sent-il soudain, après sept ans d'absence eh oui, d'indifférence, une mission protectrice à mener toutes affaires cessantes auprès de cette sœur qui semble s'en sortir plutôt mieux que tout le monde ici ? Toujours est-il que le voilà qui la met en garde contre tout ce qui peut ruiner la vie et la réputation d'une fille. Il pense que Marivaux est le plus à même de lui plaire, aussi en use-t-il comme d'un repoussoir pour mettre en lumière aux yeux de cette jeune provinciale ce qui est licite chez les riches, les nobles ou simplement dans une grande ville, mais qui peut vous perdre ailleurs. Il lui raconte par le menu comment un de ses amis qui a engrossé une fille est allé poser à l'université des sciences toutes les questions utiles pour lui venir en aide, et a découvert la base de l'aliénation des femmes. Denise, consciente des efforts de son frère pour la prévenir contre les aventures dégradantes, péremptoirement le rassure.

– Ne t'affole pas pour moi. Je n'aurai pas d'enfant. Je n'en veux pas. C'est décidé. Puis tu sais, à part toi, les garçons... Évidemment tu n'es pas obligé de le répéter à la famille. Et toi, si tu te décidais à me parler un peu de tes vrais sentiments ?

À ses questions de plus en plus indiscrètes sur la vérité de sa vie, Diderot ose pour la première fois confier le fond de son cœur à sa sœur, son amour pour les femmes, toutes les femmes, sa facilité, sa grâce et même – oui il se vante – son talent pour les conquérir. Ce jeu grisant entre tous de la séduction quand elle opère. Et ses craintes et sa solitude et ses ambitions qui n'ont fait que croître... Et les femmes... il y revient, il ne s'en éloigne jamais quand sa sœur lui demande d'être sincère, c'est surtout des femmes qu'il parle.

Denise s'étonne tout de même qu'il en parle autant sans jamais évoquer ce dont chacun se plaint sitôt qu'il s'agit

d'amour, les chagrins, la jalousie, les mille et une douleurs...
C'est surtout cet aspect dont on lui a brossé le tableau. Alors
Denis se lance. Et lui raconte par le menu comment Dorothy,
sa maîtresse d'anglais, l'a quitté un jour, comme ça, pour un
plus riche que lui; comment lui-même a abandonné sa
Ninon, une tendre boulangère de la rue de Buci, pour une
actrice de la Comédie-Française qui l'a fait tourner en bourrique; et comment Fiammeta la soprano milanaise qui lui a
transmis sa belle langue, l'a consolé de l'actrice, avec qui il a
passé ses dernières nuits parisiennes; et le tout, sans larmes,
sans chagrins, sans cris, ni crises. Il détaille comment se
passent ses amours, comment il croit être parvenu à s'affranchir de la sentimentalité, pour lui source de toutes les peines.

– Sinon, ajoute-t-il, ce qu'il y a de sûr, c'est que l'étude
guérit de tout. Après les échecs, le jeu des échecs, tu avais
compris? je me suis mis à la musique... Entre chaque amour,
l'étude d'une nouvelle langue...

Denise comprend aussi ce que la somme de ses acquisitions a nécessité de solitude, d'entêtement, de volonté; ce
pour quoi elle admire son frère et le lui dit.

Il lui répond à voix basse, pour ne heurter personne, qu'il
sait désormais ne pouvoir compter que sur ses propres forces.
Ses seules ressources sont celles qu'il se fabrique. Et, bravache,
il jette à sa sœur tout ce qu'il a déjà réussi à conquérir pour
s'en sortir seul.

Elle l'adore, elle l'enlace, et sème des baisers sonores dans
son cou. Il la chatouille, ils ont dix ans, ils rient de bon
cœur, il y a quelque chose d'indéfectible entre eux : à la vie
à la mort. Comme hier, comme toujours, se jurent-ils.

Denis-Denise! Immédiatement, leur très ancienne fraternité reprend toute la place. Pauvres frère et sœurs, ils ne
connaîtront jamais les secrets de leurs aînés. C'est vrai que

Denise est grande, mûre, qu'elle a sans doute compris la première que Denis n'avait pas la possibilité de la faire venir auprès de lui, en dépit de ce qu'il lui avait promis. Elle s'est fait une raison, et elle a trouvé ici d'autres formes de vie qui lui conviennent. D'ailleurs le temps passant, elle redoute d'en bouger ; ici elle règne sur son univers. Là-bas ? Quant à Denis, il ose auprès d'elle émettre des doutes quant à sa capacité à vivre à Langres. À se suffire pour toute activité d'une petite cure à administrer. Elle pressent qu'il ne va pas rester, lui ne sait pas encore comment il va s'y prendre pour repartir sans fuir, déjà elle n'en doute plus.

Pourtant la date approche. Cette fameuse date du 13 décembre où il a rendez-vous avec l'évêque de Langres afin d'y recevoir son bénéfice. Sans doute après un succinct interrogatoire sur ses connaissances théologiques.

– Et ça te fait peur ?
– Ah ça non ! En théologie, je ne crains personne !
– Même pas un évêque ?
– Je peux même répondre en latin à ses questions, c'est te dire. Ils sont de plus en plus nombreux à ne le parler que par cœur. En tout cas, il ne le parle sûrement plus aussi bien que moi aujourd'hui...

Denise éclate de rire.

– Tu es sûr qu'il comprendra ton latin ? Alors fais-le, qu'est-ce que tu risques ? Ça vaut le coup de le tenter, non ?

C'est ainsi que Diderot s'en va d'un pas ferme « défier » son évêque.

Oh ! La solennité de la cérémonie le fait un peu mollir. Mais, au fond, ce cérémonial, il le connaît, s'il ne l'a jamais pratiqué, il l'a appris dans les livres, il sait quoi faire et comment. Il s'incline, le reste suit. Le petit test de connaissance est remporté haut la main. Les questions, comme prévu, lui sont posées en français. Diderot n'ose répondre seulement en latin, alors, il joue le bilingue, et redit en français ce qu'il a d'abord affirmé en latin. Grand effet. L'évêque est épaté, il n'a même pas l'air de le trouver pédant ni cuistre, ce qu'il est pourtant à ses propres yeux. Diderot a l'impression d'en savoir plus que son juge, et ça le grise. Les études de théologie de la Sorbonne sont célèbres pour être les meilleures d'Europe, l'évêque s'incline, ravi de sa nouvelle recrue et de pouvoir le lui annoncer sans plus tarder.

– Si la cure n'est pas grande, elle est néanmoins promise à un bel avenir. Pourquoi pas un rattachement à l'évêché dans quelques années...

L'avenir se compte ici en dizaine d'années...

Diderot rentre chez lui fièrement. Il a toujours aimé courir embrasser sa mère, couvert de lauriers. Brillamment reçu, il sait que ça leur fait plaisir, il pavoise. Sur l'instant, même s'il n'envisage pas sérieusement de se faire curé, et de s'installer pour la vie ici, ce succès n'est qu'un diplôme de plus. Quand poussant la lourde porte de sa maison natale, un vent de panique l'assaille. Toute sa parentèle est rassemblée au grand salon, et visiblement pas pour saluer le nouveau curé de Langres. Non. Personne ne songe même à l'en féliciter.

Catherine est entrée en agonie. Catherine se meurt.

Pendant que se relaient médecins et rebouteux, apothicaires et potards, on chuchote. Hélène a dû céder une partie de son royaume à quelques apprentis alchimistes qui tentent de nouvelles potions médicinales sur la pauvre enfant, qui geint de plus en plus faiblement. N'empêche, sa respiration pénible, sa plainte, son râle sont les seuls bruits qui résonnent dans la grande bâtisse, personne n'émet un son. Chacun pense que c'est fini, que ça va finir, qu'il faut d'ailleurs que ça finisse. Ces semaines de l'Avent, si joyeuses en temps normal – dans l'espérance de la naissance du Christ, où la vie entière se concentre sur les cuisines, où l'on s'emploie fébrilement à concocter les meilleurs et les plus riches mets de l'année, où la maison n'a pas honte de son abondance et de son raffinement –, sont là terriblement oppressantes. Les enfants se groupent tels des conspirateurs autour de Denis et Denise dans la chambre de l'aîné, pieusement conservée en l'état où il l'a laissée les jours où il préparait sa première fugue. Pourquoi première, en envisage-t-il une autre... ?

Denise est persuadée que rien ni personne ne peut sauver leur petite sœur.

– Ils n'auraient jamais dû l'appeler Catherine. Tu étais né, toi, quand la première Catherine est morte ? Tu t'en souviens ?

– Écoute, toi aussi tu étais née. Et moi j'avais à peine trois ans.

– Raconte tes souvenirs, moi je n'en ai pas.

– Je me rappelle simplement qu'elle était là puis qu'elle n'y était plus. C'est tout.

– Mais de quoi est morte la première Catherine ? demande d'une voix trop douce la petite Angélique.

– Je ne sais pas. Je crois bien ne l'avoir jamais su. On a toujours dit « Dieu nous l'a donnée, Dieu nous l'a reprise », mais ça n'est pas une maladie, ça, c'est la vie.

– Elle est morte de son prénom, assène Denise. C'est un prénom qui porte malheur. La première Catherine, maintenant la seconde.

– Arrête avec tes superstitions d'un autre âge, la rabroue Denis, avant d'être brutalement interrompu par un souvenir qui resurgit du lointain. Là où tu as raison, j'étais assez petit, mais je n'avais pas trouvé bien qu'on redonne ce prénom... à celle qui meurt là-haut... Comme si ça pouvait effacer la précédente...

En dépit de la gronderie de son frère, Denise soutient qu'il existe des prénoms prédestinés, dans certaines circonstances en tout cas. Et des destins tragiques liés à des noms qui portent la mort. Diderot visiblement ne supporte pas. Il sort en claquant la porte. Bruit énorme, premier bruit autre que le râle exténué de la jeune mourante, dans cette maison où depuis des heures, chacun étouffe sa respiration.

Prier semble consoler Angélique, Didier et leur mère. Pas Denis et Denise qui n'y parviennent pas.

– Prier pour qu'on ne meure pas à cet âge! C'est du délire. Ça paraît plus normal de vivre, non? Alors prier pour que son âme s'envole directement vers le bon Dieu... Avec le peu qu'elle a vécu, qu'aurait-elle bien pu faire pour mériter l'enfer?

Diderot marche sur le pavé de sa ville. Il fait un froid de gueux. Il marche plus vite, de plus en plus vite, il arpente sa ville, en longeant les remparts toujours en plein vent. Il en fait plusieurs fois le tour, il l'aime bien sa ville quand il y marche seul, de son pas pressé à la nuit tombée. Plus que tout, il redoute de rentrer dans cette maison qui sent l'encens, la bondieuserie, les médecines, et l'irréversible.

Arrive Noël. À la cuisine, timidement, on prépare le repas d'après la messe de minuit.

– Qui va garder Catherine pendant la messe de Noël? demande Hélène anxieusement.

– Moi, dit Denis, la messe, je puis me la dire dans ma tête, je vous en prie, laissez-moi la veiller. Allez-y avec maman, elle a besoin de s'éloigner un peu.

Toute la soirée, il surveille le petit visage amaigri et gris de la jeune fille, ses cheveux flottent emmêlés sur l'oreiller, ses mains tremblent un peu comme son menton et sa lèvre. Diderot lui chuchote des mots gentils, elle entend, elle semble comprendre, mais elle ne peut répondre. Elle imprime quelques pressions à son index posé sur la main de son frère. Il lui dit le soleil, la chaleur de l'été, la joie des printemps qui vont refleurir rien que pour elle, il lui raconte le meilleur de la vie, ce qu'elle a connu et déjà goûté, il veut impérativement qu'elle sache, même si ça doit s'arrêter, que rien n'est meilleur qu'un premier amour. C'est comme le jour où on regarde se lever un soleil d'été sur un cerisier en fleur. Ça, elle a aimé.

Il lui propose de dire avec elle un « Je vous salue Marie » histoire de prier ensemble, elle accepte mais son filet de voix ne franchit pas ses lèvres.

Le bruit de ceux qui rentrent de la messe de minuit. Sa mère, Hélène, Denise… veulent le relayer au chevet de Catherine, afin que Denis puisse aller souper. Non, il a décidé de ne pas quitter sa sœur de la nuit. « Restez entre vous, je suis bien avec elle. » Le lendemain, la journée de Noël avec ses gâteaux et ses chants…, font qu'au soir Diderot épuisé s'endort tôt. Un pressentiment le réveille à l'aube, il monte en courant chez Catherine, veillée par sa mère et Hélène. Il se tient debout devant la porte qu'il vient à peine de refermer, quand la voix de sa mère, neutre, blanche et sans intonation, dit : « C'est bien que tu sois venu, c'est la fin. Bénis-la. »

C'est vrai. Catherine a cessé de respirer. La maison retient ses larmes. Seule la mère est dévastée. Muette de douleur sans plus de pudeur pour la camoufler. Le curé, l'évêque, les oncles et tantes, tous se déplacent jusque chez les Diderot, se succèdent auprès d'elle pour lui porter réconfort et consolation. Denis écoute ces pauvres mots, techniques, professionnels que chaque homme de Dieu chuchote ou psalmodie pour tenter de soulager la peine d'une mère à qui un Dieu injuste vient d'arracher son enfant pour la seconde fois ; les mots du métier qu'il exercera demain. Lui, le frère aîné de la petite morte, il a envie de vomir !

Ces mots, comment oserait-il les proférer ? Évidemment que ça ne marche pas. Ça ne peut pas marcher : rien ne peut consoler de cette perte. Un ange de 17 ans arraché à la vie ! Pour quel crime ? Aucun. Comme ça ! La loterie du bon Dieu. Non, Diderot n'arrivera pas à les dire, à y croire, jamais... Et l'évêque qui lui propose comme une faveur de l'assister après-demain lors de la messe des funérailles de l'enfant... De sa petite sœur. D'officier à ses côtés, d'enterrer sa sœur, oh s'il le désire, s'il en a la force, bien sûr... « Trop endeuillé » prétexte Diderot pour décliner l'invitation à célébrer, pour sa première messe, celle de l'enterrement de sa filleule. Il aurait trop honte, avoue-t-il. Trop révolté surtout par ces inutiles rituels. D'ailleurs il se sent incapable de jamais les prononcer, ces pâles phrases, même envers des inconnus. C'est une découverte considérable. Jusqu'ici il a tout accepté, sans toutefois se demander quel était son vrai désir, ni comment il vivait cette officialisation de son existence sous les ordres du clergé. Il s'est laissé faire, un vague courant le poussait qui ne lui convenait pas, mais qui le portait sans le brusquer, doucement, et lui offrait une vie somme toute attendue, annoncée, mais là... La mort de Catherine creuse un abîme entre hier et aujourd'hui, son désir et son avenir.

Hier, il met encore une touche de fanfaronnade à jouer au latiniste devant l'évêque, à le séduire, à l'épater, lequel donc lui offre son bénéfice avec ses compliments, hier est encore un jeu, alors qu'aujourd'hui ?...

Aujourd'hui il sait, il a compris. Aujourd'hui il ne peut pas. Il ne pourra ni vivre à Langres, ni se faire clerc à plein temps pour la vie. Il lui faut au plus tôt faire machine arrière. Est-ce possible ? Comment s'y prendre ?

Il descend dans les cuisines consulter Hélène, sa douce Lorraine, son idéal amoureux de petit garçon. Elle l'a toujours consolé de tout, soutenu en tout. Elle est si tendre, si bienveillante. Elle peut tout comprendre. Sa foi est simple, si tranquille. Oui, mais solide. Et s'il risquait de la peiner en lui révélant l'étendue de ses doutes ?

À qui demander de l'aide ? Sa mère, toute fanée, toute recroquevillée sur ce chagrin sans âge qui l'a revêtue et visiblement ne la quittera plus. Elle semble manquer d'air, de soleil, de lumière, de sève, avoir déjà un pied au tombeau. Outre sa première fille née avant Denis, on lui arrache encore une fille de ses entrailles ! C'est trop. Deux petites filles qu'elle a aimées, caressées, cajolées, vues grandir. Et qui ne sont plus là. Qui ne seront plus jamais là. Elle ne les aura plus jamais près d'elle, dans ses bras. Et l'on voudrait qu'elle s'en remette ?

Son père alors ? Avouer ses drames intimes à son père, à la droiture même, à la dignité incarnée ? Impossible. Ne reste que Denise, comme d'habitude, sa sœur chérie, celle qui peut tout comprendre parce qu'elle sait déjà tout, qu'elle a tout anticipé.

– Tu es parti depuis sept ans et tu as changé. Pas nous. Pas Langres. À Langres, on ne change pas. Pas eux, tu vois bien. Ils sont tout figés. Et tu aurais fait toutes ces années d'étude pour revenir t'enfermer ici aux commandes d'une petite cure qui peut, au mieux, après beaucoup d'années de mesquines combinaisons, se transformer en évêché ? Pas même en archevêché ! Que je sache, tu n'as jamais rêvé de devenir pape ?

— Je ne peux tout de même pas leur dire *farewell*, et leur balancer comme ça « ce retour est très décevant, pas à la hauteur de mes espérances. Alors *ciao*, je rentre à Paris, mon vrai chez moi désormais ».

— C'est pourtant ce qui va se passer, n'est-ce pas petit frère ?

— Mais quelle excuse invoquer, comment me justifier, Sœurette ?

— Catherine.

— Quoi Catherine ? Je ne peux pas me réfugier derrière l'horrible mort de Catherine toute ma vie.

— Pas toute ta vie, juste aujourd'hui, pour t'aider à ne pas rester.

— À refuser la cure, les ordres, la religion…, tu veux dire ?

— Tu n'es pas obligé d'aller jusque-là.

— La cure de Langres, non. Mais je dis quoi pour remplacer ?

— Que tu remontes à Paris creuser plus avant ta vocation.

— Et Père ?

— Tant pis pour lui. Tant pis pour tous les tiens qui comptent sur toi pour s'offrir des indulgences auprès du bon Dieu. Que veux-tu, tu ne seras pas homme d'Église. Moi je l'ai toujours su, note bien. Et puis, il en suffit d'un, dans une fratrie, et Didier le sera pour nous tous et plutôt dix fois qu'une. D'ailleurs, ne m'as-tu pas écrit que Dieu t'avait déjà récusé une fois ?

Denise est pire que lui. Elle ne lâche jamais le morceau. Par pire, Diderot entend plus crue, plus audacieuse, elle n'a pas plus peur des mots que des idées. Plus cynique aussi sans doute et, il n'ose même pas le formuler, plus incroyante.

Comment leur dire à tous ? Comme toujours dans ces cas-là, après quelques heures de ratiocinations solitaires et totalement vaines, il retourne demander de l'aide à Denise. Comme il y a sept ans, lors de sa première fugue ratée.

– Essaie de voir Père seul et vas-y simplement : dis-lui la vérité. Il se fâchera sur le moment, mais t'en saura gré plus tard.

Diderot est quand même interloqué.

– Mais c'est quoi, la vérité ?

– Eh bien qu'après la mort atroce de ta filleule, tu ne supportes plus les paroles lénifiantes que l'Église impose à ses représentants, ni d'ailleurs la vie dans ta famille où tout te parle de la pauvre petite Catherine ! C'en est une, non, de vérité ?

– Oui. Mais à l'évêque, je dis quoi ?

– Oh ! lui, il a déjà dû comprendre, mais la même vérité vaut pour lui aussi.

En fait, c'est la vision du petit visage de Catherine durant la nuit précédant Noël qui lui donne soudain le courage d'affronter la peine de sa mère.

Elle y est encore, assise, les mains inertes, inutiles sur les genoux, assise sur le petit prie-Dieu de la chambre de la jeune morte. Assise à côté du lit vide, tellement vide, elle est immobile sinon que des larmes coulent doucement sur ses joues définitivement humides. Larmes qui ne tariront plus. Diderot est entré, il demeure silencieux sur le seuil. Quand elle lui fait signe de la rejoindre, il s'agenouille devant elle, elle le prend dans ses bras, toujours sans un mot, elle toute petite, si frêle, encore rapetissée par la peine, pourtant elle le berce, et Denis se laisse gagner par le rythme de ce bercement, le plus doux de l'enfance, la première douceur connue. Reconnue.

– L'Église ne console pas, je sais. On a beau nous seriner que notre petite Catherine est mieux au ciel que dans nos bras, comment y croire, comment l'accepter, quand on l'a vu mettre en bière, descendre au tombeau. Non, Mère, je ne peux pas, je ne pourrai jamais, je n'oserai jamais proférer ces mots-là à des gens qui souffrent ce que nous souffrons. J'aurais trop honte de mon impuissance. Et de celle de Dieu.

Sa mère ne dit rien, ne répond rien, elle caresse la tempe de ce fils tant aimé, de ce fils à genoux devant sa douleur. Elle est toujours assise devant la fenêtre, ses mains ne sont plus inertes, elles caressent un autre de ses enfants.

Après avoir dit ce qu'il croyait devoir dire, il a posé sa tête sur les cuisses de sa mère et d'un geste lent, régulier, immémorial, elle a arrêté le temps. Des mains glissent de sa tempe au front et du front à sa tempe. Longtemps, sans la moindre variation de rythme.

— Je sais bien mon tout petit que tu vas repartir, mais au moins, toi tu es vivant, tu es bâti pour la vie, pour la joie. Va et garde-toi en vie. Reste droit, juste et vrai. Ne te force pas. Tout ce qui respire en moi forme des vœux pour ton avenir, loin d'ici mais vivant et heureux. Tu es doué pour ça, je sais. Va... Mais jure-moi de te garder longtemps, je t'en supplie. Pour l'amour de moi...

Denis jure, les yeux fermés, à voix très basse, des sanglots bloquent sa respiration. Il se laisse bercer jusqu'à l'apaisement du sommeil.

Avec son père, c'est « une autre paire de manches », comme dit Denise ! Ici, les femmes savent tout. Elles sont douées du don de prophétie, les hommes, c'est plus rude.

D'emblée, l'entretien se présente mal. Didier y assiste, droit comme la justice. Bizarrement, la rumeur a déjà armé son père contre lui. Ce n'est pourtant que ce matin qu'il a parlé à sa mère. N'empêche, le coutelier le voit venir. Et l'interroge sur ses projets immédiats.

– Rendre le bénéfice, ne pas devenir curé!

– Ça, vois-tu, j'avais compris. Mais pour faire quoi à la place? et où?

Pour tenter de l'amadouer Denis a soudain l'idée saugrenue de troquer une robe contre une autre, le tribunal de Dieu contre celui des hommes; études de droit contre cure à Langres. Visiblement, il commet une erreur d'appréciation; il croyait flatter la naïve vanité de son père en jetant sa chasuble contre une toge, calotin pour robin, mais celui-ci rêvait sincèrement du retour de l'enfant prodigue dans l'habit d'un homme de Dieu. Paradoxalement son méchant petit frère le sauve sans le vouloir.

– Père, à quoi bon vouloir faire un mauvais moine de ce mécréant? Faute de sauver l'âme de mon frère, respectez celle de ses ex-futures ouailles.

Le père y consent, mais pas sans condition.

– D'accord, je veux bien t'offrir encore trois années d'études – de droit –, puisque tel est ton nouveau bon plaisir. Mais j'exige que tu loges chez un mien ami, le coutelier Foucou, qui me rendra compte de ta vie et de ta conduite. Il me fera un prix pour ta pension, et me tiendra au courant de tes éventuelles frasques. Entendu?

Le père est aussi furieux que déçu et malheureux. Il attendait tout de ce fils chéri, et voilà qu'il abandonne au début du chemin. Quelle trahison!

– Entendu.

Est-ce que Denis a le choix?

Bien sûr qu'il accepte. Tout, il accepterait n'importe quoi pour retourner à Paris avec la bénédiction de son père. Aussi saute-t-il sur l'occasion. Va pour Foucou. D'autant que celui-ci a la bonne idée de demeurer rue de la Harpe, autant dire chez lui, dans son cher Quartier latin, à deux pas du collège de Beauvais. Il n'aura pas loin à aller pour déménager ce qu'il a laissé à Paris et surtout pour retrouver ses marques, ses compères, ses maîtresses, ses cafés, ses... eh oui, ses études et sa chère Sorbonne. Et Paris. Paris qu'il aime comme une femme très désirable, toujours désirée.

Mûrie, marinée pendant trente-six heures sans dormir, maintenant sa décision est prise et pas trop mal vécue par l'ensemble de la famille. Et il ne tient plus en place. Le climat dans la maison est au diapason de celui du dehors, pluie, neige, vent, verglas, grêle... Tout est sombre dehors comme dedans. En sa présence, l'air est irrespirable. On lui en veut de ne pas vouloir vivre la même vie qu'eux. Et dans cette province triste, hivernale, boueuse ou glaciale, où dès la tombée du jour, plus rien, nulle part où aller, ni opéra, ni théâtre, ni café, ni musique, ni amis, ni auberge... Denis n'en peut plus.

Et Denise, sa sainte sœur, qui l'aime absolument, l'aime pour lui-même et non pour son bon plaisir, qui préférerait le voir rester à ses côtés, se réjouit pour lui en faisant attention de ne pas se désoler pour elle. Ce frère chéri est son siamois. À ses côtés, elle se sent exister vraiment, la vie à plein comme elle dit, mais elle connaît et anticipe les effets délétères de cette vie sur son âme et sur ses ambitions. Elle l'aime tant qu'elle ne veut que son bien. Elle l'aide à hâter son départ. Il a promis de la faire venir dès qu'il serait installé chez lui, pour de vrai. Elle sait qu'il n'en fera rien, qu'il en sera mille fois empêché ; et qu'au besoin, elle refusera de s'y rendre. Bref qu'elle n'ira sans doute jamais à Paris. Mais elle l'aime comme ça, la bouche pleine de promesses et le cœur sincère.

Pendant ce temps, Hélène et sa mère sont au travail, elles ont même embauché la douce Angélique : elles cousent, elles cousent, elles brodent. Denise qui a compris avant son père, et même avant Denis, qu'il allait repartir, a commandé à ses femmes « le trousseau d'un jeune homme qui ne sera pas clerc, et qui s'installe à Paris ».

Si elle ne coud pas elle-même, au moins veille-t-elle à tout. Depuis toujours, elle a choisi les travaux d'homme, et dans cette maison, ils ne manquent pas. En l'absence de Denis, et vu l'incapacité du jeune mystique à s'investir dans autre chose que le tribunal de Dieu, elle ordonne et tente de garder une vue d'ensemble sur la maisonnée. Elle veut son frère sobre mais élégant, et l'ouvrir s'échine jusqu'à la tombée du jour à lui fignoler un trousseau de futur robin.

Il n'y aura pas d'adieux déchirants, elle le sait. Dès que ses affaires seront prêtes, il partira au petit jour, en catastrophe, pour ne pas rater la Poste.

Sans saluer son père, bien trop peur, sans embrasser sa mère, bien trop mal. Quitter Langres c'est toujours fuir. Diderot file comme Denise l'a imaginé, sans demander son reste.

Chapitre 7

30 décembre 1735
Une semaine en chaise de poste !

> *Je me pique d'ignorer qui l'on est, d'où l'on vient, où l'on va et pourquoi on est venu… sans en être plus malheureux, ce n'est point ma faute si j'ai trouvé ma raison muette quand je l'ai questionnée sur mon état. Toute ma vie j'ignorerai, sans chagrin, ce qu'il m'est impossible de savoir. Pourquoi regretterais-je des connaissances que je n'ai pu me procurer et qui, sans doute, ne me sont pas fort nécessaires puisque j'en suis privé…*
>
> Correspondance

Comment ai-je fait pour dormir à l'aller ? Dieu que cette humanité palpite !… Comment tout saisir ?…

Ainsi roulent les pensées de Diderot une heure après que la chaise de poste s'est ébranlée. D'abord déçu, à l'arrivée de la diligence, quand il voit qu'elle est déjà pleine, que son confort sera réduit à sa petite place de troisième catégorie, loin d'être la meilleure, et plus encore quand il est coincé entre une jeune femme très enceinte, proche d'accoucher, voyageant avec sa mère en chaperonne, et de l'autre côté un mystérieux militaire, dont tout, à commencer par l'uniforme dépenaillé, semble interlope, et désigne son mystificateur. Très vite, sa déception se change en intérêt et l'intérêt en passion ; oui, il se passionne pour ses compagnons de voyage au point de ne bientôt plus trouver une seconde pour fermer l'œil, ni rentrer en lui-même, se remémorer son récent passé et la sorte de petit exploit grâce auquel il se retrouve dans cette diligence…

La future mère est terriblement angoissée à l'idée d'accoucher en route, au point que sa mère ne sait que dire ni que faire. Le drôle de militaire répète à qui veut l'entendre, autant dire à tout le monde, il tonitrue même en parlant bas, que « ce qui doit arriver arrivera et qu'il est inutile de s'en faire puisque tout est écrit là-haut », ajoute-t-il, en montrant du doigt le postérieur de leur cocher. Car ce dernier a de si longues jambes – il est d'ailleurs d'une taille très hors du commun, un échalas tout en hauteur – que pour mener ses chevaux, il a posé son banc sur le toit de la voiture, ainsi a-t-il toute latitude de laisser glisser ses longues jambes le long de la carrosserie. Cette bizarrerie donne à l'ombre de leur voiture quand elle se découpe sur la neige tombée en abondance, l'air d'un animal préhistorique.

– De toutes les manières, si elle doit accoucher, elle accouchera. On a rarement vu que des ventres pareils ne portent pas des petits d'homme...

Rien à répondre à cela. Ce qui n'empêche pas cet étrange soldat de le répéter encore trois mille fois sous des formes à peine différentes.

Quand un homme entre deux âges et plutôt mieux vêtu que la plupart des membres de cette équipée, propose sur un ton cérémonieux et pourtant ferme à la jeune femme de l'ausculter ce soir à l'auberge.

– Histoire de vous rassurer. Je suis médecin, s'excuse-t-il à voix basse.

La mère acquiesce et dit qu'elle lui paiera un bon prix pour cette consultation si opportune. Celui qui se dit médecin sort de sa poche une pipe, interroge toute la voiturée.

– Le tabac de pipe vous incommode-t-il ? Le mien vient des Amériques.

Personne sans doute ici n'a jamais eu le loisir de comparer différents tabacs de pipe, aussi tous acquiescent. Après tout, c'est lui le médecin. Après l'avoir lentement et presque théâtralement bourrée, allumée sous les regards de la moitié de l'assemblée qui ne sait encore rien de cette herbe à Nicot, il lâche à l'adresse de la mère :

— Je ne me fais payer que lorsque je suis sollicité, et ô grand jamais, quand j'offre mes services. Ce serait par trop indélicat.

— Il n'y a rien à décider puisque tout est écrit là-haut, précise celui qui ne s'exprime que via la plume du bon Dieu.

Tout à l'avant – les détenteurs des billets de quatrième et cinquième catégories sont les moins bien lotis –, Diderot a repéré deux frères peut-être, en tout cas deux hommes du même âge, la trentaine abîmée par le plein air, mêmes costumes de paysans pauvres, sans doute des saisonniers, même taciturnité. Depuis le début du voyage, ils n'ont pas échangé un seul mot, sinon quelque gromelot incompréhensible, et surtout ils n'ont cessé de saucissonner. Le fumet de leurs provisions de bouche est parvenu aux mieux installés qui, du coup, pressent le cocher en frappant sur la carrosserie afin d'avancer la pause déjeuner. Toute la diligence salive en les écoutant mâcher, roter, déchiqueter leur pain et ce qu'il y a dedans. N'y tenant plus, juste derrière eux, d'une voix chantante, un jeune homme se présente à l'assemblée.

— *Buongiorno*, je m'appelle Marcello, *io canto* l'opéra et j'ai faim. Si on cassait una crouta comme vous dites ?

Chacun d'opiner – ou presque, parce qu'à ses côtés, dort depuis l'ébranlement de la chaise, et peut-être même avant, un jeune soldat, visiblement retour d'une de ces guerres qui excitent tant le roi Louis XV. Diderot n'a pu lui parler – il n'a jamais été éveillé –, pourtant il aimerait beaucoup l'entendre raconter ce qu'il a vu. Il rêve d'en savoir plus : il n'aime ni la guerre ni la mort, mais ne dédaigne pas un beau champ de bataille, une stratégie intelligente. L'intéresse aussi le point de vue de ce jeune homme, si visiblement éprouvé. Il y a encore un autre homme terriblement silencieux, plus encore que le soldat, car lui n'a pas l'excuse du sommeil. Il ne s'est pas présenté comme tout le monde au moment du départ, fût-ce succinctement, fût-ce mensongèrement, qui ira jamais vérifier ? Quand le cocher lui adresse la parole, il grommelle, peut-être en une langue étrangère.

Le militaire qui ne parle pas sait en revanche partager fraternellement son pain bis et son jambon épais et rose, avec le chanteur affamé, qui promet de lui payer généreusement à boire, ce soir à l'auberge. Et exceptionnellement, le drôle de militaire – celui qui parle trop – n'ajoute pas que c'est écrit là-haut ! Ouf ! Diderot commence à saturer de ce bavard fataliste. Sauf qu'entre-temps, le fataliste a commencé de leur chuchoter ce qu'il croit savoir sur le taiseux éveillé. « C'est un renégat particulièrement célèbre dans la contrée pour avoir renié père, mère, Dieu, le diable et sa patrie. »

Ce qui a le don de faire pousser des cris d'orfraie à la future grand-mère. Sa fille peut-elle raisonnablement voyager dans la proximité d'un pareil homme ! Le médecin rassure *mezza voce*, le médecin fait ça très bien.

– Les mauvaises pensées ne sont pas contagieuses, savez-vous chère Madame ? On n'attrape les idées des autres que si on le veut bien.

– Teu teu teu, si Dieu le veut, reprend à voix de stentor celui qu'on ne présente plus.

– Oui-da, tranche Diderot, qui pour la première fois, se mêle à la conversation générale, encore faut-il que les autres cherchent à vous en convaincre ou y aient quelque intérêt.

Jusqu'ici, et la journée tire sur sa fin, personne ne peut se vanter d'avoir entendu le son de sa voix.

— Votre petit-fils à naître ne risque pas grand-chose.

Le médecin approuve de la pipe. Qui semble une excroissance très expressive de son corps.

— Ce soir, à l'auberge, hein ? C'est sûr, vous ausculterez ma petite ?

— Mais oui, madame, je ne me dédis jamais.

Le soir, l'accueil à l'auberge est des plus mornes, la bâtisse ayant subi récemment une inondation, toutes les femmes doivent se grouper pour dormir dans la chambre de l'aubergiste, qui laisse sa dame là-haut, et rejoint les hommes dans la salle basse où, installés à la va comme je te pousse, une trentaine d'hommes de toutes conditions, de tous âges et de toutes origines, s'arsouillent de concert afin de parvenir à trouver un sommeil commun dans l'ivresse.

Diderot est aux anges. Même au pensionnat, il n'a jamais eu l'occasion de dormir à près de quarante, si les comptes de l'aubergiste sont justes. Quelle puanteur d'humanité, quel bruit aussi, quand ça ronfle ! Passionnant, juge le futur juriste. Trois ou quatre chaises de poste relayent ici ce soir. Qui vautré sur une table, qui sur un banc, qui roulé en boule par terre... Même à proximité de la grande cheminée, l'hiver est de plus en plus froid.

Sans qu'il soit besoin de le lui rappeler, le chanteur italien a effectivement payé à boire au drôle de soldat triste, et pendant qu'il y était, aux deux paysans et au phraseur. Ce dernier a enfin dit son nom sous l'effet assez immédiat de l'alcool, et en a presque oublié la fatalité.

— Je suis le Jacques de mon capitaine, appelez-moi donc comme lui, même si personne ne peut jurer que c'est mon nom de baptême, ni qu'il y eut jamais un curé pour s'en soucier.

Étrange, songe Diderot, autant d'anonymat et d'intimité à la fois. Peut-être est-ce la certitude de l'un qui autorise l'autre. Après tout, on peut tout dire, tout montrer, jusque sa plus grande nudité, puisqu'on ne se reverra jamais. Avec l'Italien un peu gris, le Jacques et le médecin, ils se sont regroupés dans le coin de la cheminée. Diderot l'alimentera de grosses bûches jusqu'à la fin de la nuit. Il n'a pas sommeil, trop curieux, trop intéressé par cette bigarrure d'humanité.

À l'aube, leur cocher est le premier à atteler, il veut les meilleures bêtes. Ensuite, il fait l'appel de son troupeau humain. Il étire longuement ses immenses membres décharnés, il a l'air d'aimer son métier, les bêtes et les gens qu'il conduit, ça lui plaît, ce petit matin sombre où à l'aide d'une lanterne sourde, dans cette salle basse en enjambant les dormeurs, il identifie les visages qui lui appartiennent. Le médecin a scrupuleusement tenu parole, mais respecte le secret médical à propos de l'état de la future mère. Ah si ! on sait désormais qu'elle s'appelle Émilie. On commence d'ailleurs à savoir les noms des uns et des autres. N'empêche, il lui fait changer de place. Elle doit reposer ses jambes légèrement en l'air sur les cuisses de sa mère surélevées d'un sac puis de deux.

Diderot est toujours son voisin, mais il a sa mère en face au lieu du médecin qui partage désormais sa banquette. Pour la journée en tout cas. Qui se passe encore mieux que la veille. Chaque groupe fait davantage connaissance, au relais de poste de midi, on s'échange des victuailles, à peu près identiques, puisque confectionnées par la femme de l'aubergiste, et pourtant vendues à des prix différents, ce qui les fait tous rire. Personne ne l'a vue sauf Émilie et sa mère, qui assurent qu'elle était très raffinée, très au-dessus de sa condition d'aubergiste.

Sûrement déclassée par la misère ou quelque faute inavouable, conclut la mère, qui semble s'y connaître en la matière.

Ainsi se passe la journée, on sympathise, on s'intéresse, on avance ou l'on recule dans la connaissance de l'autre. Quand Diderot, on ne sait pourquoi, à la suite d'échanges badins avec ses voisins, en vient à poser une question à la cantonade, à propos des fautes – tiens, justement, des fautes – qui leur inspirent le plus d'indulgence. De légère et court-vêtue jusque-là, la conversation vire au confessionnal, si ce n'est au tribunal. D'inquisition. Finalement, le médecin instaure une sorte de tour de table. Tour de diligence! Et chacun de se reconnaître une indulgence coupable pour ses pires faiblesses. Seul le renégat n'a pas ouvert la bouche, le sujet semble mal choisi pour qu'il commence maintenant.

Les deux saisonniers peut-être frères avouent une terrible indulgence pour la goinfrerie, et... oui... même l'ivrognerie. Ils se disputent pour savoir si c'est plus l'une que l'autre. À la pause, on questionne aussi le cocher, il n'y a pas de raison, on est tous sur le même bateau, ajoute le Jacques.

— Pour quoi que j'ai le plus d'indulgence? Sans hésitation, les fautes de calcul.

Effectivement Diderot a vu ses difficultés, réelles ou simulées, à rendre la monnaie sans se tromper à son avantage.

Madame future grand-mère avoue une faiblesse pour la chair. Elle ne condamnera jamais une femme séduite.

— Nous sommes si faibles...

Ce qu'approuve à sa façon le Jacques.

— Ce n'est jamais la faute d'une dame quand elle s'abandonne. D'abord on l'y a invitée, ensuite c'est écrit là-haut.

Le musicien n'a d'indulgence que pour les fausses notes et encore, après un effort pour trouver la juste. Le médecin qui aimerait bien connaître la faiblesse qu'excuse Diderot feint pourtant de s'intéresser quasi professionnellement au soldat qui dort. Lequel daigne ouvrir les yeux, fixer son regard dans les siens et, très lentement, comme s'il articulait avec effort, répondre les yeux écarquillés : « la peur ». Il en porte les stigmates.

— Et vous cher jeune étudiant ?

Voilà Diderot bien ennuyé. Jusqu'ici, ce qu'il tolérait et donc pratiquait le plus aisément c'était l'ambiguïté. Toutes les situations ambiguës où il n'avait pas à trancher. Maintenant qu'il a osé affronter l'Église, sa famille, son père qui représente le roi à la maison, les grandes et terrifiantes institutions qui régissent sa vie pour s'en libérer d'un seul coup, croit-il, il n'ose plus. Pourtant à ses compagnons de route, il voudrait dire une chose sincère, bien sentie. Il a l'impression étrange que sa vie en dépend, qu'il doit la vérité à ces inconnus qu'il ne reverra jamais. Pour se donner le temps de songer à ce qui le définirait vraiment, il retourne la question sur le Jacques qui, à force de parler sans arrêt, de commenter ce que chacun dit, est passé au travers du tour de diligence. Il n'a en tout cas rien révélé de lui que son terrible fatalisme.

— La faute que je pardonne, dit-il, oh sans hésiter, le mensonge. On se débrouille comme on peut tout seul avec la vérité, mais avec les gens, c'est une autre paire de manches. Souvent vaut mieux mentir.

Bizarrement Diderot est presque tenté de lui donner raison. À la fois, ce Jacques l'agace, mais quelque chose de ce qui le fait parler et peut-être penser l'intéresse. Il ne trouve toujours pas la faute pour laquelle il a le plus d'indulgence, il a beau passer ses défauts en revue avec toute la complaisance dont chacun est capable envers soi, rien ne lui paraît ni si grave ni pardonnable non plus. En revanche spontanément, celle pour laquelle il en a le moins…

— Où je pourrais aller jusqu'à tuer... enfin, peut-être, c'est le mépris. Ça je ne pourrai jamais le pardonner...

Et chacun d'enchaîner sur ce qu'il juge le plus impardonnable. Là encore, se révèlent les caractères des uns et des autres avec une saisissante vérité. Diderot est ravi d'avoir lancé le sujet. La future mère qui, jusqu'ici, s'était contentée de faire mine de somnoler, s'éveille pour dire que « la tromperie, la tromperie sur les sentiments, ah ! rien n'est pire ».

Quant au jeune soldat, qui dormait tant jusqu'ici, la folie de la peur au fond des pupilles, il déclare sobrement que la lâcheté est pour lui impardonnable. Lui si indulgent pour la peur ! Chacun de remarquer cette étonnante proximité voire contradiction, mais compte tenu de son état, personne n'ira le lui reprocher, ni même le questionner.

Il s'est donc instauré en moins de deux jours dans cette chaise de souterraines et réelles solidarités. Diderot s'en étonne et s'en félicite comme s'il y était pour quelque chose. Après tout oui, peut-être un peu. Chacun ici, à sa façon, y a mis du sien. Le médecin propose à l'homme qui hait la lâcheté de lui faire une décoction, ce soir, à l'auberge, d'herbe apaisante.

— Ça apaisera quoi ?

— Après l'avoir bue, vous pourrez dormir sans soubresauts ni cauchemars ; simplement bien dormir d'un sommeil réparateur.

— Je ne sais si je peux accepter.

Il regarde les autres, inquiet. Il se demande s'il a crié dans son sommeil, s'il les a incommodés.

— J'ai fait du bruit ? J'ai parlé ?

— Non, dit Diderot, ce n'est pas pour nous protéger de tes bruits, c'est pour ta tranquillité que le médecin te donnera l'herbe. Et il ne te la fera pas payer, ne t'inquiète pas.

Quand c'est lui qui propose, c'est gratuit. Il ne fait ça que pour soulager.

Le soldat se détend un peu. Après tout, il n'est plus à la guerre, ils ont l'air de lui vouloir du bien, ils sont comme ça aussi entre eux.

Les deux saisonniers inséparables, ce qu'ils détestent par-dessus tout, ce sont les fêtes. Le monde s'étonne.

– Les fêtes, toutes les fêtes chômées.
– Elles nous privent de pain.
– Nous empêchent de travailler.
– Ces jours chômés nous ôtent tout.
– Pour les fêtes, nous, il faut qu'on fasse ceinture. Le bon Dieu ne peut pas avoir besoin qu'on le fête au point de nous faire mourir de faim...

Jacques se lisse sa barbe naissante.

– C'est pas si bête, pas si bête...

Chacun veut parler, visiblement pris du vif désir de se confier.

Madame mère ne pardonne évidemment pas la trahison, dont sa fille a dû être victime, et peut-être elle-même. Toutes les deux, séduites et abandonnées ? Pourquoi pas même engrossées, hier madame mère dans les conditions qui sont aujourd'hui celles de sa fille...

Et Marcello, le tendre chanteur italien, qu'est-ce qu'il juge impardonnable ?

– Le froid. Laisser les gens au froid. C'est horrible. Le plus affreux c'est que le froid existe. Des fois, rien qu'en y pensant ça me fait venir des larmes.

Toute la chaise de s'ébranler d'un grand rire, non tant de moquerie que de tendresse. Qu'il s'en prenne de la sorte au froid, et avec son accent si chaud, on croirait qu'il parle du diable en personne, lequel semble pourvu des pires intentions envers lui.

— Que vient donc faire un si frileux Italien dans les brumes du Nord, demande Diderot ?

— *Cantare*. Chanter vos opéras, votre musique française qui est toujours la meilleure. Bene qu'elle soit souvent et même de plus en plus d'origine italienne.

Le médecin lui donne une accolade d'approbation.

— À Paris, vous verrez, les cafés sont bien chauffés, précise Diderot compatissant.

Et lui-même, le bon médecin, cette fois encouragé par Marcello, que hait-il sans merci ?

— La maladie, la souffrance, la mort, et mes échecs personnels.

— Pourtant tout n'est-il pas écrit là-haut ? insiste Jacques.

— Dis-moi l'ami, s'il est en mon pouvoir de te soulager d'une grande douleur, peut-être même de te sauver la vie, et que je m'y refuse, diras-tu encore que c'est la volonté de Dieu ?

— Oui, à cette heure-là Dieu me voulait près de lui, ou ne voulait pas que vous me sauviez la vie. Car vous êtes qui, dites donc, vous, pour le remplacer, user du pouvoir de vie et de mort, hein ?

C'est insoluble.

On fait une pause. On s'est arrêté pour « croutare » comme dit Marcello, sous un auvent couvert de neige. Le soleil brille, argenté sur le sol glacé, ça craque de partout, ça fond lentement.

— Et le cocher, lui, que déteste-t-il plus que tout ?

Sa réponse fuse sans une seconde de réflexion.

— Les méchants qui battent les chevaux. Il suffit de leur parler doucement à l'oreille pour qu'ils fassent ce qu'on leur demande, et avec le sourire, en plus.

Diderot trouve ce cocher très drôle, mais se retient de rire, des fois que ce ne soit pas dit pour faire rire.

Il apprend au cours de ce voyage les méandres de l'altérité. Tant de diversité oblige à quelques adaptations par rapport à tout ce qu'il a connu jusque-là.

— … bref, achève-t-il à voix presque basse, tous les gens qui abusent d'un pouvoir…

Là, le cocher s'interrompt, convaincu d'en avoir trop dit. Si jamais un homme du roi s'était glissé dans sa chaise… Oh, il a le nez, il l'aurait déjà repéré, mais on ne sait jamais, ils sont doués pour le camouflage. Le renégat qui ne dit jamais rien pourrait aussi bien être un espion. Mais non. Sous la douce autorité du médecin, il sent que chacun l'approuve, que toute la chaise, sa chaise, est de son côté, qu'il n'a rien à craindre d'eux. Qu'il peut, non pas reprendre, on ne l'a que trop bien compris, mais ne pas s'inquiéter des suites. Se détendre et partager le pain, le lard et le pâté avec ceux qui ont encore faim.

Diderot aimerait maintenant dire pour quoi il a le plus d'indulgence. Ça y est. Il sait, il a trouvé, il en est sûr, s'il a osé se l'avouer, il peut bien le leur dire à eux, envers qui la confiance la plus folle s'est installée.

Ce qui lui inspire le plus d'indulgence, désormais c'est l'orgueil. Oui, le désir de gloire, ose-t-il préciser, le rêve de se dépasser.

— Jouer Dieu, comme le médecin ? interroge le Jacques.

— Non, pas exactement, lui faire concurrence plutôt, précise le médecin en entourant de son bras les épaules du jeune Diderot, ébloui par le courage de ce jeune homme.

N'empêche, dans l'accolade approbatrice du médecin, il y a une poigne, une fermeté qui semble aussi lui commander d'en rester là.

— D'ailleurs, enchaîne le cocher avec un drôle de sens de l'à-propos, ce soir, je vous amène chez la Mère Poularde, vous allez voir ce que vous allez voir... C'est bien simple, si vous ne vous régalez pas je rembourse ! Non, hein, c'est pour rire, mais quand même, c'est pour dire.

Pour la première fois depuis qu'ils sont confinés dans le même espace, le renégat tend l'oreille et montre quelque intérêt à la conversation. Marcello l'interpelle.

— Et vous, quoi haïssez-vous le plus ?

— Les curieux qui posent des questions.

La réponse est sobre. Jacques explique ce qu'il croit avoir compris.

— C'est que Monsieur est un gourmet, et que la réputation de la Mère Poularde est parvenue jusqu'à lui, aussi montre-t-il soudain un vague lien avec nous. Notre cocher est bien introduit, on sera mieux servis. Et ce soir c'est fête, comment appelez-vous ça, la Saint-Sylvestre ? Il y a toujours une trêve, ces nuits-là, plus d'ennemis, plus de dénonciations, on boit et l'on mange en paix...

Et se dit Diderot, alors que chacun reprend sa rumination solitaire, le Jacques est sans doute dans le vrai.

Plus qu'à la hauteur de sa réputation, la Mère Poularde. Ou alors elle s'est surpassée. Des plats pour nourrir un régiment. Et pas seulement copieux mais bons, gras, salés, parfumés, mijotés, des merveilles, et du vin, du vin au tonneau, généreux, pétillant et d'une étrange couleur. Un pain, des pains, plein de pains, la multiplication des pains de toutes consistances pour accompagner des jambons tièdes et épais, des pâtés de foie gras et goûteux... Des brioches et des confitures, des plats de toutes sortes, le royaume de la goinfrerie. Un enchantement pour le palais. Marcello et les deux saisonniers sont aux anges. Une flambée royale a patiemment réchauffé la grande salle basse où la diligence de Diderot a pris place. Une grande assemblée de tous les compères de voyage, et pour eux, « la meilleure table parce qu'ils sont accompagnés de deux femmes dont l'une est enceinte ». La Mère Poularde a du savoir-vivre.

– Quand les dames sont bien traitées, les hommes sont moins à boire ou à se battre...

Elle est aux petits soins envers eux. Le charme du cocher ? Le médecin penche plutôt pour celui de Diderot qui, tout à ses émerveillements d'observateur débutant, n'a rien vu.

– ... Ce sont elles qui font avancer la civilisation... Pas vrai, monsieur le philosophe, dit-elle bizarrement à Diderot qui ne l'est pas, mais doit bien reconnaître qu'elle-même philosophe assez correctement.

En plus, elle sait discerner l'étudiant sous la défroque du robin. Pas mal, Mère Poularde ! Vous êtes au moins aussi fine et vive que votre cuisine.

– Et vous savez quoi, ce soir ?

Personne n'a trop l'air de savoir. La journée a été longue, épuisante, passionnante certes mais aussi très fraîche, la température a encore baissé. La chaleur de l'accueil, la splendeur des mets, les ont littéralement saisis de fatigue...

– ...Vous savez quoi ? Ce soir, c'est vin à volonté. On fête l'an neuf, tout le monde doit s'embrasser sous le gui, la verveine ou le houx vert, j'en ai pour tous les goûts, toutes les contrées. Seul compte le baiser...

Selon la région où chacun a grandi, chacun sa coutume... Diderot le découvre. La tradition du Sud se compare à celle de l'Ouest, du Nord ou de l'Est. On échange us, coutumes et recettes de festins. Comment on enterre l'année ici ou là, comment on fête l'an neuf. C'est vrai, Dame Poularde pose des yeux de louve sur Diderot : elle a tout de suite vu, se vante-t-elle, le noble sous l'habit noir. Pendant qu'elle roucoule, les deux saisonniers complètement ivres ont décidé de faire parler le renégat. Mais leur méthode n'est pas bien efficace, le médecin doit le leur retirer avant qu'ils ne l'écharpent, sans plus de résultat qu'un vague grognement. Monsieur le Jacques, sans doute avec la permission de Dieu, lui prête renfort. Ils sont soigneusement avinés, aucune parole ne les fera lâcher leur proie, il y faut une force supérieure. Jacques de conclure, brillamment juge Diderot :

– Ce n'est tout de même pas sa faute s'il est renégat !

Diderot qui depuis le début du voyage a tendance à trouver passablement agaçant cet imbécile fataliste, le juge finalement intéressant. Ce fatalisme excuse tout, permet tout, ouvre tout. Bien sûr, ça ôte aussi tout libre arbitre, mais en est-on tant pourvu que ça ? Est-ce que le malheureux soldat que l'effarement n'a pas quitté depuis qu'il est sorti du jeu de la guerre a le moindre poids sur son destin, le moindre choix sur sa vie ? Est-on finalement si libre que Diderot aurait aimé le croire ?

Mais alors, si l'homme, mettons l'homme moral, est aussi déterminé par les lois universelles que l'homme physique – on est génial ou stupide, géomètre ou poète, bien ou mal faisant par « nature » – l'on n'a plus aucun mérite, aucune vertu, ni, non plus, aucune scélératesse à soi en propre ! On se contente d'être bien ou mal né, et les mots de bien et de mal n'ont d'ailleurs de valeur que relative, puisque la responsabilité a disparu, et avec elle sombre corps et âme ce pour quoi Diderot a eu l'impression de commettre un exploit, se trouver seul sur la route pour aller à Paris tenter sa chance : la liberté.

Il en est là des réflexions que Jacques lui inspire, et qu'à voix basse, il livre au docteur Bordeu – Mathias Bordeu.

médecin voyageur, ainsi se présente-t-il –, quand soudain, une grosse bouche sensuelle, sucrée, un rien alcoolisée, pulpeuse surtout, vient s'aboucher à la sienne. Se plaquer contre celle de Diderot pour n'en plus bouger. Pour le faire taire ? Mais non, pour lui souhaiter la meilleure année 1736.

Dame Poularde s'est effectivement choisi pour commencer l'année en beauté, le plus joli de ses voyageurs, celui qui a les mains les plus fines, donc les plus douées pour caresser.

Ensuite… ? Mais ensuite, qui s'en souvient ? La proximité de Reims leur a permis de goûter, que dis-je goûter, de s'enivrer de ce vin léger, transparent et plein de bulles, qu'on ne fabrique que dans cette région champenoise, et qu'on appelle justement du champagne. Trois barriques s'envolèrent dans la nuit, et quand le cocher vint tirer Diderot des bras de Dame Poularde pour qu'il reprenne sa place dans la chaise de poste fraîchement attelée, ça n'a étonné personne qu'il aille s'installer près du postillon dans l'air glacé du matin. Il met quelques heures à dégriser dans le grand vent frais.

Le champagne ne lui a pas valu seulement une nuit d'amour, mais aussi les confidences du renégat.

– Pourquoi moi ? lui demande Denis.

– Parce que tu t'en souviendras, et tu vas les écrire, mes secrets.

– Mais je n'écris pas, moi, et pis, je vais à Paris pour me faire procureur et dénoncer les gens comme toi. Tu devrais te défier de moi au contraire.

– De toi ? Oh non, tu es bien trop tendre. Tu ne seras jamais méchant, ni d'ailleurs procureur, crois-moi, je les connais, tu n'en es pas.

Diderot n'est pas peu fier d'être le seul de leur petite bande à savoir qui est le renégat. Il lui en coûte, mais il ne le répète à personne. Pas même à Bordeu.

En revanche, madame la future grand-mère tient à le féliciter un peu bruyamment.

— Quand vous êtes ivre, mon jeune ami, vous restez étonnamment courtois, vous avez vraiment été très bien élevé, félicitations à madame votre mère.

Diderot sourit, un peu niais mais content. Il ne se rappelle pas grand-chose de la soirée d'hier, mais d'être resté poli ne l'étonne pas. Tout ce qui se passe dans cette chaise depuis qu'il a quitté Langres le passionne. C'est donc ça, la vraie vie !

Quant aux deux saisonniers, ils lui adressent les compliments inverses.

— Tu dis que tu ne te souviens de rien, mais à toi tout seul, tu as bien bu autant que nous deux, et c'est beaucoup.

— Ça, pour boire, tu sais boire, garçon, ajoute le Jacques, comme un adoubement ou peut-être comme si c'était lui qui avait appris à Diderot à si bien se tenir.

La pause déjeuner, les reliefs d'un somptueux repas de Dame Poularde et en quantité, en plein champ, ce 1er janvier a quelque chose de vraiment neuf pour Diderot. Et de fastueusement ludique. On joue à faire la dînette en plein air.

En une nuit — allez, n'ayons pas peur des mots, disons-le, d'orgie, puisque ce sont les choses qu'ils désignent qui doivent inspirer de la crainte —, il a bel et bien été adopté par tous les membres de sa chaise de poste. Même le malheureux soldat apeuré consent à s'asseoir près de lui pour lui conter, oh, à l'oreille, ses visions de la guerre, qu'à la nuit dans l'auberge suivante, sans Dame Poularde, sans champagne, Denis se hâte de noter. Le renégat a peut-être raison. Il écrit. Mais c'est sans autre but que de s'en re-souvenir, de ne pas oublier l'effet effroyable de ces confidences sur son cerveau. Ah ! il voulait savoir ? Eh bien, il en a eu pour son argent si l'on peut dire. La vision de ces malheureux déserteurs jetés dans le feu tout vivants, il a le sentiment d'avoir entendu leurs cris.

Pour Diderot, cette première journée de l'année est une révélation. Il est devenu un homme autonome, indépendant des familles, des écoles, des institutions. Un homme comme tous les hommes. Libres, seuls et vaillants. Oui, même le pauvre soldat, même le renégat, et Diderot ne dit rien de leur cocher pour qui il s'est pris de tendresse, de Marcello qu'il se promet de revoir à Paris, de Mathias Bordeu qu'il aimerait compter parmi ses amis, et même du Jacques, tous désormais il les tient en haute estime. Ce sont des figures humaines qu'il se promet de ne pas oublier. Ce sont eux les vrais figurants, les vrais acteurs de la vie. Des mondes uniques, chacun, tous. Lui aussi, Denis Diderot. Surtout pour quelqu'un qui rêve de gloire populaire, en une nuit de beuverie partagée, de soûlographie au champagne – « la boisson la plus prisée et la plus chère à Versailles », c'est Dame Poularde qui l'a dit –, Diderot est devenu le héros de sa chaise. Même la jeune future mère lui adresse quelques sourires vagues qui se rapprochent d'une œillade timide. Comme si l'étreinte de la généreuse aubergiste l'avait oint d'une aura érotique universelle. Après les caresses de Dame Poularde, désormais toutes les femmes vont le trouver à leur goût! Diderot rêve. Son ambition couvre toutes les disciplines, tous les domaines, sauf peut-être, le renégat a raison, celle du droit qu'il est censé aller étudier puis pratiquer à Paris. Pour assister un procureur, il faut connaître le rudiment des lois, donc d'abord retour à sa chère Sorbonne.

Au soir de cette folle journée, pour la première fois, Marcello sans que personne ne l'en prie, mais pour le plaisir de tous, décide de chanter. Ce qui leur vaut, dans une mauvaise auberge tenue par un veuf plutôt revêche, la meilleure table près de la cheminée. Il chante bien, le bougre. Diderot n'aura pas honte de lui présenter ses belles amies de l'opéra. Car c'est promis, il va l'introduire dans le monde interlope qui est le sien, qu'il rêve de retrouver, des auberges, des théâtres, des cafés, des bouges...

Qui a dit qu'on ne revoyait jamais ses compagnons de voyage ?

C'est ce même Denis Diderot, qui à la fin de cette semaine de découvertes qui se déroule jusqu'au bout comme un rêve, n'en finit pas de se féliciter d'avoir osé s'opposer à son évêque et à son père.

La vraie vie commence. Maintenant. Aujourd'hui. Être un homme comme tout le monde, c'est autrement passionnant que d'être étudiant. Comme tout le monde mais aussi comme **Voltaire**.

Évidemment.

Chapitre 8

1736-1740
Les années Neveu

Mes pensées ce sont mes catins.
Le Neveu de Rameau

M. Foucou ne ressemble pas du tout à l'idée que Diderot s'en est forgé à partir de la sévère description de son père. Pour un peu, n'était sa mission d'espion, ce serait un ami. Rondouillard, au physique comme au moral, bon vivant, toujours joyeux, d'une infinie tolérance. Comment son père peut-il s'en remettre à lui pour surveiller sa conduite ? Vraiment un brave type. Diderot s'est présenté chez lui en arrivant assez sale de la chaise de poste, et il l'a tout de suite accueilli comme un neveu.

Sitôt qu'il a su que Diderot avait habité dans le coin, il a proposé ses bras, et même son diable, pour aider au déménagement de ses vieilles affaires.

– Si vous saviez le peu que je possède... Non merci, c'est vraiment gentil, mais en un voyage, j'y arriverai.

De la rue de Seine à la rue de la Harpe, quelques centaines de mètres. Nullement dépaysé, Diderot a aussitôt retrouvé ses habitudes et ses amis, Eidous et Toussaint. Ils ont effectivement dévoré ses livres en son absence, et lui donnent un coup de main reconnaissant pour s'installer chez le coutelier. La chambre que celui-ci lui concède est beaucoup plus vaste que toutes celles qu'il a occupées jusque-là. Aussi s'installe-t-il comme un pacha. C'est du moins son impression première, surtout quand Mme Foucou frappe délicatement et lui demande la permission de lui offrir des petits gâteaux qu'elle a faits exprès pour lui, et lui chuchote, gênée :

– Ici, il vaut mieux ne pas amener, enfin, vous voyez... des filles... Mon mari qui est bonhomme a extrêmement peur des accidents d'enfants. C'est qu'il est lui-même un enfant trouvé. C'est-à-dire, en vérité, abandonné à la Pitié. Par chance, votre père lui a appris un bon métier. Grâce à lui, il s'en est sorti. Mais, attention, hein, pas de bébé, il est très à cheval là-dessus...

À cheval sur les bébés... Les petits gâteaux sont délicieux.

Des bébés ! Diderot y a-t-il seulement pensé ? S'est-il jamais interrogé là-dessus ? Il se sent si jeune. Il a l'impression d'avoir la vie devant lui, toute la vie, tout l'avenir et pas une minute à perdre. Un bébé ? Où le mettrait-il ? Pas de place pour un bébé dans ses rêves de gloire, dans sa vie décousue, ses nuits dissolues. Il n'a pas non plus besoin d'amener des filles chez Foucou, elles sont si accueillantes... Paris est une ville si accueillante, pleine de jardins, d'abris discrets, de loges d'artistes, pour s'aimer, ou au pis, d'écuries...

Ce retour, il en fait une vengeance, il a quelque chose à rattraper, et pas seulement du temps.

À nouveau, Diderot n'a plus assez d'heures dans ses journées, dans ses soirées, dans ses nuits, dans ses semaines... Les mois s'enchaînent... Les années. Il ne trouve pas le temps d'écrire à ses parents, de remercier les uns, les autres, ni même à sa Denise chérie, ni à sa tante Marguerite qui continue de broder son trousseau, et de le lui faire tenir pièce après pièce… Il n'a le temps de rien. Que de vivre. Dans ce tourbillon joyeux et dilettante, ce qu'il a tendance à escamoter aisément, ce sont ses fameux cours de droit ! Car, grande découverte, pour un amoureux de l'étude, le droit, quel ennui ! Vraiment, la basoche n'est pas pour lui. C'est la première fois de sa vie qu'apprendre lui répugne autant. Bah, le droit peut attendre, Diderot a sa vie à vivre. C'est nouveau, il veut goûter tous les plaisirs, toutes les joies, entrevues hier mais jamais expérimentées. Là, il s'y vautre, plutôt que de souffrir aux cours de droit.

Comment pourrait-il se lever de si bon matin à une heure où il n'est encore pas couché ? On veut donc qu'il ne dorme jamais. Ses nuits sont consacrées à la fête, à l'amour, à la Beauté, alors que ses soirées sont d'échanges, de poésie, de philosophie, de musique, de chants. Quelle richesse que le monde, comment en retrancher un instant ? Et pour quoi faire au juste ? Apprendre le droit, toujours le même droit depuis les Romains… Alors que la vie est si riche, si changeante…

Diderot ne sait où donner de la tête. Tant de rencontres, d'amitiés, de conversations, de projets plus ou moins fumeux, mais si sérieux aux petites heures de l'aube, tant de rêves rêvés à plusieurs, de femmes qui s'offrent à lui… Il n'a jamais eu autant de succès. C'est son heure, sa saison. Il ne peut céder un pouce de ce terrain nocturne où tout semble éclore sous ses pas. Il plaît beaucoup. Il n'a pas conscience qu'il est plutôt un beau garçon, musclé, bien découplé, fort, très fort, on fait souvent appel à lui pour les travaux les plus durs ; en plus, il est très grand, il dépasse le mètre quatre-vingts, un côté force de la nature manifeste, surtout face aux gens des villes. Une voix de stentor, un grand front, le regard vif, ça oui, très vif, il voit tout d'un seul coup d'œil. L'air intelligent, effet secondaire du grand front, mais l'œil éparpillé, partout, tout le passionne. Son trait le plus saillant reste l'enthousiasme. Et la gourmandise. Et l'exaltation, et la surabondance, et une certaine forme de puissance qui ne se perd pas avec l'âge. Toujours jeune dans l'émerveillement, il n'a pas fini de voir par là qu'il regarde déjà là-bas, ou ceci d'encore plus près... Alors oui, il a de grands cernes, dessinés par le manque de sommeil chronique, des cheveux ébouriffés comme un qui aurait dormi dans la paille, ce qui peut arriver à l'occasion, ou qui se lève d'une sieste exténuante sans avoir le temps de s'ébrouer... Alors de se peigner !

Par la rue de la Harpe, il rejoint la rue Saint-Jacques, sa préférée, celle où sont regroupés imprimeurs et libraires, relieurs et graveurs, papetiers et enlumineurs, et les parcheminiers... quel joli mot, parcheminier ! Tous s'y côtoient, vivent au-dessus de leur boutique, et se font la conversation quand le chaland n'y est pas. Chaque échoppe est pavoisée, la rue décorée d'enseignes qui dansent dans le vent et donnent à Diderot l'impression d'une permanente bonne humeur. Il y a toujours pas mal de vent rue Saint-Jacques. Outre ces artisans, que le fils du coutelier respecte absolument, il y a la présence magique des livres dans les boîtes ouvertes sur la rue. Il ne peut pas souvent s'en offrir, mais la rue descend, elle est très en pente vers la Seine, et il court vite. Très vite. Vêtu comme un robin dépenaillé, il se croit difficilement identifiable sinon sa haute taille, son visage souvent masqué par ses cheveux trop longs... Il n'a jamais été rattrapé... Mais n'allez pas croire, il ne vole pas souvent. Il faut une singulière conjonction, et qu'il n'en puisse plus : un grand manque d'argent, mais ça, c'est propre à son état, les étudiants demeurant chez l'habitant sont les plus pauvres de tous. Une vague faim permanente qui le tenaille et lui donne des ailes, surtout, à l'étal d'un libraire, un inédit de Voltaire ou de Montesquieu, les deux seuls auteurs qui jusqu'ici l'ont poussé au crime. Il anticipe son geste, il court déjà avant de s'en saisir. Mais il note scrupuleusement ses forfaits, et l'adresse du libraire spolié. Il se promet, une fois riche, de les rembourser. Il se l'est juré. Il le fera, c'est sûr. Quoiqu'un copain de café lui ait chaudement déconseillé de conserver sa liste de rapines sur lui. On ne sait jamais, la police royale aura tôt fait de la déchiffrer.

En dépit de sa gigantesque désinvolture qu'il considère comme sa nature, l'argent est pourtant en train de devenir un problème. Il a évidemment dépensé toutes ses économies. Son père, vexé par sa décision et furieux au fond d'y avoir cédé, l'a mis à la portion congrue. Et le fils met un point d'honneur à ne rien réclamer. Certes il est gâté par Dame Foucou qui n'ayant pas d'enfant – la vieille peur de son mari – s'autorise un rattrapage intensif avec ce beau jeune homme, hélas, un peu plus homme chaque jour, et ce d'autant qu'il est mieux nourri! À elle, son manège nocturne n'a pas échappé. Son mari est si débonnaire qu'il dort toutes ses nuits d'un seul souffle et n'a jamais entendu rentrer son hôte aux petites heures pâles de l'aube.

N'empêche, le temps passe. Bientôt il presse.

Même en droit, discipline assez méprisée par Diderot, et par tous ceux qui comme lui ont leur diplôme de théologie, matière noble s'il en est!… même en droit donc, on passe des examens. Diderot prévoit de s'y mettre au dernier moment. Il ne doute pas de l'agilité de sa mémoire ni de son cerveau. Ses années jésuites et jansénistes, puis sorbonicoles l'ont solidement entraîné à donner le change. Équipé intellectuellement pour affronter ce genre de situation, vers le mois de mai, il se rend à la Sorbonne pour s'inscrire aux dits examens. Devant l'étendue du programme, son orgueil doit sérieusement en rabattre ! Pour cette année, il doit y renoncer. Impossible de passer le moindre examen avant l'an prochain ! Comment l'annoncer à Foucou ? Son père l'a menacé de ne plus lui payer la pension de son fils s'il ne le tient pas scrupuleusement au courant de l'avancée de ses études. Diderot doit entrer comme clerc en septembre chez le procureur de Ris. Tout est prévu, arrangé. Sinon qu'il n'a pas la première notion de ce en quoi consiste ce travail… Bah ! C'est dans si longtemps. Ses nuits sont si douces, ses amantes si tendres, ses amis si passionnants, non, vraiment il n'a pas le temps. Pas maintenant. Il est trop occupé à vivre, à découvrir le monde interlope de la nuit des cafés, de cette étrange faune peuplée d'autant de poètes que de « mouches ». Les mouches, comme vient de le découvrir Diderot, sont des espions, qu'on soupçonne de l'être ou carrément qu'on croit tels, pauvres petits délateurs, sycophantes sans envergure, défrayés par la police pour trahir leurs amis. Membres ou apparentés à cette canaille pseudo-artistique comme ceux qui frayent aux environs du cimetière des Innocents.

Ces plaisirs parisiens peuvent mener à de plus glauques rencontres. En s'enfonçant plus profond dans la bohème littéraire comme elle s'autoproclame, Diderot fait la connaissance de quelques-uns de ces drôles. Énergumènes misérables mais aussi parfois grands caractères, personnages passionnants. Les hautes figures de la folie mais aussi les seules qui défrayent la chronique dans toutes les classes du royaume où ils s'insinuent.

Plus jeune, à l'orée des années trente, comme tout Paris, Diderot a été fasciné par une affaire parvenue à percer les murs épais des couvents où il résidait. Même les clercs, jansénistes ou jésuites, différemment mais avidement, n'ont pu s'empêcher de murmurer à propos de ce scandale public qu'on a appelé le scandale du diacre Pâris, et qui a incendié jusqu'au Quartier latin. Les autorités ont préféré l'appeler « l'affaire des convulsionnaires de Saint-Médard ». Aujourd'hui Diderot peut enfin reconstituer ce qui s'est passé. Un diacre donc, appelé Pâris, et fervent janséniste, meurt vers la fin des années vingt « en odeur de sainteté » selon l'expression consacrée. Peu après son enterrement au cimetière Saint-Médard, commencent processions et miracles. Très vite, ça se sait, la foule se précipite. Et les miracles s'amplifient. La crédulité publique aussi. Le mort opère toutes sortes de guérisons, des écrouelles aux chagrins d'amour. Des scènes de folie collective ont lieu à même le gisant. Prodiges, hallucinations, épilepsies, hystéries en tout genre, le cimetière Saint-Médard ne désemplit pas. Un cardinal tient le registre des prétendus miracles. Ces « convulsionnaires », comme on les nomme, depuis qu'ils forment une foule, se livrent à mille extravagances.

Voilà ce qui se chuchotait pendant les années d'études de Diderot. Qui y croyait sans y croire. Un jour, un externe l'a emmené se balader du côté de l'hospice de l'hôtel-Dieu, et là, il a pu voir en quel état se mettaient ces fanatiques. On le lui avait dit, mais il ne l'a cru qu'en les voyant, automutilés, défigurés, atrocement abîmés et, ce qui étonne le plus l'enfant de Langres humilié par les jésuites il n'y a pas si longtemps : toutes les classes de la société sont touchées par cette hystérie collective. Personne n'y échappe.

Des récits se chuchotent comme des obscénités, où des femmes de tous âges miaulent la nuit, hurlent à la mort, se dévêtent toutes seules avec la rage des amants, rampent et se tordent sur ordre du diacre mort ! Il n'y a pas que l'imagination de Diderot qui s'enflamme, celle de tout le royaume s'embrase. Cet étrange phénomène fait le tour du pays. On processionne de plus belle, la foule enfle. Il faut faire cesser ce prétendu miracle. En juillet 1731, l'archevêque de Paris ordonne la fermeture du cimetière et obtient du pape un décret interdisant tout culte au fameux diacre. Le Parlement, par haine des jésuites, refuse d'enregistrer ce décret. La guerre de religion, ou plutôt des religieux, reprend de plus belle. Le diacre Pâris a bon dos. Il s'agit d'une rivalité non tant de dogme que d'influence. Jésuites et jansénistes se disputent l'exercice souterrain du pouvoir.

Une ordonnance royale de janvier 1732 défend d'ouvrir les portes du cimetière sauf pour les enterrements. Le reste du temps, les morts sont interdits de visites. Le lendemain, sauvagement accolée à la porte close du cimetière, une pancarte proclame : *De par le roi, défense à Dieu de faire miracle en ce lieu*. Et le plus plaisant, chuchote-t-on, c'est que Dieu obéit. Janséniste, mais paradoxalement, pas dénué d'humour. Ce qui semble à Diderot antinomique voire impossible. Mais après la fermeture du cimetière, ces phénomènes miraculeux cessent bizarrement. Plus rien. Pas la plus petite guérison. À croire que le décret du roi a maté Dieu et ses miracles.

Il se passe pourtant toujours d'étranges choses dans les cimetières parisiens. Au cimetière des Innocents existe une vie bien plus interlope qu'à Saint-Médard. Il est ouvert sur la ville, traversé par elle, aucun mur ne l'isole des vivants qui, donc, ne cessent d'y piétiner les morts. C'est Eidous, à qui Diderot a confié le gros de ses affaires laissées à Paris lors de son départ *définitif* pour Langres, Eidous qu'il a donc revu sitôt de retour, et qui est devenu un véritable ami, qui l'initie à ces mystères. Il ne cesse de lui présenter ce monde de l'entre-deux où lui-même survit. Diderot en inlassable curieux peut rester attablé des nuits entières pourvu que les histoires qu'on lui conte soient à son goût. Il apprécie les descentes aux enfers modestes auxquelles l'entraîne Eidous, cet Eidous qui raconte «ses» cimetières. Il se prénomme Marc Antoine, mais ça ne vient à personne l'idée de l'appeler par son prénom. Il prétend avoir été officier dans l'armée espagnole avant de venir à Paris où il remplit tant bien que mal son existence en faisant de la traduction au mètre ! Il a la réputation de rendre l'anglais dans une langue qui n'appartient qu'à lui, une langue proprement *eidousienne*. Pour l'instant, il gagne sa vie palpitante comme écrivain public «bilingue».

Souvent pris pour une «mouche» par les vraies arsouilles du Procope ou de la Régence, alors qu'en des bouges moins raffinés, il fait figure de Monsieur. Il parle anglais et latin, ne rechigne pas à la besogne. Diderot l'a d'abord agréé parce qu'il connaît des histoires incroyables sur ce Paris secret qui lui est encore inaccessible. Puis il lui a présenté son meilleur ami, Toussaint. Pareil talent en amitié mérite qu'on s'y arrête, ces deux-là s'entraident comme des frères et se mettent mutuellement en valeur, chacun rivalisant dans le bien qu'il dit de l'autre. L'ami s'appelle Vincent, là encore on oublie le prénom. Il est l'auteur en herbe d'un ouvrage toujours futur, mais qui l'occupe beaucoup. Il veut l'appeler *Les Mœurs*, parce qu'il compte les y décrire par le menu. Pour avancer dans son écriture, il s'alimente de ses échanges souvent unilatéraux avec Diderot, leur nouvel ami. Ce dernier lui déconseille pourtant de publier ses notes en l'état. « Trop délateur, trop vrai », dit-il. Toujours se défier de la censure, même sans avoir rien publié, on ne peut l'ignorer pour peu qu'on soit français.

Eidous et Toussaint sont souvent sans pain. Ils passent l'essentiel de leur temps à chercher l'occupation qui leur en procurera. Comme Diderot se trouve dans le même cas, ils mettent leurs pistes en commun. Le plus débrouillard est sans conteste Eidous. Toussaint et Diderot le suivent, un brin gênés. Il y a des métiers pour lesquels ils se sentent nobles, voire versaillais. Même avec des pincettes, ils ne s'en approchent pas.

Eidous a toujours la recette, ou l'expédient indispensable quand il fait trop faim. Par exemple, au fameux cimetière des Innocents, d'où, dit-il un doigt sur la bouche et en baissant la voix, il tire son argent, oh, pas la fortune, mais de quoi vivre.

— Et c'est quoi ta recette ?

— Écrivain public. Et la clientèle sait nous trouver au fameux cimetière, qu'on appelle plus communément le Charnier des Innocents.

C'est là qu'Eidous travaille, rencontre ses clients, et aussi qu'il dort mais ça, il ne l'avoue pas. C'est Toussaint qui gaffe. Ici comme partout on enterre d'abord les morts, mais après six-huit mois sous terre, on les déterre encore assez frais, pour les entasser dans les greniers qui surplombent le cloître, afin qu'ils finissent de sécher, sous ces arcades où précisément officient les écrivains publics.

— Et, précise Toussaint, pour le moment, il gagne pas mal sa vie avec cette besogne.

— Il y a parmi ces traîne-savates des gens qui s'en contenteront toute leur vie, précise Eidous.

— Mais pas Toussaint, pas toi, pas nous, fanfaronne Diderot qui n'a pas encore eu trop faim.

Eidous est ambitieux. Ça n'est qu'une étape, un palier, un palliatif à la faim.

— Moi, j'ai des goûts de luxe, précise Toussaint, et toi, tu es trop savant pour faire ça plus d'une saison.

Diderot n'est pas ambitieux, ce n'est pas le bon mot, il veut manger le monde, pas moins. Le dévorer, et sa faim est insatiable. Demain il sera journaliste, s'il le peut, après-demain écrivain, et puis quoi ensuite ? Voltaire. Voltaire toujours. Voltaire ou rien.

Plus souvent flanqué d'Eidous, même s'il sympathise davantage avec Toussaint, le premier a plus de temps libre, son « métier » lui en laisse davantage que les expédients toujours un peu sauvages, ou à la limite de l'honnêteté de l'ami Toussaint, qui tente aussi des études de droit. Quand on vit à ce point à la marge, il n'est pas inutile de connaître la loi. En dépit de l'arbitraire royal. À ses côtés Diderot parcourt ses cours de droit et tente de se les faire expliquer. En vain. Il revient sans cesse à des sujets plus palpitants.

Force est de reconnaître que, depuis Bernis à ses débuts parisiens, l'amitié lui a manqué, cette fraternité chaude, solide, compacte, pure. Eidous et Toussaint sont ses premiers vrais amis depuis cette époque déjà lointaine. Il se sent à la fois en confiance et en amitié, oui c'est le mot, avec ces deux garçons. En plus, ils ont plein de rêves communs. Et il adore ça. Ce lien-là est une rêverie magnifique à plusieurs voix.

Diderot est taillé pour l'amitié. Dommage que ce ne soit pas un gagne-pain, il ne doute pas d'y devenir très riche. Il est curieux, follement, de tout ce qui touche ses amis, il veut tout savoir de la vie de l'un et de l'autre. Eidous a sans doute plus à cacher, il ne lui fait visiter que son présent. Il l'emmène dans son antre, cette soupente ouverte sur le cimetière, dans le grenier de laquelle s'entassent à claire-voie les cadavres déterrés pour sécher. Plus que les vivants, les morts sont terriblement encombrants et en pleine expansion, Paris a besoin de place.

Diderot se juge chanceux et soudain extrêmement reconnaissant envers son père qui lui offre ses études à rallonge. Allez, il va lui faire plaisir et se mettre sérieusement au droit.

Voilà un an qu'il tourne autour sans oser approcher, il est temps. Dans la foulée, il entre comme clerc chez le procureur Clément de Ris, un Langrois à qui son père l'a recommandé. Finie la fête ? Oh non ! Les inutiles activités d'un clerc de procureur n'ont pas de quoi lui occuper l'esprit. Durant ses heures au bureau, il se remet à ses études, jongle avec ses matières de prédilection, se perfectionne en anglais, en philosophie, en mathématiques, en musique… Rien n'étanche son immense soif de savoir. Il a acquis quelques rudiments de droit pour conserver son poste mais pas assez pour ne pas s'ennuyer, ni pour briller. Non plus s'y intéresser. Alors, il triche, il s'occupe d'autre chose. Eidous lui confie quelques travaux d'écriture dite publique qui ne l'ont obligé ni à frayer avec la clientèle, ni à stationner au Charnier des Innocents envers lequel il éprouve une vague répulsion.

– Le problème, c'est que j'adore la vie, et que cette odeur de mort… Je n'y arrive pas… Paris pue partout et tout le temps, mais l'odeur de la mort… Non.

Ses travaux clandestins vont de la lettre d'amour à la pure contrefaçon de documents officiels, Diderot a une somptueuse écriture qu'Eidous exploite immédiatement. Tout est aisé à contrefaire chez un procureur, il dispose des sceaux, des cires, etc. Diderot fait tout cela sans qu'il y paraisse. Il a tant l'air de se désintéresser du droit… qu'on lui donnerait le bon Dieu de la basoche sans confession, et personne ne le soupçonnerait d'en savoir assez pour faire des faux.

Sa spécialité, ce sont les lettres d'amour, il fait aussi, parce qu'il y en a beaucoup, les missives au roi, puisque celui-ci a le pouvoir de régler la vie entière, des conflits familiaux aux sentences de mort, toujours iniques, en passant par les lettres de cachet. On écrit beaucoup au monarque et Diderot rédige, pour et au nom des demanderesses, d'improbables requêtes qui parfois l'émeuvent aux larmes. La clientèle d'Eidous est-elle exclusivement composée de femmes seules qui ont l'audace de s'adresser au souverain ? Diderot découvre qu'il adore écrire comme une femme. Comme s'il en était une, il use d'un « je » féminin.

Pour implorer le roi, comme pour cajoler leurs amoureux, elles veulent du beau langage. Cette ferveur pour la belle langue chez les gens du peuple enchante Diderot. Il juge que c'est bon signe même s'il ne sait pas de quoi. Eidous le rétribue en sous-main, chacun y trouve son compte.

Las, son père n'a pas confié qu'à Foucou le soin de surveiller son rejeton. Le procureur aussi est de Langres. Il ne peut lui cacher plus longtemps, une bonne année tout de même, que son fils ne fiche littéralement rien, bâille toute la matinée, quand il ne s'endort pas, lové entre ses propres bras, et se distrait sans jamais progresser en droit. Il en savait plus en arrivant, au moins avait-il l'air un peu curieux.

Même du droit, il est revenu.

Alors surgit un troisième espion. Le chef des espions, qui pourrait leur en remontrer à tous, il s'appelle Frère Ange. Par antiphrase, sans doute. Ce prieur-là est terriblement angoissant : très long, très maigre, très pointu, pas une once de gras, rien de mou. On imagine sans peine son cœur en pierre. Sa mâchoire est aussi carrée que son vocabulaire martial. Rien de religieux sinon l'austérité : on lui soupçonne un silice. Ses dents sont noires comme l'enfer.

Frère Ange épie Diderot, le guette. Un jour, il l'attend à la sortie du Procope, l'attrape par le paletot d'une main plus que ferme et exige – en tant qu'ami de son père et homme de Dieu – que Diderot lui révèle son emploi du temps par le menu, pendant et après le travail, histoire d'y opérer des « ponctions » sans prévenir, à sa convenance. Oh ! il a déjà mené son enquête : cafés, bouges, soirs d'ivresse, opéra, théâtre, alcool, nuits dans les bras des femmes, écroulé dans les écuries... Il sait tout vraiment. Tout. Que Foucou ferme les yeux, que le procureur s'en fiche, libre à eux, mais lui, Frère Ange, il ne faiblira pas. Dorénavant, tout ce que fera Diderot sera fidèlement rapporté à monsieur son père. Déjà il a dénoncé le gentil Foucou à qui son père a ordonné de le mettre dehors avec ses affaires, et de ne plus le nourrir, même s'il pleure famine. La Dame Foucou chuchote à Denis en lui tendant ses malles : « Il y aura toujours une assiette pour toi ici, passe seulement par derrière et gratte doucement, comme le chat... »

Il va devoir habiter chez le procureur, c'est-à-dire demeurer de nuit comme de jour au même endroit, sans permission de sortie. Frère Ange se charge de surveiller ses horaires, et promet, ou menace, de faire des inspections surprises, quand ça lui chante.

À ce régime de terreur, Diderot ne tient pas un mois. Frère Ange, Frère-la-Menace plutôt, hante jusqu'à son sommeil qu'il a toujours eu excellent. Diderot voit ses bras maigres surgir des manches noires de la soutane, et se transformer en serres qui le broient lentement. Toute la nuit. Tous ses rêves. Il le hait, et ne pardonne pas à son père de le faire surveiller comme les jésuites eux-mêmes ne l'auraient pas osé. Finie la vie dans les tavernes, finis cette chaude fraternité, ces merveilleux échanges d'amitié avec ses compères qui lui offraient leur ville par les souterrains, par les cuisines et les bas-fonds. Finis ces grouillements d'humanité si généreuse. Finies ses nuits d'amour chantées, dansées, caracolées, finies les soirées à l'opéra, les matinées au théâtre... Finie la vie !

Il prend conscience que ce n'est pas pour mener pareille existence qu'il est venu à Paris. Si, par deux fois, il a choisi l'exil pour la capitale, ce n'est pas pour passer des journées de misérable petit employé de bureau, des soirées d'obsédé de plaisirs forcément trop hâtifs, et penser chaque heure comme une vengeance. Frère Ange, toujours à rôder dans les coins sombres... Rien à voir avec son rêve.

En premier, se débarrasser de cet épouvantable ange gardien. Ce salaud d'Ange qui n'hésite pas à attribuer à Diderot tout seul, chaque échauffourée qui enflamme le Quartier latin, après chaque passage d'examen, de concours... Des classes entières tentent de piller des boutiques, des tavernes ennemies... d'incendier, de dévaster, de ravager le quartier... Selon le rapport du Frère Ange à Langres, tout est toujours de la faute à Diderot. C'est lui le meneur. Il est derrière tout ce qui est mal. De déconvenues rapportées, d'exploits avortés en prouesses inventées par le délateur, pour complaire au père de Denis, Frère Ange a persuadé la famille de la mauvaise vie que mène l'aîné, livré à lui-même dans la ville la plus dangereuse d'Europe, le dernier des coupe-gorge... Des bagarres défraient régulièrement le Quartier latin, Frère Ange place Diderot au centre en instigateur. Parfaitement. Et compte tenu de l'orgueil des pères, ce dernier y croit, et même, l'y voit.

Fuir Frère Ange occupe une partie du mois, Diderot a pourtant autre chose en tête. Ah si seulement on lui en laissait le temps... Lui naît un nouveau sujet d'adoration par demi-heure... Ses amis, ses amours, ses passions, et les expédients pour se les offrir... Ses ambitions, ses rêves...

De sa famille, il ne veut plus rien savoir. Il est très en colère. Lui faire ça, lui mettre Frère Ange sur le dos. Impardonnable. Il questionne sa sœur chérie, mais elle n'a pas l'air au courant de l'espion en soutane. Son père n'a pas dû en parler aux femmes de la famille. En revanche Mme Foucou lui a glissé, outre de bons petits plats, que son père avait embauché toute une police parallèle pour le faire surveiller, qu'il lui fallait être davantage sur ses gardes, que cette fois il envisage sérieusement de lui couper les vivres. Même le procureur de Ris, à force de trouver des excuses à ce sympathique garçon, est à son tour à court d'arguments. Il ne peut davantage engraisser pareil paresseux ! Après de si bonnes études, quel gâchis !

– Ah c'est comme ça. Eh bien, je ne vais pas lui laisser ce plaisir. Ni l'initiative. J'en ai ma claque de ce jeu du chat et de la souris avec ce mauvais Ange. Si mon père me veut autre que je ne suis, s'il aspire pour moi à d'autres rêves que les miens, c'est qu'il ne désire pas mon bonheur mais la satisfaction de sa vanité. Dans ce cas, c'est moi qui refuse son pain. Et s'il croit m'avoir à l'usure, ou que la faim, la misère, la nécessité ou même l'âge, vont me faire rentrer dans le rang, il se trompe. Je vais de ce pas le lui démontrer.

Il prend sa décision le jour même, et l'applique illico. Diderot est convaincu que sa détermination aura vite raison, sinon de son père, qu'il sait endurant, mais de sa mère, de ses sœurs et surtout d'Hélène... Les âmes sensibles de la famille ne vont pas le laisser mourir de faim. Elles sauront l'infléchir dans le sens de la bienveillance.

Aussi Denis, plutôt fier, informe le procureur qu'il en a assez, que ce n'est pas une vie pour un jeune homme de son ambition de vivre avec pareille épée de Damoclès. Ni d'ailleurs, croit-il honorable d'ajouter, pour qui l'emploie de subir pareil chantage : couper les vivres de l'un, cesser de payer la pension de l'autre.

– Pour vous comme pour moi, c'est indigne. Refusons cela tout net. Désormais aucun lien entre nous que l'estime, ajoute Diderot en lui tendant la main pour prouver au procureur qu'il le quitte, certes, mais en ami et comme un égal, libéré de toute tutelle.

Clément de Ris ne saurait le désapprouver. Il a vu comme il était peu fait pour la basoche, comme il s'y ennuyait, comme il préférait la bohème pour pimenter ses heures de reste. N'empêche, il admire le courage de sa décision et sa volonté pour la mettre en œuvre. Et la beauté du geste. Il n'est pas sans remarquer que c'est le jeune qui libère l'aîné…

À nouveau Diderot déménage. Il troque un galetas dans le Quartier latin pour un autre que Frère Ange ne connaît pas encore. Il ne peut quitter ce quartier, c'est le sien, et celui des étudiants sinon des études. C'est là aussi qu'on trouve les garnis meilleur marché. À peine posé, il repart « gagner sa vie » maintenant qu'il est libéré de toute activité étudiante ou officielle. Eidous et Toussaint lui ont mis le pied à l'étrier des expédients de la bohème. Temporaire, aléatoire, le statut d'écrivain public lui va assez bien pour le moment. Sinon l'obligation de s'établir au Charnier des Innocents pour rencontrer sa clientèle. Tout de suite, Diderot frappe fort, il n'est plus le sous-commis d'Eidous, désormais il établit sa pratique en son nom et proclame : « En français, latin, grec, anglais, italien… Lettres d'amour, lettres de réclamation et de doléances… »

Il s'avère doué pour les réclamations. Où s'exerce son sens inné de la justice. Aussi est-il d'une sincérité à toute épreuve pour défendre les causes les plus douteuses, il lui suffit d'y croire pour y faire croire. Il préfère pourtant les lettres d'amour où il laisse courir son imagination. Il n'est pas jusqu'à sa calligraphie qui ne lui assure une bonne réputation et pour un peu une situation rentable.

On lui achète aussi beaucoup de lettres aux familles, ce qui lui rappelle qu'il n'a plus donné signe de vie à la sienne. Pas même à Sœurette. Il doit trouver un moyen de lui faire tenir de ses nouvelles. Denise est la seule à pouvoir lui narrer par le menu comment son père a pris l'annonce de sa rupture unilatérale. Et s'il passait par sa bonne tante Marguerite qui l'adore ? En plus, elle est la mère de Victor, seul cousin avec qui Diderot ait jamais entretenu des liens d'enfants et sur qui éventuellement il croit pouvoir compter. Oui, sa tante est la bonne personne pour joindre Denise sans lui faire courir de risque.

Au nom de la liberté, il a tout laissé, se vante-t-il dans sa lettre à Sœurette. Enfin libre, enfin seul, enfin en passe d'exaucer ses rêves. Sans contrainte ni surveillance à redouter. Même s'il a cru voir Frère Ange au Charnier des Innocents où il tient boutique, quel mal peut-il lui faire désormais ? Il est libre. Il paye chaque heure, chaque minute, au prix de sa liberté.

Libre mais souvent sans ressources. Sans feu ni bois pour se chauffer. Son léger trousseau de futur robin a fait long feu. Jamais durant ces années, il n'a assez d'argent pour se faire confectionner des habits neufs, un manteau épais surtout, car même si les hivers parisiens n'ont rien de commun avec les gelées langroises, Diderot n'a pas chaud. Heureusement, il y a les cafés. Et leur poêle. Mais souvent mal nourri, Diderot claque des dents. Alors, oui, il avoue à sa sœur dans quel état de dénuement il lui arrive de sombrer, mais la rassure en lui racontant par le menu les rêves qui emplissent toujours sa tête et sa poitrine, ses projets, ses désirs fous.

Denise a le cœur aussi exercé que l'œil, elle lit entre les lignes. Elle connaît son frère jusqu'à l'âme : s'il avoue « froid », c'est « faim » aussi. À cette même époque, ses amis le décrivent drapé de dignité maigre, enveloppé dans ce qui fut une redingote, mais n'est plus qu'une peluche grise aux manchettes trouées, avec des bas de laine noirs, recousus de fil blanc... Les joues et le ventre creux, oui vraiment. Creux, Denise ne se trompe pas, elle croit le voir sous ses mots.

Alors elle s'en ouvre à Hélène qui, toujours sous le sceau du secret, en parle à leur mère de ce ton calme et impératif qu'a toujours eu la belle Lorraine. Elle convainc ou plus simplement annonce à la douce Angélique Diderot qu'elle a l'intention de se rendre à Paris « porter du linge de rechange et plus chaud à Monsieur Denis. Il a aussi besoin de sous puisque Monsieur Didier lui coupe les vivres ». En plus des économies de Denise, Hélène pense que madame mère pourrait joindre son obole. Elle est sûre que son cœur de mère ne peut que fondre...

Et c'est à pied, seule sur la route, qu'Hélène Brûlé, servante au grand cœur et aux longues jambes bien entraînées, fait le trajet de Langres à Paris, afin de ne pas toucher aux économies qu'elle porte à l'aîné des Diderot et auxquelles elle joint les siennes. Arrivée à Paris, elle se rend à Notre-Dame remercier Dieu de l'avoir menée jusque-là. Ensuite elle va chez les Foucou, Madame Marguerite lui a dit qu'ils savaient comment trouver Denis. De là, accompagnée de Mme Foucou, qui l'a évidemment nourrie au passage, elle se rend chez le procureur de Ris. Qui les envoie au Procope.

Sinon sur les cinq heures, elles sont sûres de le trouver dans les jardins du Palais-Royal, allée d'Argenson, où s'affrontent les meilleurs joueurs d'échecs... Et il a raison. Hélène aperçoit son Denis sur un banc en train de noter des mots dans un calepin. Elle s'approche tout doucement. Il ne l'a pas vue, il est très concentré. Par-derrière le banc, elle dépose près de lui un gâteau de sa façon. Et court se cacher dans le bosquet le plus proche. Denis le voit, le prend, le goûte... Instantanément, il se retourne dans tous les sens. Sitôt dans sa bouche, il n'a plus de doute, c'est Denise qui l'aura apporté, c'est le gâteau d'Hélène. Eh non, elle surgit du buisson où elle s'était dissimulée pour assister à la scène. Et le prend dans ses bras comme le bébé qu'il n'est plus. Lui, il veut des mots, comprendre comment elle est arrivée là. Toute l'histoire, comment c'est possible...

Quand de sa bouche toute simple, il apprend qu'elle est venue « à pied, de Langres ! toute seule ! », il l'embrasse, il l'étreint... Il pleure à chaudes larmes.

Après toutes ces années, Hélène, la tendre Hélène est venue à pied, parcourant soixante lieues, lui porter tout ce qu'elle a, tout ce que mère et sœur, ce qui désormais lui tient lieu de famille, ont rassemblé pour lui. Il est bouleversé. Pour un peu, il repartirait avec elle remercier mère et sœur, mais la liberté ? La liberté...

Après l'avoir obligée à se reposer et se restaurer, il raccompagne Hélène au départ des chaises de poste, et puisque sa bonté ne l'autorise pas à s'offrir un voyage en voiture, Denis lui paye sa place avec l'argent qu'elle lui a porté. Qu'au moins elle fasse le retour assise et au chaud. Il l'installe avec force couvertures dans la diligence. Diderot est si confus d'être secouru par cette femme si bonne, si bienveillante, et tellement de son côté... Car en plus, elle l'a approuvé d'avoir pris sa liberté. Elle l'a chaudement encouragé à persévérer dans ses ambitions. Elle croit en lui. Elle n'a pas eu l'air trop effrayée par son allure de traîne-misère. Mais n'a rien voulu lui dire quant à la réaction de « Monsieur Didier », ni demeurer ne fût-ce qu'une seule nuit, le temps de récupérer. Elle est partie, aussi légère qu'elle est venue.

Tout de même, Denis est gêné... Toute cette fatigue pour nourrir, vêtir, financer ses débauches... N'est-ce pas ainsi que son père appelle sa vie, pour peu qu'il en ait vent? N'empêche. Libre. Libre et amoureux de toutes les femmes, couvert d'amis avec qui chaque nuit, il reconstruit et améliore l'univers... Certes, le froid, la faim, et souvent une certaine solitude, le sentiment que rien de ce qu'il fait pour les sous ne se rattache à sa grande ambition de changer le monde. Rien ne le relie à rien, à peine y trouve-t-il l'écho de ses curiosités successives ou simultanées. Il se remet à étudier pour lui-même, lit en anglais des livres dont il ne peut faire état, tant ils sont subversifs. Rien de ce qui le passionne n'a de lien direct avec la vie courante. N'empêche. Il s'entête, il persiste, il continue. Tout vaut mieux que Langres. Il a le temps de flâner, de lire et de rêver, désormais...

Il règne un grand mélange des genres dans les cafés, la lie de la terre y côtoie nobles voire « Versaillais » en goguette. Tous savent distiller les cancans et les propager au-dehors. C'est d'ailleurs, avant même de désaltérer, la fonction première de ces lieux : le colportage des nouvelles, vraies ou fausses. La fabrication vengeresse ou drolatique de rumeurs à mettre discrètement en circulation.

Marcello, le chanteur italien de la chaise de poste, l'a rejoint et Diderot l'a présenté à tous ses amis, ses amies surtout, les chanteuses d'opéra, enfin à toute la troupe de la Comédie et de l'Opéra. Marcello conquiert son monde. Aussi par reconnaissance, quand il est en fonds, il le rend au centuple à l'étudiant de la chaise. Diderot doit encore déménager, cette fois, à la cloche de bois, et pour la rue du Vieux-Colombier. C'est comme pour les livres « empruntés », le jour où il en aura les moyens, il remboursera tout le monde. Y compris ses logeurs, même les mauvais coucheurs.

En attendant, il n'a pas tous les jours de quoi se payer un café au Procope. Mais il possède une chose beaucoup plus rare et précieuse que des sous, des amis, qui à l'occasion lui payent à boire. Au jeu d'échecs, maintenant que l'ami Roguin l'a pris en main et lui a confié les rudiments de son art, il lui arrive de gagner de quoi souper. Ça ne finit donc jamais ! Sa vie est une course. Et Diderot court à perdre haleine. Parfois, à l'aube, quand il s'écroule sur son galetas tout habillé, il a peur de la perdre, sa vie, de se perdre... Mais non, le jour se lève, la lumière grise qui flotte sur Paris peu avant l'aube s'estompe au profit de roses et de parme puis de bleus encore plus pâles... Incertaine encore, la beauté du jour se reflète sur les toits de Paris qui l'environnent. Il loge toujours à l'étage des pauvres, le moins cher. Brûlant l'été, glacé l'hiver, et sans eau, jamais livrée dans les étages élevés, mais c'est si bon marché. Ces successions de lumières colorées l'ensorcèlent. Il aime Paris, il aime sa vie. Il va y arriver. Il y arrivera. Il sent dans sa poitrine quelque chose d'unique, de singulier, il ne peut se tromper là-dessus, sa voie est là. Il ignore où elle le mène, quelles embûches il va encore devoir contourner, mais ça ne peut manquer d'arriver. Il le sait. Il sent qu'il a des choses importantes à dire, à faire... Comment, dans quelle langue, quel mode d'expression ? Ça, il l'ignore encore. Mais ça vient.

S'il veut être honnête, il doit reconnaître qu'il n'a fait que déchoir. Choir. Tomber de plus en plus bas. Où sont ses rêves ? Survivre d'un jour l'autre, d'une saison l'autre, vraiment ? Il n'a pas d'autre ambition ? Lui, Diderot, et ses rêves de lauriers ! Ils ont sombré avec lui dans les stupides difficultés de la survie de l'instant. Au vrai, il n'a pas avancé d'un iota et s'il est sincère, il juge qu'il a régressé. Il a commencé de régresser. S'il ne se reprend pas au plus tôt, il se voit sur une pente inexorable. Il regarde ses amis les arsouilles et autres canailles qui n'ont de littéraire que l'ambition, il a peur de ne pas s'en démarquer, de se mettre à leur ressembler. Comment dans cet état de dénuement conserver intacts sa liberté intellectuelle, sa « conquête de la gloire », le maintien de son indépendance et trouver le moyen de subsister, mettons dignement ?

Où en sont ses projets de gloire pharaonique, cette réussite inouïe ? Voltaire, pas moins !

Quand il a faim, quand il souffre d'engelures, il n'est pas loin d'un certain mépris de soi. À ces heures-là, il ne se reconnaît plus. Ni lui ni ses rêves. Il commence à redouter le passage du temps. Les saisons se succèdent sans que rien ne change.

Il aura bientôt 28 ans, voilà quatorze ans qu'il vit à Paris. Qu'a-t-il accompli pour affirmer, affermir son génie, accéder à la grandeur qu'il s'est promise ? La gloire de Voltaire.

Pour peu que le jour ne se lève pas avec quelque talent, que la lumière sur Paris ne l'éblouisse de toute sa beauté, que le désir d'une belle, ou de revoir une pièce de Marivaux, ou d'écouter Monteverdi, ne le prenne pas par la manche et ne lui ôte, de fait et de force, ses si sombres pensées, il se met à tourner à vide. Pas d'issue. Plus d'issue... Le désespoir, que faire, où est Voltaire ?

Plus d'issues ? Si, toujours, il en reste une que l'énergie de son corps ne saurait refuser : sortir marcher, partir arpenter les rues de cette ville magnifique où il a choisi de vivre.

Et réussir ? Demain.

Quel chagrin que ces aubes où il marche d'un pas vif, d'autant plus vif que ça l'empêche de ressentir trop impérativement la faim, la soif, l'épuisement, la pitié, ces aubes où il court au-devant de ses rêves sans jamais, jamais les attraper.

Chapitre 9

**1742
De la bohème à la littérature,
du libertinage à l'amour**

La pensée qu'il n'y a point de Dieu n'a jamais effrayé personne ; mais bien celle qu'il y en a un tel que celui qu'on me peint.

L'Encyclopédie, article « superstition »

Diderot saute de joie sur le trottoir de la rue de l'Odéon devant le *Mercure de France*. Ça y est, il vient d'y décrocher son premier article. Commandé. Sûr. Officiel. Le voilà payé pour écrire ! À nous deux Voltaire ! D'avance il se lèche les babines, non tant pour les sommes gagnées que pour la reconnaissance qu'il en escompte ! Payé pour écrire ! Un rêve d'enfant. Pour écrire quoi au juste ? Oh mais il s'en fiche bien. Tout. N'importe quoi. C'est sa plume qu'on rétribue ! C'est l'auteur qu'on paye, lui comme auteur. À ses yeux, ça n'a pas de prix. Si, d'ailleurs, ça en a un, et pas négligeable. Il est même franchement bien payé pour une besogne qui lui fait tant plaisir. Il déménage pour la rue de la Parcheminerie. C'est minuscule, mais quel joli nom et quelle prédestination ! S'installer rue de la Parcheminerie pour écrire, n'est-ce pas un peu redondant ? Il rit tout seul.

Et alors ? Un article, deux, trois, plusieurs articles, et voilà, il est journaliste. C'est assez mal vu dans la noblesse à

Versailles ou dans les salons à la mode, mais dans la bohème littéraire où tous se piquent d'écrire et ne rêvent que de se faire connaître, reconnaître, par n'importe quel moyen d'expression, c'est une promotion. Il gagne plutôt pas mal son pain, et surtout tellement plus facilement qu'au Charnier des Innocents. Sitôt assuré d'un peu de sous d'avance, il redéménage pour plus grand, rue de l'Observance, une toute petite rue qui monte en escaliers vers la rue Monsieur-le-Prince. À l'étage au-dessous du sien, il se fait un ami, pas aussi intime que Toussaint ou Eidous, mais bon ami quand même. Wille est allemand, il a une peau de rouquin, fragile et couverte de taches de son, la voix éraillée mais belle, il chante bien, une force physique à étendre Diderot au bras de fer. Il n'a encore jamais perdu, et y met un point d'honneur. Ce Wille qui chante si magnifiquement est d'abord à Paris pour perfectionner l'art des graveurs. Le sien. Et il se trouve si bien ici qu'il y fait venir son meilleur ami, Preisler, graveur comme lui, et aussi peintre, mieux dégrossi. Deux Allemands, deux artistes en puissance comme tous se croient dans ce coin de Paris. Par rapport aux habituels gobe-lune, ces deux-là ont des œuvres à montrer. Leur travail de graveur et de peintre est pas mal avancé pour autant que Diderot soit à même d'en juger. En trois nuits arrosées, ils ont beaucoup sympathisé. Entre eux désormais, c'est à la vie à la mort. Et ils sont saxons, ils croient tout ce qu'ils disent.

Un bonheur comme celui qui l'étreint quand tombe sa première grosse commande d'articles pour le *Mercure de France*, ça se fête. Et comme rien ne se fête seul, il va faire bombance avec ceux qu'il aime. Fastueusement. Ses amis germains sont de fins gourmets, ils lui ont offert du très bon vin du Rhin. Aussi Diderot doit-il leur offrir ce que la France a de meilleur. Terrible orgie où Diderot imite un menu du roi.

Pour eux trois, il a commandé pas moins de dix-huit plats. Et toute la nuit, ils supplient leur hôtesse de leur réchauffer cette fabuleuse cuisine. Et l'on ne dit rien des vins ! Ils sont tous trois amateurs des meilleurs, aussi en fin d'agapes, raisonnablement éméchés, édictent-ils une loi valable pour tous leurs repas à venir.

Article premier : Nous mangeons à la même table. Aucun de nous ne doit murmurer si telle ou telle denrée nécessaire à la vie n'y serait en abondance, ou même y manquerait absolument. Par exemple, quoique peu vraisemblable qu'il n'y eût pas de pain, faudrait-il faire du bruit pour cela ? Non, les gâteaux feuilletés, les biscuits du palais, les meringues à la crème le remplaceront aisément. De même, on ne doit pas être inquiet si les viandes de boucherie sont rares, elles peuvent être suppléées par des dindes aux truffes, des jambons de Mayence, des chapons du Mans, des hures de sanglier, ou selon la saison, par des perdrix rouges. Si les sardines de Marseille, les harengs secs de Hollande, les merluches des îles de Miquelon ne sont pas encore venus, on se jetterait sur les brochets, les truites, les carpes du Rhin, et les anguilles de la Seine. En y ajoutant les excellentes huîtres de Cancale ou les vertes d'Angleterre. Après avoir mangé tant de belles et bonnes choses, il doit être question des vins et quoique nous ne soyons pas de grands buveurs, les vins de Suresnes, de Brétigny et des environs de Vitry devraient nous suffire. Avec de bons mets, il faut de bons vins, tels que du Cap de Bonne-Espérance, de Malaga, de Chypre, de Madère et du Clos Vougeot de Bourgogne. Avec tout cela, le dessert ne doit jamais manquer, mais supposez qu'il n'y eut ni noisettes, ni nèfles, ni poire de martin sec et autres fruits du pays, dans ce cas, nous mangerions selon moi et très volontiers des ananas, des olives de Provence, des figues sèches d'Italie, des oranges de Malte et des dattes du Levant. Et si, pour faire une digestion parfaite, le fromage carré de Marolles serait introu-

vable, ceux de Parmesan et de Roquefort seraient mis à la place. Le café moka ne sera pas oublié, il servira au lieu de thé pris très complètement.

Et quand il n'y aurait rien de tout cela ? Ceinture comme d'habitude, sans en faire un drame. La vie est légère, libre et joyeuse. Même quand les conditions sont plus difficiles et que revient la faim. Ils n'ont pas toujours de fromage à mettre sur leur pain sec. Ils se targuent de connaître les meilleurs.

Sans doute devaient-ils être encore très gris en rédigeant leur code de savoir vivre, manger et partager, parce qu'on y attend encore l'article 2. Quant aux suivants…

Journaliste un jour, mais pas toujours, on lui refuse quelques papiers, il est fier, il se vexe. Et le voilà à nouveau à la recherche d'un gagne-pain. Heureusement c'est une époque bénie pour les gazettes, il y en a une nouvelle chaque mois.

Diderot préfère toujours prendre des cours qu'en donner. Et que gagner sa vie d'une façon ou d'une autre. La plus simple étant les cours particuliers, dans n'importe quelle matière et, sans doute, n'importe comment. Il prétend savoir assez de tout pour enseigner à n'importe quel écolier. Gagner sa vie, son pain, même sans fromage, n'est pas toujours aisé à ces jeunes hommes que les bonnes gens nomment avec un vague frisson de peur la canaille littéraire. En dépit de ses réticences, Diderot est souvent obligé de donner des cours de mathématique, la discipline la plus méprisée durant ses études, la plus prisée aujourd'hui, et qu'il a sans doute approchée davantage qu'un autre. Sûr de n'en jamais savoir assez, il court tout Paris afin d'assister aux cours publics de Prémontval, qui, au milieu de formules compliquées, répand quelques insolences qui le font rapidement exiler de France. Diderot restitue ce qu'il croit savoir de cette belle science à quelques écoliers qui font le désespoir de leurs parents. Si l'écolier est vif, malin et curieux, Diderot ne compte pas ses heures, il transmet avec passion. Si c'est un sot, il décampe sans songer à demander son dû. Et n'y retourne pas. Il n'enseigne que ce qu'il aime et seulement à des gens qui ont l'air de s'y intéresser. Il adore ça, dévoiler ce qui paraît mystérieux, rendre intelligible, lever cette idée de secret privé qui s'attache au savoir, tout le monde doit y avoir accès, c'est sa volonté, et autant qu'il peut, il l'applique. Comme hier quand il traduisait en français courant pour Sœurette ou ses congénères les cours de théologie donnés en latin.

Souvent les parents de son écolier sentant la nécessité où il se débat le payent en linge, en vivres, en livres ou en meubles. Et comme il déménage souvent, et souvent en tapinois, il abandonne le peu qu'il a pu amasser. Il se réinstalle chaque fois à partir de rien.

Puisqu'il y a foule aux cours publics de l'abbé Nollet ou de Prémontval, la faim le pousse à ouvrir une boutique pour y vendre sa science mathématique, sous la forme de cours collectifs. Pour un public aussi trié sur le volet, espère-t-il, que celui qui se presse en carrosse chez l'abbé Nollet, où un embouteillage de duchesses, de pairs de France et de jolies femmes riches, tous avides de physique expérimentale, font la queue pour entrer. L'abbé a lancé une mode avec ses démonstrations et ses expériences de physique en public. Il fait passer des réclames attrayantes dans le *Mercure de France* pour appâter le chaland, la chalande surtout, il lance dans le grand monde une nouvelle distraction : la science physique et ses expériences amusantes. Peut-être que grâce à lui et à quelques autres, l'université se décidera à l'enseigner à son tour.

Contrairement à Prémontval ou Nollet, excellents donneurs de cours publics, Diderot n'a pas grand succès. Il est incapable de se plier à la contrainte d'horaires récurrents, même fixés par lui ! Un jour, il fait cours, ça plaît, on en parle, on y revient, on s'inscrit. Lui-même dit à demain à ses étudiants. Mais un joli minois, une course urgente, un service à un ami... et il ne reparaît de la semaine. Aussi doit-il fermer sa boutique de mathématiques, après quelques mois, sans regret mais toujours sans argent.

Sans argent !

Et la faim qui se réveille...

Un de ces mauvais jours-là, froissant des pensées maussades, en remontant la Seine qu'il aime pourtant d'amour, il croise celui grâce ou à cause de qui il en est là. Aujourd'hui c'est plutôt « à cause », la faim le met de très mauvaise humeur. Le hasard donc le place nez à nez avec Frère Ange. L'horrible Frère Ange. Frère ! Il est donc d'un quelconque couvent où trois repas chauds lui sont servis chaque jour. Quel couvent déjà ? Ah oui, le Carmel Déchaux, un des plus riches ordres mendiants.

Nécessité fait loi... Ventre affamé n'a pas d'oreilles... Diderot ne réfléchit pas deux secondes, et se jette à la tête de Frère Ange... Non, il lui tombe littéralement dans les bras. Comme s'il défaillait de faim. Dans son état, ce lui est aisé. Il feint facilement l'inanition.

– Ah ! Frère Ange, Frère Ange, mon Dieu, mon Dieu comme vous aviez raison ! Ah, si j'avais su, comme j'aurais dû vous écouter, suivre votre exemple, le chemin que vous m'indiquiez ! Ah vous pouvez dire que je m'en repens tous les jours...

Ce dernier qui, comme Diderot l'a su depuis par sa sœur, n'a pas rapporté très honnêtement l'état des mœurs de son « protégé », a d'abord un mouvement de recul, puis charité chrétienne oblige, et sens de l'observation en action, il n'a visiblement pas de quoi se défier d'un pareil hère. Maigre à faire peur, dépenaillé, sa paillasse en partie dans sa tignasse en bataille, pas ou mal lavé, un ancien beau linge oublié de la repasseuse... Les joues creuses. Extrêmement creuses...

— Mon fils, qu'as-tu donc, je te trouve en effet bien pâle, peut-être un peu maigri ?

— C'est le remords. Le désespoir... Ah comme je me repens de n'avoir pas gardé l'habit noir. À l'heure qu'il est, je serais en prière dans quelque monastère de province, au lieu d'errer dans ces rues, sales, boueuses, venteuses, au milieu de ces mœurs dissolues, arriérées, dans ce Paris où croupissent d'infects ruisseaux, où de grands seigneurs insolents, débauchés, et un petit peuple misérable mais déjà perverti, obséquieux et bruyant... Ah mon père, si vous saviez...

Diderot a le sentiment d'en faire trop, mais il se rappelle la théorie d'Eidous, « plus c'est gros, mieux ça marche ». Et comme là, il n'a rien à perdre... Les hommes d'Église n'ont-ils pas d'abord pour mission d'en susciter d'autres ? L'état où cette âme est rendue n'est-il pas propice à son entrée aux Carmes ? Frère Ange n'y résiste pas et le lui propose aussi directement que ça lui vient.

— Oh mon père, je me repens tellement d'en être sorti.

— Bien. Très bien. Je vous attends, mon fils, aux premières heures, demain pour vous présenter au Père supérieur, je tâcherai de plaider votre cause au mieux...

— Oh ! mon père...

Diderot est stupéfait. Pour un peu, il se dédirait, mais tel n'est évidemment pas le but...

— Oh mon père, c'est que je ne peux m'escamoter de la sorte du monde... Auparavant je dois régler quelques affaires en cours...

— Quel genre d'affaires ?

— Des affaires d'honneur. Enfin... d'argent.
— Des dettes, en quelque sorte ?
— Des dettes, oui hélas...
— Combien ?
— Mon père, vous n'y pensez pas.
— Combien te faut-il ? l'interrompt Frère Ange, qui ne va pas laisser passer si belle recrue pour quelques louis.

Il le sent à sa main, prêt à lui céder sur tout. Il faut battre le fer pendant qu'il est chaud.

Diderot ose un chiffre.

Énorme.

Le frère ne réagit pas. Mais fouille sous sa soutane. Jamais Diderot n'aurait pu s'imaginer qu'un homme d'Église possédât une telle somme sur lui.

— Tiens. Prends ça et va payer tes dettes, mais sois à l'heure demain au Carmel pour rencontrer le Père supérieur.

Le lendemain, encore plus hâve et mal rasé, toujours une partie du matelas de ses débauches dans ses cheveux trop longs – il a aimé une jeune arpète dans une écurie toute la nuit, les traces en sont visibles, mais on peut les prendre pour des signes de repentance.

— Alors mon fils ?
— Alors mon père... Il faut que je vous dise... Hier, je n'ai pas osé vous avouer le pire.
— D'autres dettes ?
— Plus grave... L'engagement d'une âme...
— Comment ça ? Explique-toi. Que veux-tu dire ? Tu ne peux rejoindre le carmel ?
— Pas avant d'avoir libéré la jeune fille que j'ai... que je... qui est... par ma faute... dans un état, enfin, vous comprenez. Je ne peux l'abandonner ainsi. Il me faut l'aider, comment dire ? lui donner quelques subsides pour la tirer de là...

Et Frère Ange, qui n'a pas eu l'occasion de se montrer sous un meilleur jour aux yeux de cet arrière-neveu langrois, lui donne encore une conséquente somme d'argent.

La veille, déjà, Diderot en a profité pour payer l'essentiel de ses dettes, sa logeuse, ses notes de café, de linge...

Cette fois il peut tirer des plans sur la comète... Que va-t-il en faire ?

– Je te le donne, mais sans faute, demain, tu te présentes au parloir...

– Demain, c'est trop tôt. Elle n'est pas de Paris...

– Après-demain ?

– Lundi plutôt.

Ce lundi-là, Diderot n'y est pas. Celui d'après non plus. Trois semaines plus tard, pitoyable et encore plus déguenillé, il frappe chez Frère Ange. Manifestement il a trouvé comment dépenser la somme avancée.

– Les choses ne se passent pas toujours comme on veut, j'ai une vie à rattraper, mon père... J'ai pensé que je ne pouvais me présenter en ce piteux état devant le vicaire de Dieu, il me faut aussi un trousseau de couvent, je dois me faire tailler un peu de linge...

Frère Ange qui, ne le voyant pas revenir à l'heure dite, l'a cru perdu pour toujours et en a fait son deuil, n'y tient plus.

– Non, non et non. Pas un sou de plus. Un trousseau ? Je te le ferai confectionner quand tu seras installé. Plus un sou avant.

– Vous ne voulez plus me donner d'argent ?

– Tu m'as bien entendu. Plus un sou, plus rien. Tu files au séminaire, on verra pour le linge après. Tu as bien vécu jusque-là avec tes vieilles frusques ? Tu peux continuer.

– Vraiment ? Vous ne me donnerez plus d'argent ? insiste Diderot, à la fois sincère et cynique.

— Non, plus un sou. Au couvent.
— Dans ce cas, je ne prends plus l'habit. C'est que je n'en veux pas, moi, de votre couvent, et même autant vous le dire tout net, je n'en ai jamais voulu. Adieu Frère Ange. Tâchez donc de vous faire rembourser par mon père. Puisque vous m'espionnez pour son compte.

Et Diderot de filer à vive allure en sifflotant, pas mécontent de sa « petite vengeance ». Il abandonne Frère Ange pour toujours, le laissant coi, épaté, arroseur arrosé sur son banc devant le carmel où Diderot n'a jamais eu l'intention de mettre les pieds.

Oui.

Mais...

Comment trouver de quoi vivre, essentiellement de quoi manger et se chauffer (pour le reste Diderot sait repérer les belles occasions) sans aliéner sa précieuse liberté ? N'est-ce pas là le grand enjeu, l'unique enjeu ?

Il y a bien sûr l'élégance des amis qu'il court retrouver au Procope dès la tombée du jour. À qui bien sûr, il paye à boire en leur racontant sa magnifique farce.

— Ce qu'il ne faut pas faire certains jours, tout de même, pour s'offrir un bon vin de Malaga ! a la tendresse de conclure Toussaint.

Les jours de grande famine, reste Dame Foucou. Elle s'entête à lui cuisiner des petits plats désormais en cachette même de son mari, dûment chapitré par Frère Ange, qui invoque le nom sacré de son ancien maître, Didier Diderot, le père du petit qui a faim. Désormais il gratte à la porte de service. Sur la pointe des pieds, elle le fait entrer dans une semi-obscurité et s'affaire à le gaver. Ce jour-là, elle lui chuchote qu'il est sauvé, qu'elle lui a trouvé une sinécure.

— Un *percepteur* du roi… – ces deux mots-là lui enflent la bouche, qu'elle a gourmande –, un percepteur du roi – elle prend plaisir à le répéter –, qui vit à Paris, le rassure-t-elle, a urgemment besoin d'un *précepteur* pour ses rejetons. Je lui ai parlé de toi et, figure-toi, tu ne pouvais mieux tomber, il est prêt à te prendre tout de suite, et en pension complète s'il vous plaît. Je peux t'assurer que tu ne le regretteras pas, c'est une bonne maison…

Faut-il qu'il soit à bout de ressources…

Nourri, lavé, rhabillé de propre et rasé de frais par les soins de Dame Foucou, Diderot est aussitôt agréé par Randon de Massane qui demeure rue de Richelieu, à deux pas du Louvre, près de la fontaine. Voilà Diderot soudain « enfermé » en tête à tête avec trois marmots, deux garçons, une fille, à sa charge de jour comme de nuit. Pas seulement précepteur, mais nurse aussi. Les enfants, il l'ignorait, ça ne l'intéresse pas du tout. Il n'aime pas ça. Pas plus qu'il supporte de ne pas disposer de son temps, de ses heures. Certes la table est exceptionnelle, Dame Foucou est une connaisseuse. Mais très vite, en réalité, tout de suite, il n'y tient plus. Il résiste pourtant trois mois. Le temps de se refaire du lard. Quasiment en comptant chaque heure. Mais aujourd'hui, c'est fini, il donne son congé, et file sans demander son reste. Toute la bohème va-nu-pieds au sein de laquelle il court se lover, où il est chez lui, l'accueille en héros, et se gargarise des mots que Diderot se vante d'avoir prononcés en prenant congé : « Monsieur, regardez-moi. Un citron est moins jaune que mon visage. Je fais de vos enfants des hommes mais chaque jour, je deviens un enfant avec eux. Je suis mille fois trop riche et trop bien dans votre maison, c'est pourquoi il faut que j'en sorte. Mon but dans la vie n'est pas de vivre ainsi mais de ne pas mourir. »

– « Le Loup et le Chien » ! Tout à fait « Le Loup et le Chien » ! La fable de Jean de La Fontaine illustre à merveille l'état où tu t'es trouvé acculé, déclare Daniel Roguin qui trône à la Régence, fier de le prendre dans ses bras et de le féliciter devant les meilleurs pousseurs de bois de Paris.

Roguin est un des rares joueurs d'échecs à qui Diderot trouve du talent et qu'il admire. « Il joue sans aucune bassesse », dit-il à son propos. Roguin d'entonner :

« Attaché ? dit le Loup : vous ne courez donc pas
Où vous voulez ? – Pas toujours ; mais qu'importe ?
– Il importe si bien, que de tous vos repas
Je ne veux en aucune sorte,
Et ne voudrais pas même à ce prix un trésor. »

– À boire ! À boire pour tout le monde, conclut Diderot presque en larmes.

Il les étreint tous les uns après les autres. Eidous et Toussaint, Roguin et Wille…

La longue séparation d'avec les siens, les siens choisis, lui a rendu l'âme sensible.

Larmes, rires, vins partagés. Toussaint s'inquiète à mi-voix.

– Mais qui va payer tout ce vin, l'ami ?

Diderot exhibe deux bourses pleines.

– Je n'ai pas pu en dépenser une once. Enfermé et gavé trois mois, imagine !

– Mais, animal, reprend Eidous, tu ne vas pas tout transformer en alcool en un soir, il te faut un toit, et du temps pour tenir…

Ces deux amis-là sont sans doute les plus bohèmes de tous. Pourtant il n'y a pas plus mère poule envers leur héros.

Roguin a repris sa partie. Flanqué d'un nouveau venu. Nouveau pour Diderot absent depuis des mois mais apparemment personne ne l'a encore jamais vu. Le nouveau annonce à la cantonade chercher un hôtel par ici. Il a une petite voix fluette et nasillarde mais assez douce, avec un accent incroyablement chantant, même un peu traînant, mais très chantant. De belles boucles châtain clair, d'immenses yeux, qui agrandissent son front. Clairs les yeux comme la peau et les cheveux.

— Du Nord ?
— Non, de l'Est, répond-il. De Genève précisément, ajoute-t-il avec fierté comme s'il y était pour quelque chose.

Diderot lui conseille son hôtel préféré.

— On y loge pour trois sous, l'hôtesse est un ange, elle cuisine bien. Et c'est près de la Sorbonne.
— Merci, répond chaleureusement l'étranger.

Qui se présente. Il dit s'appeler Jean-Jacques.

— Moi c'est Denis, et même Diderot.
— Jean-Jacques et même Rousseau.

Ils se serrent la main. Se dégage du nouveau venu une immédiate sympathie. Communicative. Personne ne l'a encore vu, mais il est visiblement doué pour l'amitié. Chacun veut être son ami. Il est assez féminin, de fines attaches, des poignets comme des allumettes, très menu, et pourtant un visage charpenté, un nez fort, un menton sec, et dans le regard, une manière de défi. Mais tous en sont encore à fêter le revenant. Et s'empressent autour de Diderot.

— Trois mois sans toi ! Le Procope, la Régence et même le Panier fleuri qui a failli faner. On n'y buvait plus si tard, on s'y ennuyait. On rentrait chez soi le cœur en berne.
— Même tes voisins allemands, ajoute Eidous, sont venus jusqu'ici aux nouvelles. Inquiets de ce qui avait pu t'arriver, ils t'ont cru mort.

— Et ils y sont restés, persifle Wille, attablé justement à l'échiquier d'à côté. Et depuis comme tu vois, on est devenus des familiers.

— D'abord ils t'ont cru en prison, précise Toussaint.

— En prison, ils n'avaient pas tort, sourit Diderot.

— En prison, s'inquiète le nouveau venu, il existe donc des raisons de te mettre en prison ?

— D'où viens-tu toi pour ignorer qu'en France, il n'est nul besoin de raison pour se retrouver enfermé ? Il suffit d'être pauvre, ou dénoncé par un rival.

— Dis-donc toi, à propos – c'est Roguin qui a levé la tête de son échiquier pour apostropher Diderot –, tu as du répondant en théologie ? On m'a même dit que tu avais failli prendre la bure.

— Oui. Enfin non. Pas la bure, l'habit noir, pourquoi ?

Diderot est soudain sur ses gardes. Tout ce qui lui rappelle son père, ses promesses non tenues, Frère Ange...

— Échec et mat, conclut sobrement Roguin en se levant sans un regard pour son adversaire terrassé.

Il prend Diderot à part pour lui expliquer qu'un sien cousin des Missions étrangères l'a sollicité pour un travail bien payé, mais pour lequel, lui Roguin, se sent incapable.

Diderot déjà a bondi.

— Missions étrangères, il faut quitter Paris ?

— Mais non, pas toi, lui ! Les Missions sont une sorte d'hôtel pour ecclésiastiques en déplacement. De passage à Paris, les tonsurés étrangers peuvent y demeurer. Ce ne sont évidemment ni les plus malins, ni ceux qui ont fait les meilleures études, mais au moins sont-ils plus aventureux et plus curieux que les autres. Enfin, c'est comme partout, on exile les moins bons ou les plus dangereux.

— Et donc ?

— Donc il y en a un, qui m'est un peu cousin et doit être plus que d'autres conscient de ses manques. Aussi cherche-t-il en catastrophe – il part bientôt pour les colonies portugaises –, quelqu'un d'un peu féru dans sa matière, pour lui écrire une demi-douzaine de sermons à l'usage de ses futurs sauvages à convertir. C'est dans tes cordes ?

— Un sermon, ce n'est jamais que trois points, précédés d'un exorde et suivis d'une péroraison. N'importe qui sait faire ça.

— Eh bien, je ne dois pas être n'importe qui. Tant mieux pour toi si tu maîtrises cette sorte de construction, grommelle Roguin.

— Et c'est payé combien ?

— Écoute, pour ça, mieux vaut que tu voies directement avec lui, mais il est de la bonne branche de la famille, la branche aisée. Et comme, en plus, il ne doit pas être fier de devoir faire appel à une plume mercenaire, il paiera le double pour qu'on ne le répète pas.

Le Roguin curé que Diderot court aussitôt visiter rue du Bac l'agrée à la même vitesse ! Depuis sa « libération », c'est sa première affaire. Il l'a rondement menée. Six sermons pour les colonies portugaises, au-delà de l'Atlantique, en « terre de braises » comme ils disent. Porter au loin la bonne parole du seul Dieu qui vaille... Tout imprégné de la controverse de Valladolid, Diderot s'intéresse vite à ce nouveau travail. Oh ! comme il a eu raison de choisir théologie, plutôt que droit ! Dieu et ses œuvres le passionnent toujours. Finalement Dieu ouvre sur le monde entier. Et c'est extrêmement bien payé, soixante écus pièce. Il doit en rédiger six !

Grâce à Dieu, le voilà riche ! Oh pour quelques semaines. Comme quoi, conclut-il, il faut toujours payer à boire aux amis.

Soudain, tout s'arrête. Il n'a plus le temps de payer à boire, plus envie non plus. Ni de boire, ni de voir ses amis. Ni même de revoir ce garçon, ce Jean-Jacques qui lui a tant plu, le jour de son retour d'exil de chez les enfants, cet homme au regard si acéré et qu'il se promettait de revoir tous les jours, avec qui il avait si fort sympathisé... Personne, plus rien, il lui arrive quelque chose qu'il ne connaît pas, ne reconnaît pas, n'a peut-être jamais connu...

Il n'est plus lui-même, plus en lui, mais cette fois corps et biens, tout en entier livré à une autre.

Que se passe-t-il ?

Ça doit être ça l'amour.

Chapitre 10

Janvier 1743
Amoureux et publié !

Partout où il n'y aura rien, lisez que je vous aime...

Correspondance

Voilà, c'est ça. Diderot est amoureux, follement, démesurément, amoureux...

À nouveau, plus rien ne compte, à nouveau il ne pense plus à rien. Enfin à rien d'autre qu'à elle. Le signe le plus sûr que son cœur est très atteint ? Il n'a plus faim. Lui, le plus gros mangeur qu'il connaisse, c'est simple, il ne mange plus ! Il marche dans la ville des heures, des nuits entières ; il compose des poèmes dans sa tête, exclusivement aux heures où il marche, le mouvement les lui dicte. Il n'a faim que d'étreintes, de baisers, de ventres tièdes, de museau doux, de cœur battant, de se frotter l'un contre l'autre... La tête lui tourne.

L'objet de son amour est la plus belle fille du Quartier latin, de la rive gauche, de Paris, peut-être du monde... D'abord il tente de la séduire comme les autres, l'apostrophant en public avec son impitoyable humour qui lui permet de la héler avec grâce en pleine rue pour lui proposer son aide quand elle ploie sous sa charge. En général, les galéjades de Diderot font éclater les filles de rire, là, rien ; elle le toise avec arrogance. D'habitude ça marche, Diderot a du charme et il sait en jouer, il est grand, beau, et surtout, il a tellement envie de plaire qu'il est très convaincant. Là, rien. Elle le bat froid, une statue de marbre ne serait pas plus sensible à ses compliments. Ni moins belle. Elle résiste. Il persiste. Comme par un fait exprès, elle demeure près de chez lui, et il ne l'avait jamais rencontrée jusque-là.

Depuis, et le hasard n'est pas seul coupable, il la croise sans arrêt. Plus Diderot s'arrange pour la croiser, plus elle est dédaigneuse, hautaine, méprisante. Si de loin, elle l'aperçoit, ostensiblement elle détourne les yeux. On ne peut plus odieux. Il enquête dans le quartier. Elle est chaste. Elle vit seule avec sa mère veuve. Elle a un peu étudié chez les sœurs jusqu'au jour où sa mère l'a prise pour l'aider dans son atelier de lingère-couturière à façon. Elle s'appelle Anne-Toinette Champion, ou Anne-Antoinette, les commères ne sont pas fixées. Il apprend aussi qu'elle demeure et travaille rue Boutebrie.

Il veut la voir, la revoir encore, et la revoir... Comment faire ? N'est-elle pas lingère ? Justement, il a besoin de linge. Le sien laisse terriblement à désirer. Le trousseau du robin a fait long feu. Du linge ! Mais avec quel argent acheter du tissu et avec quoi lui en régler la façon ?

L'argent des Missions étrangères ? Il y a beau temps qu'il l'a mangé, changé en bois de chauffe et en bon vin. Plus un sou. La fille est magnifique. De plus en plus belle... Et pas le moindre morceau d'étoffe à lui porter pour qu'elle le transforme en chausse ou chemise de corps... Alors ? Ni une ni deux, il ôte la chemise qu'il porte et la déchiquette fougueusement. Sa dernière chemise ! Il se fait plus misérable qu'il n'est, prend l'air d'un provincial dépaysé, frais débarqué, qui ne sait rien, ne connaît rien, vit seul et meurt de faim, de froid et de solitude. Fin prêt, il frappe chez les dames Champion, un nom pareil, a-t-on idée ? C'est de la préméditation. En le voyant, elle baisse aussitôt les yeux. Vu ? reconnu ? Comment savoir ?

– Une voisine vous a chaudement recommandée comme couturière. Je n'ai que cette chemise, je vous supplie de la rendre mettable. Je vous en prie, acceptez...

Elle s'est emparée du haillon qu'elle retourne sous toutes les coutures. Ne dit rien, n'a pas l'air de comprendre. Elle fait non de la tête, avec un air d'impuissance absolue. Elle ne peut rien faire de cette toile en lambeaux.

– Revenez avec du tissu, je vous en ferai une neuve très vite.

Elle bouge... C'est un délice ! Elle est souple, agile, rapide, fine... et en se déplaçant offre toute sa personne. Ses bras qu'elle a nus au-delà du coude sont d'une beauté... Ses mains, longues, déliées... Ah ! Et sa démarche pour traverser l'atelier... Il se pâme. Elle ondule plus souple qu'un félin. Elle est pourtant de haute taille, avec une poitrine pleine et posée très haut sur son buste tel un ornement. Aussi grande que moi, pense Diderot avec appétit, il la voit très bien, très vite, tout de suite, le corps accolé au sien dans un parfait ajustement. Vraiment un beau brin de fille, comme on dit dans sa province. Elle éclabousse les lieux d'une lumière particulière, au point que Denis n'a pas remarqué la présence d'une vieille femme au fond près de la fenêtre. Madame sa mère.

Il revient aussitôt à la plus jeune qu'il supplie de lui montrer comment raccommoder lui-même son haillon. Il n'a plus rien à se mettre. Il lui donne ses derniers sous, qu'elle tend à sa mère en lui reprenant l'ouvrage des mains. Elle tente un point sous ses yeux. Et tel un prestidigitateur, elle fait tenir ensemble ce que Diderot a si bien déchiré...

Il sort de chez elle en morceaux, les jambes coupées. Il n'en peut plus de désir. Il l'aime. Il l'aime. Il se répète ces deux mots. Se les chante, les psalmodie. Il s'en convainc sans peine, il l'adore. Il a compris que pour la revoir, il lui fallait du linge, et du beau linge. Il ne veut pas la laisser sur cette misérable impression de pauvre à chemise unique.

Puisqu'elle ne l'a pas éconduit, alors qu'elle l'a sûrement reconnu, elle n'aurait pas si brutalement baissé les yeux à son entrée, il a donc la liberté de continuer sa cour. Persister, trouver du tissu, du linge fin, à faire façonner par ses mains, ah ses mains... et insister, faire plein d'essayages, décider que ça ne va pas, recommencer...

Mais où trouver l'argent, ou le linge ? Il fait le tour des Langrois de Paris, mais Frère Ange lui a fait une terrible réputation. Même Dame Foucou, sa presque mère pourtant, ne peut rien pour lui, des petits plats tant qu'il a faim et en cachette, mais d'argent point. Alors, toute honte bue, il écrit à sa bonne tante Marguerite, à sa sœur, à un lointain cousin à qui il n'a encore jamais écrit. Il fait feu de tout bois. À tous il donne son adresse pour qu'on lui envoie du linge, plein... Six semaines plus tard, Hélène arrive à Paris, toujours à pied, et toute chargée de tissus doux. Et de ses économies, et de celles de sa mère, et des miettes amassées par Denise. L'émoi l'assaille à nouveau. Il fond en larmes. De plus en plus sensible... Être amoureux amplifie terriblement ses émotions. Il a aussi un peu honte. Faire venir cette sainte femme, il n'y a pas d'autres mots, pour assouvir ses penchants amoureux ! La honte le saisit à la gorge. Mais pas longtemps : il aime. Il est très épris. Il passe quelques heures douces près d'Hélène.

AMOUREUX ET PUBLIÉ !

Il ose lui confier son amour, elle comprend tout, elle encourage, elle console, elle donne même des conseils de femme à cet enfant si peu homme pour ces choses, du moins le juge-t-elle ainsi. Puis à nouveau, il l'installe confortablement dans une chaise de poste.

Riche et nanti, la tête haute, il revient chez les dames Champion se faire tailler un beau trousseau. Et là, pour ne pas l'effrayer, et se ménager la joie de revenir à volonté, il s'invente un avenir de clerc. Il prétexte devoir intégrer son couvent en… mettons, janvier prochain – on est en octobre. Le couvent est décidément son subterfuge préféré. Et là ça marche encore mieux. Ça émeut, ça touche, ça rassure ces deux femmes que l'insistance et le nombre d'essayages exigés par ce beau jeune homme, qui les charme de sa voix, commençaient à inquiéter. Si c'est pour la bonne cause, s'il doit consacrer sa vie à Dieu… il peut bien s'autoriser un peu de loisir avant l'enfermement derrière la clôture.

Il y va tous les jours, il l'effleure en essayant ses chemises, il lui parle, il leur parle, il les enjôle, il les charme. La mère est presque toujours présente, alors il la met de son côté avec de jolies phrases, des petits compliments. On l'accueille de plus en plus gentiment. Puisqu'il va entrer dans les ordres, quel mal y a-t-il à ce qu'on le voit fréquemment chez ces dames ? Rien à craindre, aucun risque. Au contraire, c'est un peu comme si l'on prenait des indulgences chez le bon Dieu en traitant son futur vicaire comme un fils, comme un frère. Lui, il est de plus en plus épris. La fable du couvent ne va pas tenir. Elle est si belle, son Anne-Toinette, encore embellie par la cour qu'il lui fait de moins en moins discrètement, et à laquelle elle n'est pas insensible. Légèrement plus âgée que lui, plus mûre, plus prometteuse aussi, terriblement attirante…

Finalement, un jour qu'ils sont seuls, il avoue, il s'embrouille... Il raconte que oui, bien sûr, il devait rentrer au couvent mais c'était avant de tomber amoureux d'elle. En même temps, il lui avoue en pleurant qu'il n'a inventé cette entrée au couvent que pour l'approcher, l'amadouer... Bref il dit tout et son contraire, mais surtout qu'il l'aime, qu'il l'aime...

Elle est touchée, sous le charme, prête à s'abandonner. Nonobstant les mensonges, les excuses embrouillées, elle entend seulement qu'il l'aime. Elle aussi se sent attirée par lui. Elle s'abandonne. Il n'en peut plus, il l'enlace, ne la lâche plus, elle ne se défend pas longtemps. Sa mère est partie pour la demi-journée, elle s'abandonne vraiment. Elle le laisse s'emparer d'elle. Entièrement. Ils font l'amour sur une pile de linge comme si l'un et l'autre n'avaient attendu que ça toute leur vie, tant leurs corps s'entendent immédiatement. Frottées l'une contre l'autre, leurs peaux font des étincelles tant le désir les tenaillait. Diderot sait à quel point c'est miraculeux pour une première fois. Il n'en est que plus épris, plus reconnaissant, plus prêt à toutes les folies. Elle était vierge, lui confie-t-elle entre larmes et baisers. Elle a honte, terriblement. Très soumise à sa mère, très pieuse, très croyante. Et son confesseur est un homme très sévère. Perdre sa virginité hors du sacrement du mariage, c'est pire qu'un péché mortel.

Elle ne peut garder ce secret par devers elle longtemps. En confession, puis à sa mère, elle avoue tout. Sa mère exige réparation, le mariage, même si le jeune homme est pauvre. Après tout, il a sûrement des arrières, son linge est de qualité, il a les mains blanches, et sa ruse pour les approcher est d'un homme éduqué. Qu'il épouse donc sa fille puisqu'il n'épouse plus Dieu !

AMOUREUX ET PUBLIÉ !

Et comme un bonheur n'arrive jamais seul un certain Briasson, un compagnon de taverne, un de ces déclassés de la bohème avec qui Diderot erre depuis pas mal d'années, hérite soudain d'un petit pécule et décide de le faire fructifier dans la librairie. Libraire, donc éditeur. Quoi publier ? À qui demander conseil dans le petit cercle des claquedents littéraires qui traînent dans les mêmes cafés ? Diderot est à cet instant-là le plus brillant, et surtout il parle anglais. Les livres les plus subversifs, les idées les plus recherchées viennent d'Angleterre. Pariant sur l'imitation des Français, Briasson veut traduire les livres qui font fureur à Londres. Il charge Diderot de les lire et de les lui résumer. Tout de suite, il tombe sur l'histoire de la Grèce par Stanyan, livre qui allie son amour pour la Grèce, son admiration pour le régime politique athénien, et la modernité des penseurs anglais. Briasson est vite convaincu. Diderot peut-il le traduire ? Oui, mais il a terriblement besoin d'argent.

Qu'à cela ne tienne, il sera payé, et bien payé pour un crève-la-faim comme lui, une fortune ! Le libraire héritier spécule sur le succès des livres anglais.

Publié ! Diderot va être publié. Ça se fête. Au Procope. Il court arroser ça avec tous les gueux, les pousseurs de bois, les diseurs de vers étincelants, les chanteurs aux voix d'ange et autres affamés d'étoiles, avec qui il vient de passer toutes ces années à rêver. Il a pris l'habitude d'aller chaque soir dans l'un ou l'autre de ses cafés, Régence ou Procope, Procope ou Régence, sitôt qu'il ne fait plus assez clair ni assez chaud pour travailler chez lui. Amoureux certes, mais d'autant plus seul qu'il ne peut voir tout son saoul l'objet de ses émois. En plus, il a besoin de ses amis. De cette chaleur fraternelle des cafés et des buveurs, des joueurs et des rêveurs. Eidous et Toussaint sont toujours dans l'un ou l'autre, ou Wille et Preisler, ou Marcello, le chanteur italien de la chaise de poste qui revient fidèlement saluer Diderot. Il a intégré la troupe de l'Opéra-Comique, et lui en a une éternelle reconnaissance. Des hommes comme Briasson ou Laurent David, aventureux de la même eau ; quant à Roguin, il règne sur la Régence. Sitôt embauché, Diderot trouve à employer ses amis les plus démunis. Il charge Eidous, qui parle couramment anglais, d'inventorier tous les noms techniques, mythologiques et politiques chez Stanyan, afin d'en donner la traduction la plus juste. Pour le reste, il se fie à son instinct, et surtout à son besoin de semer son grain de sel partout. Traduire n'est-ce pas toujours trahir ? Diderot se sert des idées de Stanyan pour étayer les siennes, les développer, voire les détourner ou les tirer à lui. Qui le verra ? Si peu comprennent et lisent l'anglais. Ces traductions lui sont un prétexte pour s'entraîner à fixer sa pensée. *Il n'est pas nécessaire d'entendre une langue pour la traduire, puisque l'on ne traduit que pour des gens qui ne l'entendent point*, prône-t-il.

Enfin l'ami Jean-Jacques Rousseau est revenu, quel bonheur de le revoir ! L'incroyable joie de retrouver celui avec qui il n'a pourtant pas eu le temps de faire amitié. À les voir si proches, on croirait bien que si. C'était un coup de foudre d'amitié.

Son retour n'est pas glorieux, les choses ne vont pas bien pour lui. Il est tout chiffonné de s'être fâché avec sa dernière protectrice. Diderot le console. Diderot se console de l'absence de Toinette en consolant Rousseau. L'intimité s'installe entre eux comme une évidence.

Pendant ce temps, les deux tourtereaux n'ont plus le droit de se voir, madame mère fait monter la pression, mais ils sont amoureux, donc ils le prennent. Toinette lui fait porter des petits mots au Procope lui annonçant que sa mère sort pour une heure ou deux, si le mot le trouve assez vite, Diderot se précipite chez elle et c'est l'embrasement. Sinon la frustration est sévère.

Mme Champion fait semblant de rien, mais ce n'est pas sans arrière-pensée que de temps en temps, elle les laisse en tête à tête. C'est pour mieux l'acculer au mariage. Las ! Diderot n'a pas encore trente ans, l'âge de la majorité, il n'est pas libre de disposer de lui-même à sa guise sans l'autorisation de son père. Jusque-là, impossible de convoler.

Entre-temps, il a achevé sa traduction et n'a plus qu'une hâte, c'est de voir paraître son ouvrage. Il en attend la publication avec impatience. Être enfin posé à l'étal des libraires, et finir dans les boîtes de la rue Saint-Jacques…

Les femmes Champion le harcèlent pour qu'il se rende à Langres mander la bénédiction paternelle. Il leur faut ce mariage. Elles l'ont décidé. Et Toinette n'est pas moins exigeante que sa mère. C'est qu'elle l'aime, se dit Diderot. Qui s'imagine difficilement obtenir l'approbation de son père et, en prime, une petite pension pour démarrer une vie à deux. Diderot freine, recule, rechigne. Il se doute que son père verra d'un mauvais œil son installation avec une orpheline sans le sou, inculte et lingère. Il juge cette démarche prématurée sans savoir au juste ce qui pourrait un jour la rendre légitime. À part une grossesse !

Madame mère comprend ces choses et n'hésite pas. Elle souffle à Antoinette de mimer la future mère d'avance épuisée. Dans ce cas évidemment !

Alors Diderot, la mort dans l'âme, s'en va pour Langres, non sans avoir longtemps tergiversé, hésité, atermoyé, mais l'autorité des deux femmes, ajoutée à la menace d'un enfant, le jette sur la route.

Auparavant, il prie Briasson de lui faire porter au plus vite les épreuves à corriger de son premier livre à Langres chez son père. Il espère l'impressionner favorablement, et que ce travail le mette dans les meilleures dispositions d'esprit à son égard.

Le voyage en chaise passe comme en rêve. À peine parti, il est arrivé. Il s'enferme d'abord avec Denise pour lui demander conseil. Il lui raconte tout ce qu'elle ignore de sa vie parisienne. Sauf la grossesse, ça il n'ose pas. Et il a raison. Elle se fâche. Elle juge qu'il profite mal de sa liberté. Qu'il va se faire rembarrer par leur père et que ce dernier aura raison. Eh! sa seule alliée le lâche. Que faire? Comment s'y prendre? Il a recommandé à Toinette d'envoyer ses lettres à l'adresse, et surtout au nom de sa sœur, comptant sur sa complicité. Elle les reçoit, elle les ouvre, elle les lit, et elle est furieuse. Elle juge l'auteur de ces lignes d'une irrémédiable bêtise, sans aucun intérêt, irrécupérable. Sans relâche elle tente de le dissuader d'aller plus avant dans cette aventure, et surtout d'en toucher le moindre mot à leur père. Diderot est piégé. De cela aussi, elle se rend compte, et ça l'énerve encore plus. Il est terriblement épris, donc ses mots tombent à côté, pis, ils l'encouragent à persévérer tel un martyr de l'amour.

La passion comme piège... La leçon n'est pas perdue pour Denise.

Les lettres de Nanette sont truffées de fautes d'orthographe, de syntaxe, de grammaire... Elle bêtifie d'une ligne sur l'autre, d'un mot l'autre. Sœurette est horrifiée. Les arguments amoureux de son frère ne sont pas malins non plus. L'amour rend bêtes les gens intelligents. S'en défier, toujours.

– Tu es sûr de devoir épouser ?

– Je n'ai pas le choix.

— Et tu penses sérieusement vivre avec elle toute ta vie ? Vraiment ? Tu vas demeurer avec cette analphabète...

C'est la première dispute entre le frère et la sœur. Ils s'aiment pourtant d'un amour très sincère, mais où la vérité a sa place. Ce qui ne facilite pas les projets de Diderot ou plutôt la mission dont les dames Champion l'ont chargé.

— Tu n'es qu'une épouvantable jalouse. C'est parce que j'en aime une autre que toi...

— Ouais, ben si tu l'aimais tant que ça, tu n'aurais pas hésité à le clamer devant Père et Mère à la minute où tu es arrivé, plutôt que de me demander conseil sur comment présenter les choses pour qu'elles ne se passent pas trop mal.

— Mais tu le connais... Tu sais bien...

— Oui. Mais toi aussi, je te connais. Si tu ne lui en as pas encore parlé depuis une semaine que tu câlines ta mère et te fais mousser auprès de lui, c'est bien parce qu'au fond tu rêves qu'il t'empêche de faire cette bêtise.

Piqué au vif, le grand frère.

Puisque c'est comme ça, il va prouver sur-le-champ à Denise qu'elle dit n'importe quoi.

Il fonce chez son père et, tout à trac, lui déballe les vrais motifs de sa venue, d'une seule traite, sans respirer.

Le même jour, la Poste livre son premier « jeu d'épreuves » de sa vie. Une chance, croit-il. La preuve qu'à Paris il ne fait pas rien, comme son père a tendance à le redouter. Et même qu'il entame une carrière peut-être prestigieuse. On est en France où – même à Langres – le Livre, ça impressionne. Ça n'a fait que retarder le courroux du coutelier qui se sent doublement trahi par ce fils qui a renoncé aux bénéfices des études qu'il lui a offertes pour faire *écrivassier*, et qui veut en prime épouser une fille de rien, même pas de Langres ! Très atteint, il réagit violemment.

— Je t'interdis absolument de te marier. Et plus encore, d'épouser cette fille-là. Et si par hasard, tu songeais à me désobéir, considère-toi comme déshérité. D'autant que déjà tu me dois une assez grosse somme.

— Ah vraiment, et à quel sujet ?

— Ne fais pas l'imbécile, tu ne t'imagines tout de même pas que Frère Ange ne m'a pas rapporté l'étendue de tes frasques et comment tu l'avais escroqué.

À quoi, furieux des conditions dans lesquelles se déroule cette scène, conditions stupides qui dictent aux acteurs des rôles de convention, et à Diderot, celui du fils rebelle, il se sent tenu de rétorquer aussi bêtement :

— Si tu ne me donnes pas tout de suite une avance sur ma part d'héritage, je t'assigne en justice.

C'est monté trop vite, le ton comme la teneur de l'échange. L'orgueil et la douleur de chacun ne leur laissent aucun moyen de faire marche arrière. Une tension terrible dresse le père et le fils l'un contre l'autre. Prêt à tout face à l'opiniâtreté de son rejeton, sans lui adresser la parole, et surtout, sans consulter sa femme, le père court chez le représentant du roi afin d'obtenir sur-le-champ une lettre de cachet. Muni d'icelle, il va quérir la maréchaussée pour s'emparer de son fils aîné. Sans argumenter davantage. Diderot les voit venir et n'en croit pas ses yeux. Denise l'a pourtant prévenu. D'ailleurs toujours de son côté, elle l'exhorte à fuir séance tenante, à cacher un maximum de ses affaires, à mettre le reste à l'abri chez leur bonne tante. Les deux anciens enfants s'enferment dans la chambre de la première fugue, où à la va-vite, Denise lui coud une sorte de cache secrète dans la doublure de sa chemise afin d'y dissimuler quelques sous. Il lui confie lettres et papiers et la charge de les tenir à l'abri de l'ire paternelle, qui ne saurait durer.

Pendant ce temps, la maison est en grand branle-bas. Sur le seuil, Mère essaie de convaincre son mari de ne pas laisser entrer les argousins ni – quelle horreur – se saisir de son fils. Devant tout le monde !

Ah ! elle se sent mal. Elle défaille. Elle suffoque. Hélène la recueille dans ses bras. Trop tard, Père est entré, a franchi le seuil et donne à la maréchaussée l'ordre de le suivre.

Derrière la porte de sa chambre, Diderot Père exige que son fils sorte sans finasser. Ce dernier refuse. Alors, solennel et furieux, Père ordonne aux argousins d'enfoncer sa propre porte dans son propre logis ! Faut-il qu'il soit en colère, et juge ce crime impardonnable. Mais il est dans son droit, il a la société de son côté. Dans sa famille, en tant que père, il est le représentant du roi. Et se doit, en son nom, de faire régner l'ordre.

Diderot se débat comme un beau diable, contre quatre hommes d'armes, il ne fait pas le poids. Ils ont tôt fait de le ligoter « comme un rôti avant d'aller au four », commente Didier le petit frère, aux anges.

Une fois la porte enfoncée, la scène se déroule devant la famille au complet, alertée par le tumulte, toute la coutellerie incluse. En chœur, les femmes hurlent, les sœurs pleurent... Le teigneux petit frère se frotte les mains. Domestiques et employés observent dans un silence navré. Denis est très populaire auprès d'eux. Il a beau être monté réussir à la grand'ville, à chacun de ses retours, il a un mot pour tous, et n'en oublie aucun. « Ce Denis, qu'il est gentil », c'est vrai, mais il est aidé par une mémoire sans faille. Il se rappelle les prénoms de chacun des enfants des ouvriers de son père.

Personne pourtant ne peut plaider sa cause. Le père est tout-puissant, et ils sont soumis à son autorité. Aussi quand le prisonnier est tiré hors de la maison, effondrées les femmes se tordent les mains, sans pouvoir s'interposer, et les autres suivent le cortège, désolés et impuissants. Tristes, ils l'escortent de sa maison natale au relais de poste, sous les lazzis des voisins, sortis sur le pas de leur porte, ameutés par tant de bruit, et qui regardent passer ce malheureux jeune homme, lié comme un sanglier après une chasse victorieuse.

Tout Langres assiste à l'embarquement du fils rebelle dans la diligence royale. Hurlant, gesticulant, refusant de ses dernières forces de se laisser mettre au tombeau de la sorte, quel que soit son futur tombeau. De force, donc, on l'enferme dans la voiture qui s'ébranle aussitôt pour l'emporter loin des siens et de Langres. Où l'emmène-t-on ? Où va-t-on l'enfermer ? Pour combien de temps ? La lettre de cachet est le symbole le plus arbitraire du pouvoir royal. Et son père a osé s'en servir contre son fils aîné, son enfant le plus chéri, croyait jusqu'alors Denis.

Chapitre 11

1743
Du cachot au mariage clandestin

Il est très important de ne pas prendre de la ciguë pour du persil mais nullement de croire ou de ne pas croire en Dieu.

Pensées philosophiques

Déshabillé de force, il se débat comme un fou furieux contre quatre moines qui le revêtent d'une bure. On lui a laissé son linge intime. Sa chemise dans le coin de laquelle sont dissimulées ses économies.

Il se débat toujours, quand d'un coup, on l'abandonne. Avec force bruits de serrures et cliquetis de verrous. À peine ses yeux s'accoutument à la pénombre du lieu que les mêmes bruits grinçants de ferrailles sinistres annoncent le retour des mêmes moines, plus un, un moine barbier. Un éblouissement soudain, quatre torches pour éclairer quoi ? Diderot n'a pas identifié le barbier sous la bure, on l'assied de force, on le tient, on lui ordonne de ne pas bouger, sinon... La lame redoutablement coupante agit comme une menace. Diderot se fait statue. Un coup, deux coups, trois coups de rasoir, délicatement derrière l'oreille, la nuque bien dégagée, on lui enveloppe la tête dans une serviette. C'est fini ? C'est parfait, sauf qu'en plein milieu de son travail et donc, de son crâne, le moine barbier s'est interrompu. Diderot n'a pas de miroir, mais de sa main, il vérifie qu'il n'a pas rêvé. Non, ses sens ne l'ont pas trompé, on lui a vraiment tondu la moitié du crâne seulement.

Il pose mille questions. Imperturbables, les cinq hommes muets repartent comme ils sont venus, à grand renfort de bruits de clefs. Sans un mot, le laissant à nouveau en pleine pénombre. Pourquoi ne lui a-t-on rasé que la moitié de la tête ? Sur l'instant, il ne comprend pas. Avant que la nuit ne soit totale, il inspecte les lieux. Le tour du propriétaire est vite fait. Dix pieds sur quatre, une fenêtre petite, très haute et pleine de barreaux. Ils ont pensé à tout. Les murs uniformément chaulés de gris sont d'une folle gaieté. Outre un froid piquant – on est en janvier – le confort est rudimentaire. Un lit, une tinette, un broc d'eau, un banc et une Bible posée dessus… Dans la porte au verrou si sonore, une trappe est ménagée à mi-hauteur ; toute la communication avec l'extérieur a lieu par là : vider la tinette, recevoir ses trois repas par jour, remplir son broc… Une main sans visage ni voix passe, tend, pose et se retire plus ou moins délicatement. Diderot en conclut qu'il y a une main pour le matin, et une autre, l'après-midi, le soir, il n'y a plus personne.

Hormis cela, rien. Pas un bruit, pas un échange, depuis qu'il a cessé de tambouriner, cogner, hurler, crier à l'injustice…, il n'entend plus que son sang qui bat furieusement à ses tempes.

Ce qu'il a pris pour une prison n'est que le cachot d'un modeste couvent situé quelque part entre Langres et Troyes. Les cloches et surtout le chant des pères à l'heure des prières le lui confirment. Il n'a pas de bougie, et la Bible pour toute lecture. Il doit se coucher quand la nuit tombe, et on est en hiver. Il réclame de quoi lire, des bougies… Peine perdue, ses cris tombent dans le silence abyssal de l'absence. Il n'y a personne. Les moines qui semblent se relayer pour le garder la journée l'abandonnent sitôt que les cloches du soir les appellent aux vêpres. Il apprend à reconnaître la nature du silence qui l'environne, habité ou non. Il est bel et bien enterré. Escamoté à toute humanité. Personne ne peut l'imaginer en pareil lieu. Il peut aussi bien y mourir. Son père a-t-il vraiment décidé de l'éliminer ? Il n'arrive pas à le croire. Un fond d'optimisme... Il n'y a pourtant aucune raison d'espérer. Sinon que l'animal en lui jamais ne se résigne. Sûr de lui ou de son père, les premiers jours, il n'a même pas usé de la technique des bâtons dessinés ou gravés sur le mur pour compter le temps, ce que tous les prisonniers réinventent spontanément sitôt enfermés. Il ne s'y est mis que le troisième ou peut-être le quatrième jour. Il était temps : déjà il ne sait plus où il en est, tant s'évanouit vite la notion de durée. Aujourd'hui il en compte huit. Donc peut-être plus. Or depuis tous ces jours, rien. Pas un mot, pas une visite. Pas une seule sortie. Rien. Le silence est très excessif, la pièce exiguë... Il ne comprend pas. Hébété, prostré, abasourdi... Comment peut-il se trouver là sans la moindre affaire personnelle, sans personne au monde pour répondre à ses questions, expliquer, consoler... ? Vu l'arbitraire qui l'a fait enfermer, quel autre arbitraire pourrait l'en sortir ?

Il est là depuis dix bâtons sur le mur, quand une main introduit la clef dans la serrure à une heure insolite. La porte s'ouvre et laisse passer sa sœur chérie et sa tante préférée. Denise et Marguerite Humblot, la petite sœur de son père, sa seule alliée. Elles ont donc réussi à le faire céder. Denise se jette dans ses bras, ravagée de chagrin, et sans desserrer son étreinte, elle ne peut dire un mot. On a dû la chapitrer pour qu'elle se taise. Lovée dans les bras de son frère, des larmes silencieuses coulent le long de ses joues alors que sa tante parle, parle comme dans un salon, des affaires courantes.

– Ah, tiens, je t'ai apporté du travail. « Il n'est pas bon que l'homme s'ennuie. » Tes premier, deuxième et troisième « jeux d'épreuves », comme tu appelles ces papiers. Ton père m'a autorisée à les faire reprendre sitôt que tu les auras corrigés, et je les renverrai moi-même à Paris, à ce M. Briasson, libraire. À part ça, j'ai récupéré ton linge, ajoute-t-elle, en baissant la voix comme si c'était intime, il est chez moi, en sûreté. Il t'attend.

– Quand ?

– Quoi, quand ?

– Tu as bien entendu, je te demande si mon père me sortira un jour de ce tombeau.

– J'ai aussi rangé chez moi des effets t'appartenant, persiste tante Marguerite comme si de rien n'était.

C'est le moment où Denise se détache de lui et, tout en larmes, lui demande s'il a l'intention de renoncer à cette Toinette...

– Tiens, voilà sa dernière lettre, jette-t-elle en vrac et décachetée sur le lit.

Plus enflammé que jamais, plus arrogant aussi, n'est-il pas là pour elle, pour ne pas avoir renoncé à sa Toinette ? N'est-ce pas par amour pour elle qu'on le retient dans ce cachot ? Ah mais non ! Non, il ne cédera pas. Prêt à s'emporter contre Denise, pourtant l'être au monde qu'il a toujours préféré jusqu'à l'arrivée de Toinette. Il irait jusqu'à la haïr pour peu qu'elle insiste...

Denise est désolée, navrée. Et ne peut le lui cacher.

– Quand la lettre de ta promise est arrivée, Père me l'a arrachée des mains. Il m'a absolument interdit de te l'apporter. Mais j'ai vaillamment résisté, et ne lui ai cédé que l'enveloppe. J'ai réussi à garder la lettre. D'ailleurs ce qu'il voulait, c'était l'enveloppe avec l'adresse des dames Champion. Désormais il l'a.

— Leur adresse ! Mais pour quoi faire ?

Denise ne sait que dire pour consoler, calmer, apaiser son frère. Elle connaît la détermination de son père. L'obstination de son frère. La tante continue de parler comme si elle était dans un salon. Elle vérifie l'état d'esprit du prisonnier, l'interroge sur ses intentions. Buté, lui n'a d'autre idée en tête que de courir retrouver son amour, l'aimer, l'aimer… et l'épouser.

— Hélène t'a cuisiné ton gâteau préféré, tu sais, celui avec des noix…

Denise le lui tend. Il le repose avec une totale indifférence pendant que Marguerite tente de le raisonner. De tout son cœur, toute sa vie, Denise a toujours été du côté de son frère contre le reste du monde, mais pas pour cette folle idée de mariage avec celle qui, dans ses lettres, qu'elle ne se prive pas de lire, lui apparaît comme « une vraie dinde ». Bêtifiante, nunuche, sans imagination ni la moindre orthographe, visiblement inculte aussi. Qu'attend-il pour s'en apercevoir ? N'est-ce pas son devoir de sœur de lui ouvrir les yeux ? Hélas, il refuse de la laisser faire. Elle ne peut que donner raison à son père : « Ce mariage est une idiotie et une bourde. »

Diderot s'inquiète de ses dispositions envers lui. En son for intérieur, il est vexé, dépité, déçu, il espérait que les larmes de sa mère l'auraient fait craquer plus tôt. Il n'a pas prévu que ça dure autant.

— Et à votre avis, ça va durer longtemps ?

— Oh ! il est encore très en colère…

Denise n'ose lui révéler la teneur de la lettre que son père a envoyée à Mme Champion mère. Son père la lui a lue pour avoir son avis. Mieux vaudrait oublier cette fille tout de suite. Après cette lettre, normalement, c'est elle qui n'en voudra plus.

Secondée par sa tante, elle essaie doucement de lui faire entendre raison.

Entendre raison ! C'est contraire à tous les rêves de Diderot. Il ne cédera pas. Il l'a décidé.

– Tant pis, j'en mourrai.

Ostensiblement, il se drape dans cette posture, il s'y plaît. Il n'en bougera pas.

– Père ne te délivrera que si tu renonces à ce... mariage.

Elle pensait « mésalliance », mais elle n'a pas osé.

– Alors je resterai en prison jusqu'à mourir d'amour...

Donc c'est une pose ! Pour la première fois Denise le trouve ridicule. D'ailleurs ne pouvant aller plus loin après cette sortie, il les envoie balader. Violent, hargneux, en voulant à tout le monde et surtout à lui-même, se sentant effectivement piégé, mais avant tout mauvais. Sa première visite depuis dix jours, neuf en réalité, lui ont-elles appris, et il les renvoie comme des malpropres, comme ses pires ennemis.

Décidément « seul contre le reste du monde », son amour l'aveugle, mais le martyre lui plaît, il n'en démord pas.

Sur le seuil Denise insiste.

– Tu n'es pas sérieux. Tu ne veux pas mourir. Tu crois que Père cédera si tu emploies tes grands mots. Ce n'est pas son genre, méfie-toi.

– Tu es tout sauf un garçon qui veut mourir, conclut sa tante pour se (et le) rassurer tout en franchissant le seuil de sa prison.

– Pour mon amour, j'y suis prêt. Le chêne rompt, mais ne plie pas. Je ne plierai pas.

Accablées, elles s'en vont. Sœurette a oublié son missel. Déjà se promener avec un livre pareil n'est pas son genre, mais alors, l'oublier… ! Elle l'a bizarrement laissé en évidence, sur son oreiller. Peut-être un mot dedans ? Il s'y précipite pour comprendre, quel signe elle veut lui faire ? Il l'ouvre. Mais… c'est un faux missel ! Il a été évidé, creusé en son centre afin de dissimuler un couteau soigneusement aiguisé. Aussitôt Diderot l'essaie. Impossible de desceller le moindre barreau avec. Impossible d'entamer ce sol de pierres dures et glacées. Donc ce couteau ne sert à rien. Décidément, Sœurette n'est plus la même. Qu'avait-elle en tête en le lui apportant ? Entre eux, l'entente s'est perdue. Il se sent victime du destin.

La prostration l'a rattrapé sitôt que le gardien a reverrouillé la porte derrière elles. Il trouve sa cellule encore plus grise, les barreaux plus épais, la fenêtre plus étroite, le jour plus sombre, le broc plus sale, la tinette plus puante, la gamelle plus vide, désespérément vide, et il est toujours affamé, toujours. Denise a raison, il n'a pas la moindre envie de mourir. Mais justement cela n'en serait que plus beau ! En attendant, reste le gâteau d'Hélène, sucré et tendre comme elle. Il le dévore, ce qui n'a même pas le pouvoir de lui rendre le moral. Il s'endort, des larmes plein les yeux.

À ses deux visiteuses, il a narré avec force détails pathétiques son arrivée en ces lieux, son incompréhension qui dure encore. Il trouve sa situation incroyable, il répète cette épithète, jusqu'à la psalmodie. Je ne suis pas un criminel quand même ! Ces fameuses lettres de cachet sont une réelle infamie. Qui symbolisent de façon abstraite l'arbitraire de la justice royale. N'importe qui pour n'importe quoi, et surtout pour rien, dans n'importe quel milieu, peut dans l'heure se retrouver enfermé *ad vitam aeternam*... Maintenant pour Diderot c'est on ne peut plus concret.

Il égrène ses doléances pour tenter de s'en soulager. Comment on l'a privé de toute dignité, en le déshabillant de force, en le dépossédant de toutes ses affaires personnelles, comment ils se sont mis à cinq pour lui tonsurer la moitié du crâne, afin – il a enfin compris – « qu'au cas très improbable où je parviendrais à m'évader, la demi-tonsure me fasse immédiatement repérer ».

Trois fois par jour, de la voix, il tente de retenir la main qui lui passe et lui reprend ses plats. Vide sa tinette, remplace son eau... Impossible, pas de réponse, jamais de réponse. Il est peut-être muet ou même sourd, se dit Diderot qui n'envisage pas qu'on ne réponde pas « exprès ». D'autant qu'il a usé de tous les tons possibles pour l'amadouer : crier, implorer, tempêter, pleurer... Rien n'y a fait. La main ne répond pas. Denise lui a confirmé que ses gardiens exécutaient à la lettre les ordres de son père : aucun contact. Aucun contact ! C'est ce qu'on peut faire de pire à Diderot. Son père l'a deviné.

Il est sale, il sent mauvais, la sinistre odeur de la peur. Il n'a pas assez d'eau pour boire *et* se laver.

L'infini déroulement des heures est scandé par les cloches, lesquelles déclenchent le chant des moines, en chœur, et sans doute en procession, ça fait un bruit qui déambule. Il en a repéré les va-et-vient dans le grand silence du couvent. C'est ça, ils ont dû faire vœu de silence. C'est pourquoi la main ne lui répond pas. Diderot n'est pas doué pour prêter de la méchanceté aux autres, il leur trouve toujours des excuses. Il n'est d'ailleurs lui-même pas équipé pour la méchanceté.

Le temps se fait compact comme un ciment qui prend, et de plus en plus dur... Dur comme la pierre de ce couvent. Mais impalpable aussi comme les nuages qui défilent à toute vitesse depuis sa lucarne. Diderot se voit enterré vivant. Il est de plus en plus mal. Seule le maintient la pensée que c'est l'ultime épreuve pour obtenir la main de sa Nanette, retrouver son amour... Maintenant ça fait plus d'un mois qu'il l'a laissée à Paris, qu'il ne l'a pas vue, pas embrassée, pas... Et vingt jours qu'il ne lui a plus écrit, sa dernière lettre à elle date d'il y a quinze jours... Elle doit être morte d'inquiétude, folle de chagrin. Puis il se rappelle ce que Denise a raconté : son père lui aurait arraché l'adresse des dames Champion pour le déconsidérer à leurs yeux... Les adjurer de renoncer à ce mariage... Alors, non, ce n'est pas inquiète qu'elle doit être, mais furieuse, en rage et fâchée contre lui...

Le temps ne passe plus. La tinette se remplit. La tinette se vide. Diderot approche du désespoir. Sinon le fanal de son amour, c'est la mort qu'il appellerait de ses cris. Mais sitôt qu'il ferme les yeux, il revoit Nanette, ses belles hanches, ses beaux bras, ses yeux si noirs, flamboyants, ses épaules de bonheur, ses seins gonflés de lait pour l'enfant qu'elle porte. Ah ! quelle misère...

Qu'a bien pu dire son père ? Est-ce irréparable ? Et si elle ne l'aime plus, alors il subit tout ça pour rien... Parfois il vaut mieux mourir.

Dix jours plus tard, suite à un interminable trou noir dans le temps, la porte est soudain déverrouillée à une drôle d'heure. Et laisse passer son père, grand, terriblement droit. Seul. Direct et sans fioritures.

— Tu demandes pardon. Tu renonces. Tu oublies cette amourette et l'on rentre ensemble à la maison, annonce-t-il dans l'encadrement du seuil.

— Non. Je l'aime. Je l'épouserai. Ou je mourrai.

— Alors, adieu mon fils.

Demeuré debout à la porte, son père n'a qu'à se retourner, taper sur la trappe pour disparaître.

Denis le rattrape de la voix.

— Tu prétends vouloir mon bonheur ? Et tu me jettes au fond d'un cachot sans jugement.

Dans le regard de son père, il croit voir passer une nuance de chagrin, fugace mais sans doute est-il réellement triste d'être réduit à ça.

— C'est pour ton bien.

Le coutelier ne doute pas. Il souhaite qu'un mois entre ces murs le réduise à quia, à moins d'intransigeance en tout cas, à une position moins arc-boutée. Il le préférerait libre, mais sa stupide attitude l'accule à le laisser moisir le temps qu'il faudra.

C'est la guerre de deux intransigeances embrasées, exaltées.

— Donne-moi une seule bonne raison de te relâcher. Par exemple, du bon usage que tu ferais de ta liberté.

— Tu m'as fait enfermer en criminel parce que je suis amoureux d'une femme que tu juges d'un milieu inférieur au tien. Et parce que je l'aime et que je refuse de la déshonorer et parce que je veux l'épouser, tu me fais jeter en prison ! Oh comme tu as raison. Quels crimes certes que l'amour et le respect. Libère-moi sans condition, ou renonce à jamais à avoir un fils aîné.

Furieux de l'obstination de son fils, et tout autant contre ses propres principes, le père considère qu'il ne lui laisse pas le choix, qu'il le contraint à la dureté. C'est fini. Il frappe pour qu'on le fasse sortir.

— Fort bien, mon fils. Adieu.

À quoi Diderot repartit, son père déjà à demi sorti :

— Comment peux-tu espérer que je cède ? Ne suis-je pas ton digne fils ? N'es-tu pas mon modèle ?

DU CACHOT AU MARIAGE CLANDESTIN

La porte s'est refermée. Dehors, on pousse les verrous, on tourne des clefs, on chuchote, le père donne ses ordres. C'est comme si la nuit tombait pour toujours. Diderot s'allonge dans un état d'affliction et de rage contre son père, contre lui-même, contre tout. Il ne peut contenir ses sanglots. Il pleure à gros bouillons. Pas d'issue, pas d'issue, issue, issue...

Pour la seconde fois, il envisage de s'évader. Puisque ni son père ni sa sœur ni personne ne se décident à l'aider, il doit sortir par ses propres moyens, trouver seul comment fuir. Cette fois, la nuit est vraiment tombée. La trappe s'ouvre pour la gamelle du soir. C'est l'heure des vêpres. Ensuite tous les moines se dirigent en chantant en chœur vers la chapelle, y compris son gardien. Diderot a repéré la signification de presque tous les bruits qui rythment la vie du couvent. C'est là que germe son projet de fuite. A-t-il d'ailleurs le choix ? Acculé à rendre la violence qu'il subit, il prépare sa sortie. Il rumine son coup, il en répète chaque seconde... De vêpres jusqu'aux prochaines vêpres demain soir, il dessine l'aventure dans sa tête avec la plus grande rigueur et une minutie de détails qui l'étonnent. Il n'en dort pas de la nuit. Ce qui n'est pas malin, il va avoir besoin de toutes ses forces.

Son plan se déroule comme il l'a imaginé. Avant vêpres, le lendemain, la trappe s'ouvre, la main tend la gamelle... Diderot se jette sur la main, l'attrape, la tire de toutes ses forces jusqu'à parvenir à amener tout le bras à l'intérieur, puis à coller le front et l'épaule du moine contre la porte. Sans le lâcher, de son autre main, il brandit le couteau de Sœurette, qu'il pose à l'aveugle mais quelque part sur la gorge du moine immobilisé.

– Donne-moi la clef, ou je te tue.

S'il est muet, il n'est pas sourd. Il obéit aussitôt.

À peine le moine entré dans la cellule, Diderot l'assomme, le bâillonne des fois qu'il sache crier, lui arrache son trousseau et l'enferme à sa place. Il lui prend son capuchon qu'il enfile pour cacher sa demi-tonsure, et file, file à toute vitesse. Son instinct lui souffle la bonne direction. À chaque porte, il tombe sur la bonne clef, le bon Dieu est avec lui ! La nuit est tombée, le couvent est noir, les moines sont à la chapelle, Diderot les entend chanter.

Il est sorti. Il est sauvé. Il se fond dans les bois, il court, il court, il se cache, il a si peur d'être repris. Il se dissimule dès qu'il fait trop clair. À l'aube, il trouve dans les champs de quoi ne pas mourir de faim, la fameuse part du pauvre ou portion du voyageur. Il relève des deux catégories. Pain rassis, fromage de même, les fruits sont généralement encore bons, la preuve : ils sont béquetés d'oiseaux. Tout cela est pourtant insuffisant pour ce solide gaillard avide de tout et surtout de liberté. Après une nuit de marche à rythme forcé, une journée en partie caché dans une grange en ruine, où le froid l'a réveillé, il se met à neiger. Pour ne pas se perdre dans toute cette blancheur, il doit emprunter le chemin du coche, cailouteux à se tordre les pieds, mais balisé. Il trouve une étable, avec des vaches, s'y réchauffe et leur vole un peu de lait tiède. Non. Beaucoup. Il en prend à toutes les vaches, comme ça, on n'y verra que du feu. La tête lui tourne. Des pommes l'attendent sur des claies, il en bourre son capuchon. Il chaparde. Oh, il mendierait bien, mais il a peur de s'approcher des villages. La neige empire. Il a de plus en plus froid, ça s'insinue sous sa bure. Une masure isolée, dont la cheminée fume, c'est trop tentant. Il n'y résiste pas. Au pire, il a son couteau. Il n'a pas hésité la première fois à en user. Il se fait confiance. Allez, il y va. Il existe tout de même aussi des braves gens. Il tente. Il frappe. Un couple de vieux paysans s'efface sans méfiance pour le laisse entrer. N'est-il pas vêtu en moine ? Il court à la cheminée. Se réchauffer d'abord.

— S'il vous plaît, aidez-moi. J'ai un peu d'argent, je vous le donnerai.

Sont-ce des braves gens ou seule la perspective de ces quelques sous… ? Tout de suite, ils lui remplissent une écuelle de soupe épaisse, nourrissante, chaude. Un verre de vin, un autre. Alors, il ôte son capuchon et les prie de regarder sa demi-tonsure : « Lettre de cachet. Évadé ! »

Les paysans reculent, horrifiés.

Alors il explique. Il est amoureux, et son père n'a rien trouvé de mieux pour l'empêcher d'épouser sa promise que le cachot d'un couvent. Rassurés, ils se rapprochent pour écouter la suite de l'histoire.

Pauvre enfant, victime de pareille injustice, pouvoir royal, pouvoir paternel, c'est tout pareil, partout de l'abus. Oh, oui, bien sûr ils vont l'aider.

— Et d'abord, t'égaliser l'autre partie de la tête à la hauteur de l'autre, afin que l'ensemble ait la même longueur de cheveux, décrète la vieille femme. Et te trouver des vêtements civils.

Ils ont eu un fils, mort à la guerre, il y a déjà longtemps, mais on garde tout chez les gens de peu. Les paysans sont les premières victimes de l'arbitraire royal, via la féroce vénalité des fermiers généraux qui les rançonnent littéralement. En fin d'hiver, ils n'ont généralement plus qu'à déterrer quelques raves pour ne pas mourir de faim. L'injustice, ils connaissent. Ils compatissent. La femme l'aide à ajuster à ses mesures les vieilles frusques de son garçon. Pendant que le vieil homme le plaint et l'encourage à courir vers son aimée. Mais d'abord on le supplie, on lui ordonne même de dormir un peu. Mû par une sorte de confiance épuisée, Diderot se laisse aller au sommeil toujours dangereux pour un fugitif. À l'aube, le vieux attelle sa charrette avec son unique cheval, homme, femme et cheval, tous ont l'air d'avoir le même âge, et le mène au plus proche relais de poste à Fontaine-les-Grès. Pendant la nuit, Diderot a décousu l'ourlet de sa chemise de corps qui contient ses économies. Il en cède les trois quarts au brave paysan si secourable. Lequel le bénit, le remercie et lui jure de se taire toujours. Diderot le croit, qui ne songe déjà plus qu'à retrouver sa Toinette, à s'expliquer, à lui faire porter une lettre qu'il peaufine pendant tout le trajet. Il veut se faire plaindre, admirer, cajoler. La brave paysanne lui a préparé un panier, de quoi tenir pendant les cinq jours de voyage : pain, fromage et pâté. Il ne finit même pas ses précieuses provisions. D'abord il écrit sa supplique à Toinette puis s'endort jusqu'à Paris. Il récupère.

À peine débarqué, au relais de poste central, place de Grève, il file droit à la Régence. Il espère y trouver Rousseau ou l'ami Wille, puisque c'est là qu'il travaille pendant l'hiver. Chance folle ! Wille est bien là. Ils s'embrassent. Diderot le tire à l'extérieur alors qu'il fait un froid de gueux, et lui chuchote à l'oreille, comme on complote, l'étendue de ses malheurs.

– Je me suis évadé, aide-moi.

Il ne se sent pas libre. Des hommes de son père ou du roi peuvent l'arrêter n'importe où, n'importe quand. Peut-être sont-ils en train de l'espionner. Méfiance. Il apprend à n'être qu'un fugitif. Il demande à Wille de l'aider à trouver une chambre. Son ancienne adresse est trop dangereuse, son père la connaît, Frère Ange aussi. Dès qu'on saura son évasion, Père jettera tous les Langrois de Paris à ses trousses. Diderot doit vivre caché, dans la clandestinité. Il se croit recherché par toutes les polices du royaume. Sans doute en fait-il un peu trop mais il se sent réellement en danger.

Wille alerte Eidous qui prévient Toussaint. À eux trois, ils l'installent le soir même dans une chambre temporaire. Entièrement dissimulé dans le grand manteau de l'un d'eux, Diderot leur demande de l'accompagner jusque la rue Saint-Louis-en-l'île. N'est-il pas suivi ? L'île jouit d'une sorte d'immunité policière ou judiciaire. Diderot a appris ça, quand il faisait des études de droit. Toussaint confirme. Diderot sait la discrétion de ses trois amis, et les supplie de porter à Toinette son mot de billet.

« Fontaine-les-Grès, février 1743
Ma chère amie
Après avoir essuyé des tourments inouïs me voilà libre. Te le dirai-je ? mon père avait porté la dureté jusqu'à me faire enfermer chez des moines qui ont exercé contre moi ce que la méchanceté la plus déterminée pouvait imaginer. Je me suis jeté par les fenêtres la nuit de dimanche... Je viens d'atteindre le coche de Troyes qui passe à Fontaine... Je suis sans linge... Heureusement j'ai quelque argent dont j'avais eu soin de me pourvoir avant que de déclarer mes desseins... Je l'ai sauvé des mains de mes geôliers dans un des coins de ma chemise.

Si tu me savais mauvais gré du peu de succès de mon voyage et que tu me le témoignes, je suis chargé de tant de chagrins, j'ai tant souffert, tant de peines m'attendent encore, que mon parti est pris : je finirai tout d'un coup. Ma mort ou ma vie dépend de l'accueil que tu me feras. Mon père est dans une fureur si grande que je ne doute pas qu'il me déshérite comme il m'en a menacé. Si je te perds encore, que me reste-t-il qui puisse m'arrêter dans ce monde ? Je ne serai point en sûreté dans mon ancien appartement, je ne doute point que le frère Ange n'ait déjà reçu l'ordre de me faire arrêter, ordre qu'il n'est que trop porté à remplir. Fais-moi donc le plaisir de me chercher une chambre garnie aux environs de chez toi ou ailleurs…

Je compte arriver lundi au soir, je t'embrasse de tout mon cœur aussi bien que Mme Champion. Quel chagrin pour elle que la nouvelle que je t'apprends ! Dérobe-lui-en une partie. Peut-être y aura-t-il moyen de remédier à tout ? Tout ce qui est différé n'est pas perdu.

Je suis autant à toi que jamais. »

Wille ne trouve pas les dames Champion rue Boutebrie, par chance elles sont connues dans leur pratique et le quartier sait où elles ont déménagé. Wille se précipite rue Poupée et trouve Nanette. À qui il essaie d'expliquer la situation de Diderot. Peine perdue. Anne-Toinette Champion renvoie le porteur du billet « comme un chien », précise-t-il à Diderot. Elle est sûrement au désespoir, mais sa fierté l'empêche d'agir autrement.

« Que ferais-je d'une famille qui ne veut pas de moi… Dehors ! Et qu'il passe au large désormais », a-t-elle ajouté.

Après ces mauvaises nouvelles, Diderot se terre, personne ne le voit, ne l'a plus vu, il a disparu. Dans aucun des cafés où il a ses usages… Une semaine après l'avoir aidé à s'installer, Toussaint alerte Rousseau. Lequel l'a croisé les premiers temps de son retour, et l'a trouvé pâle, nerveux, sur ses gardes : Diderot l'a même forcé à sortir de la Régence afin de lui confier ses peurs dans l'allée des Feuillants, sous une pluie battante. De ce jour-là Diderot a disparu dans les brumes. C'était… oh, il y a plus d'une semaine…

Alors Rousseau se fait conduire par Toussaint au nouveau logement de Diderot sous le fallacieux prétexte de livres, à rendre ou à emprunter. Chance, la clef est sur la porte. Sans force ni couleur, couché depuis… Pas rasé, sale et amaigri, à toutes les questions pourtant pressantes de ses amis, Diderot ne répond pas ou grommelle. Il n'est pas audible. Il a sombré dans une mélancolie impitoyable. Dévasté physiquement, il n'est pas mieux moralement. Rousseau n'en tirera pas un mot, et pourtant Dieu sait qu'en peu de temps Diderot s'est follement attaché à lui. C'est dire si son état est sérieux.

Wille prend sur lui de retourner chez les dames Champion au moins pour les informer de son état. Il sent bien leur résistance, aussi insiste-t-il en noircissant le tableau jusqu'à piquer leur curiosité.

– Mourant ?

– Peut-être.

Il leur faut vérifier par elles-mêmes. Et là, c'est l'effarement. Il est très mal, réellement. L'état des lieux en témoigne. Diderot est presque inconscient. Toinette, qui d'abord n'y avait pas cru, est prise de remords. Il a une fièvre immense. L'air est irrespirable. Personne n'a nettoyé, ni vidé les lieux d'aisance, ni changé son linge. Il est prostré, immobile dans son lit, et surtout, surtout, totalement muet. Voilà le vrai motif de leur alarme. Close la fameuse Bouche d'or – comme Mme Champion l'appelle parce qu'elle le sait capable de convaincre n'importe qui (sauf son père) de faire le contraire de ce qu'il a décidé. Bouche d'or est muet. Coi. Ça c'est vraiment le signe qu'il va mal. Règne un grand silence de mort. Il ne peut quitter son lit, son état de faiblesse semble empirer à vue d'œil. Il n'a pas dû se nourrir depuis… qu'il ne s'est plus changé.

Pourtant, décrète Toinette, impossible de le soigner sur place. Elle décide sa mère à le prendre chez elles.

Parmi ses affaires sommairement assemblées, une lettre de Denise traîne dans le courrier que Diderot n'a eu ni la force ni la curiosité d'ouvrir. Toinette, si. Curieuse autant qu'indiscrète, elle l'ouvre et pousse un cri de joie.

– Malgré ta fuite, ta sœur dit que ton père ne t'a pas déshérité. Ta tante t'envoie ton linge, et « l'on t'apportera un peu d'argent ». Qui c'est « on » ?

Diderot ne parle toujours pas.

Bah ! on verra bien puisque tout n'est pas perdu. C'est ce qu'en retient Toinette.

À partir de là, tout s'enchaîne. Diderot se remet à la vitesse où l'amour de Toinette le ressuscite. S'il n'est pas déshérité, il peut donc épouser. Le 6 octobre, il sera majeur. On est en mars. Il leur reste quelques mois à patienter. Le printemps à Paris est souvent délicieux. Cette année, il est exceptionnel. L'amour les jette à nouveau l'un contre l'autre. Mme Champion ne reste pas fâchée longtemps. Elle consent à donner sa fille à Bouche d'or. C'est elle qui lui explique :

– Non, elle n'est plus enceinte. Le chagrin de la séparation lui a fait perdre le bébé.

Et Diderot la croit. Pourquoi ne la croirait-il pas ? Il n'est pas doué pour la stratégie.

Il a pendant plusieurs jours quarante de fièvre. Le jour où Nanette le prend chez elle, il n'en a plus, plus rien, guéri ! Il court au Procope rassurer ses amis, remercier aussi. Ils l'ont sauvé, lui et son amour.

Dans les semaines qui suivent, la parution de son *Histoire de la Grèce* le requiert à plein temps, qui lui vaut ses premiers succès et, surtout, l'estime de ses pairs. Toute la bohème littéraire lui fait fête ; et il empoche cent écus de Briasson, le libraire. C'est la gloire sinon la fortune.

Il redéménage. Les dames Champion lui ont trouvé un logement à deux pas de la rue Poupée où elles se sont installées en son absence.

Il attend ses trente ans pour se marier. Tout le monde attend son anniversaire, Toinette et sa mère pour sortir enfin de cette situation infamante. Diderot demande à celui qui est devenu son meilleur ami, qu'il retrouve tous les soirs, dont il n'imagine plus se passer, de lui servir de témoin de mariage. Jean-Jacques décline. Il tente même de le dissuader de se marier.

– Tu n'es quand même pas obligé d'épouser pour aimer, ni de te marier pour vivre avec elle. Moi aussi je suis épris d'une fille du genre de ta Nanette. Elle est servante à l'hôtel où tu m'as envoyé. Elle s'appelle Thérèse, elle est belle comme le jour, elle m'aime follement, je vis avec elle. Elle garde son travail, moi ma vie. Fais-en autant...

Diderot insiste. Il doit à Toinette de l'épouser. Et depuis sa mise aux arrêts de rigueur, il se le doit aussi ! Il implore Rousseau d'être son témoin, qui ne dit ni oui ni non. Jusqu'au moment où ce dernier hérite d'une bonne excuse. L'ambassadeur de France à Venise l'invite à le rejoindre comme secrétaire particulier. Fou de joie, enfin la vraie vie ! Certes il doit quitter son ami, son frère, celui dont il ne peut se passer. Mais puisque c'est pour assurer sa future gloire... Il sera loin quand Diderot épousera, puisqu'il est obligé d'attendre ses trente ans. Diderot est très triste. Rousseau aussi, du moins en a-t-il l'air. En même temps, il n'est pas fâché d'échapper au rôle de témoin de cette noce qu'il réprouve.

Ladite noce a lieu en cachette de tous. Comme on déménage à la cloche de bois, on se marie de même. En catimini, à la mi-nuit. Il existe à Paris des églises, des curés pour marier clandestinement les fils de famille qui réparent des bêtises ou pis encore. Là c'est seulement parce qu'il ne faut pas que la famille de Diderot ait vent de ces épousailles. Ni aucun des Langrois de Paris. Personne ne doit savoir que Diderot se marie. Il se souvient avoir travaillé comme clerc. Il va rechercher un ancien client du procureur de Ris, juriste lui-même, qu'il choisit comme témoin, et de qui il exige une totale confidentialité. Toussaint, qui a fait du droit, rédige le contrat de mariage, réduit à rien, compte tenu de l'état de dénuement des mariés. Et le 6 novembre, la chose a lieu. Peu de monde à minuit, dans l'église Saint-Pierre-aux-Bœufs, dans l'île de la Cité. Ils sont huit, Wille et Toussaint pour Diderot, deux amies de Toinette, sa mère et sa sœur, Marie. Tous disent oui, s'embrassent, se congratulent et les voilà mariés !

Le lendemain, les nouveaux époux s'installent ensemble. En revanche, chacun conserve son nom. Ce dont Toinette est très marrie. Elle veut être mariée, très mariée. Une demoiselle Champion demeurant avec un Sieur Diderot lui donne l'air d'une courtisane, d'une fille facile, d'une... Pis encore. En tout cas aux yeux des gens, elle vit toujours dans le péché. Pour Diderot, il s'agit de sauver les apparences. Il ne désespère pas d'attendrir un jour les siens. En revanche, si son père apprenait ce mariage avant que son fils ne le lui annonce dans de bonnes conditions, il pourrait toujours le déshériter.

Et cela, il n'est pas certain que Nanette, « son amour, son bécot, son bichon... », le lui pardonne jamais.

Chapitre 12

1744-1746
Du mariage d'amour aux grandes amitiés

> *Un homme de lettres sensé peut être l'amant d'une femme auteur d'un livre mais ne doit épouser que celle qui sait coudre une chemise.*
>
> Correspondance

L'amour tous les jours. L'amour sans trêve. L'amour toujours...

Diderot s'adonne à une véritable furie amoureuse, Nanette ne vit que pour lui. L'extase dure.

Se marier n'a pas été aisé pour lui, matériellement mais surtout moralement. C'est la première fois qu'il accomplit un acte d'insubordination irréversible envers sa famille. S'ils l'apprennent, c'est la guerre.

Incapable de se l'avouer auparavant, il se dit aujourd'hui que cette vie de coureur de jupons, de cafés, de bandes d'amis plus ou moins louches, de petits travaux plus ou moins bien rétribués, cette vie qui partait dans tous les sens... finalement, cette vie-là, il n'en pouvait plus. Oh, il l'adorait, certes, mais tout de même, parfois, quelques dissonances, certains soirs, une légère lassitude, une vague impression... de vacuité. Surtout il y a Nanette. Il a Nanette tous les jours. La folle beauté de Nanette, l'emprise sensuelle qu'elle exerce sur lui.

Non, il ne regrette pas d'avoir transgressé la loi des siens. Il est entré en amour comme on entre en religion. Et s'il s'écoutait, si elle le laissait faire, il passerait sa vie sous les jupes de sa femme comme le nouveau converti sous la coupole bleutée des églises.

Les premiers jours de son mariage, il ne quitte pas ses bras. Nanette est si belle. Elle se lève, elle s'étire, elle est nue, elle marche nue dans la chambre, de ce pas dansant qui le rend fou. Et ses gestes !... Oh ! là, là ! Ses gestes ! Le moindre de ses gestes appelle l'étreinte. La beauté ! Magnifique, une statue célèbre mais laquelle ?... Toutes.

Fous d'amour, ils se jettent dans les bras l'un de l'autre comme sous l'effet de pressions élémentaires. Des mois d'amour sous leur ciel de lit...

Puis un beau matin, Toinette décide que ça suffit. Fini, on arrête. Il est temps que Diderot la présente officiellement à sa famille, et lui donne son nom. Il l'aime, il l'aime, soit, que fait-il pour le prouver ? Ainsi cette fièvre de passion physique, elle la fait tomber net. Exprès. Oh bien sûr, elle aussi, elle l'aime, mais elle ne veut plus rester dans le péché, ni surtout dans l'apparence du péché. Alors ?

Alors s'il veut continuer à l'aimer nuit et jour il n'a qu'à l'officialiser.

Diderot perd pied. Que répondre à cela ? Non. Il ne peut faire ça à son père, le mettre devant le mariage accompli, lui jeter au visage qu'il a osé épouser celle à qui il s'est tellement opposé. Non. Il ne peut se le permettre.

Puisque c'est comme ça, Nanette non plus ne peut continuer à faire l'amour avec un homme qui ne la respecte pas assez pour braver sa famille. Le soir même, elle se refuse à lui. Il la prie, la supplie, il tente de temporiser, il la veut, il ne peut se passer d'elle. Et tout de même, il l'a épousée pour en disposer à loisir !

– Oui, mais si ce mariage doit rester secret, ce n'était pas la peine.

– Bien sûr, tu as raison...

En dépit de l'amour et du désir légitime de Nanette, il ne s'y résout pas. Elle se ferme sur-le-champ.

— Va donc dormir dans ton bureau.

Dès le lendemain, elle lui annonce l'installation de sa mère chez eux.

– J'ai besoin d'elle. Tu refuses de me donner tes parents, je reprends ma mère. Et je la garde.

Depuis qu'ils ont emménagé rue Saint-Victor, Diderot ne sait pourquoi, il respire mieux. Il a une pièce à lui, rien qu'à lui, pour écrire, lire, travailler, rêver... L'arrivée de sa belle-mère gâte tout : cette vieille sorcière, plutôt hostile à ce qu'il représente, toujours violemment du côté de sa fille, par sa présence, fût-elle muette, et elle ne l'est pas, ne fait qu'envenimer les choses. En plus, elle le chasse de sa pièce pour s'en faire une chambre. Elle reste dans les murs à toutes les heures du jour qui, jusque-là, étaient aussi des heures d'amour. Restent les nuits, quand il remporte sa femme dans leur chambre. Mais même là, Nanette se fait moins présente. Plus farouche. Une gêne, qu'il attribue benoîtement à la présence de sa mère, à une pudeur naturelle depuis qu'elle vit là. Mais qui ne fait pas l'affaire de Diderot. Il insiste. Oh, il n'est pas près de renoncer à son épouse nue étendue sous lui. Il la veut à lui tout le temps. Maintenant qu'il a pris tous ces risques pour l'épouser, il la veut à lui chaque nuit, et la posséder autant qu'il peut. Plus il insiste, plus elle se refuse.

Elle a trouvé le meilleur moyen de chantage, le plus ancien du monde, le stratagème de Lysistrata, la grève des ventres, pour obtenir ce qu'elle veut. Mais l'attachement de Diderot aux siens est tel qu'il préfère se priver du sel de sa vie plutôt que de meurtrir ses parents.

À force de se refuser, elle déclenche le moteur le plus irrationnel qui puisse s'emparer d'un homme. Malgré elle, elle libère le ressort de la jalousie. Si elle se refuse, c'est qu'il y a quelqu'un d'autre dans sa vie, forcément ! Le voilà puni – ferré et jaloux ! Mais oui, Diderot est jaloux. Ses raisonnements s'en ressentent, le voilà idiot. Denise a raison, cette Nanette le rend bête.

Puisqu'il l'a séduite en lui commandant du linge, n'importe quel gandin du quartier peut en faire autant. « J'étais tellement prêt à tout pour la séduire ! Elle est encore plus belle aujourd'hui ! Des fous comme moi, ça court les rues. Il faut désormais qu'elle demeure enfermée chez nous ! »

Finie la lingère, il lui interdit de continuer sa pratique. Elle est mariée, elle obéit. Si elle se refuse à ses étreintes, c'est qu'elle a quelqu'un d'autre. En lui interdisant de continuer d'aller travailler, il la prive de toute autre rencontre avec un public toujours suspect.

– Je suis ton mari, il m'appartient de te faire vivre. Ma mère n'a jamais gagné sa vie. Ce sont des gens de peu, dont les femmes travaillent.

Donc, en conclut, la bouche pincée et l'âme vexée, Mme Champion mère :

– ... Vous allez devoir gagner vraiment de l'argent.

– Comme si jusqu'ici j'avais vécu de l'air du temps !

Empêcher Nanette de rapporter ses trois sous au ménage fait découvrir à Diderot qu'elle y contribuait pour plus de la moitié ! Le voici dans l'obligation de réussir. Et sa femme sera toute à lui...

La rue Saint-Victor se transforme en ruche, il y vit, il y dort, il y travaille, sa femme vaque toute la journée dans l'appartement sous la gouverne de madame mère qui sait comment tenir un balai, un homme et une maison. Des bavardages sans trêve, un épouvantable bruit de fond. Diderot devrait retourner au café pour retrouver sa concentration. Las, il est encore trop amoureux et jaloux, aussi reste-t-il claquemuré à traduire, traduire, traduire de l'anglais. Il lui faut pourtant s'en retourner dehors pour décrocher d'autres traductions. D'autres articles, d'autres sources d'argent…

Entre les courses au-dehors et l'enfermement au-dedans, il perd un peu de vue sa Nanette, reprise en main par sa mère. Les tête-à-tête allongés, les soirées d'amoureux, les ébats échevelés, tout est brisé par sa présence. Quant aux petits matins où Diderot s'étirait si bien contre le beau corps de sa femme, elle s'empresse de se lever tôt pour mieux le faire languir. Elle le fait tourner en bourrique à sa façon râleuse et colère.

Incapable de rester plus longtemps inactif, même face aux caprices de sa femme, lui aussi se reprend à sa façon, laborieuse. Aux premières heures du jour, après une marche rapide dans le jardin du Luxembourg, histoire de calmer ses nerfs, il file au Procope, rue de la Comédie, ou chez Laurent, rue Dauphine, pour boire, écrire, parler, rêver, enquêter, traduire, lire, redorer son ego. La plainte change de camp. Désormais Nanette lui reproche de n'être jamais là, de vivre au-dehors avec son horrible bande de canailles des cafés, d'être toujours par monts et par vaux, précisément quand ils pourraient être enfin seuls… Et toujours occupé, quand elle aurait du temps pour lui.

Ce qu'elle lui reproche par-dessus tout, c'est de ne rien vouloir faire d'autre avec elle que l'amour. C'est qu'elle s'ennuie la belle, sans travail, sans loisir, ni sortie. Toujours fille aux yeux du monde puisque Diderot lui interdit de porter son nom pour ne pas alerter ses parents, elle n'ose pourtant plus vivre comme une jeune fille. Et se morfond.

Arrive ce qui devait arriver, ce pour quoi, au fond, les filles se marient et consentent aux effusions de leur époux. Ce pour quoi les garçons, quant à eux, daignent les épouser. Elle est enceinte. Elle attend un petit Diderot. Il la prend dans ses bras. Il la fait virevolter en tous sens, elle crie, elle rit, il l'embrasse, il est fier, il a peur. Ça le bouleverse, ça l'affole. Elle aussi. Car en vérité, avoue-t-elle alors, c'est la première fois qu'elle est enceinte.

– Avant ?

– Bah! Avant c'était une ruse de ma mère pour que tu m'épouses.

Au lieu d'être horrifié d'avoir été manipulé de la sorte, il est fou de joie. Cet enfant qui s'annonce efface tout, lui fait passer ce mensonge par pertes et profit puisque maintenant, enceinte, elle l'est vraiment, suffit de regarder ses seins qui se gonflent de lait sous ses yeux ; et ça l'émeut. Et – mais il n'ose le lui dire – ça l'horrifie. Hier encore, il était garçon, et demain à la tête d'une maisonnée de quatre bouches à nourrir ! C'est terrible, comment va-t-il y arriver ? Comment s'organiser, s'en sortir... ? Oh, mais il n'est plus temps de chercher la réponse, Mme Champion mère veille, et le dégrise aussitôt.

– Ben va falloir vraiment gagner des sous maintenant. Et puis c'est pas l'tout ! Va aussi falloir déménager. Des sous, des sous...

L'urgence est aux sous. Tanné par sa belle-mère, affligé par sa femme, il prend la tangente. Se réfugie dans des travaux d'écriture en tout genre, articles, traductions... qu'il accumule.

Elle a maintenant une bonne raison de se refuser à lui : attention au bébé ! Il est toujours aussi désireux, mais la gésine l'oblige à plus de respect. Ce qui le rend vraiment malheureux. Elle finit sa grossesse dans le lit de sa mère tant elle se défie de lui. Six mois sans amour. Au piquet, au pain sec et à l'eau.

Alors il reprend ses usages de café, passe l'essentiel de son temps avec ses amis, des actrices, des chanteuses, renoue avec sa vie d'avant, ses amis déclassés et bohèmes avec qui il était si heureux hier. Moins aujourd'hui. Malgré lui, il s'est éloigné. Ils ne sont qu'ambitions rentrées, déçues – amertumes et aigreurs – alors que peu à peu Diderot est sur la voie des siennes. Ses articles sont désormais publiés par le *Mercure de France*, souvent repris ailleurs, on en parle, on les commente dans ces mêmes cafés. Ses traductions sont plus lentes à sortir, toujours en plusieurs volumes, mais issues de l'anglais, donc très attendues, elles font souvent sensation. Il acquiert un début de notoriété. Oh ! entre gens de lettres, dans son tout petit milieu, bien sûr, mais n'est-ce pas le premier échelon de la gloire : être reconnu par ses pairs. À quand les grands ? Demain, Voltaire, demain...

Il ne partage plus les mêmes rêves de grandeur de ces délicieux gobe-lune avec qui il commence généralement ses nuits. Il n'est plus tout à fait comme eux. Autre déjà. Tout l'argent qu'il gagne provient de l'écriture, et il n'a plus besoin de ces petits boulots annexes et humiliants : répétiteur d'enfants, professeur de musique ou de mathémathiques, écrivain public...

Sitôt qu'il a su sa femme enceinte, il a négocié avec Briasson une nouvelle traduction à meilleur prix. Le même Briasson vient de s'associer avec Laurent David, un autre libraire, qui a considérablement enrichi son entreprise. Ils lui ont commandé la traduction d'un dictionnaire de médecine en six volumes – un succès outre-Manche – rédigé par un certain James, que Diderot a suffisamment lu pour savoir ce qui, dans la pensée de l'auteur, peut servir de support à ses idées propres. Ces idées qu'il rumine de plus en plus au-dedans de lui et souffre de devoir contenir. Par le truchement de James, il va les exposer. C'est ce qu'il appelle « adapter l'anglais au goût et à l'esprit français ». Pour achever l'ouvrage rapidement – il a vraiment besoin d'argent –, il fait embaucher par ses libraires ses deux complices, Eidous et Toussaint. Le premier pour traduire littéralement l'anglais, le second pour « l'arranger » en français courant. Il faut faire vite. L'enfant va naître. Quand Nanette et sa mère se plaignent trop, Diderot file au café. Si l'humeur est vraiment mauvaise à la maison, les discussions de travail autour d'un verre se prolongent des journées entières. La plainte des deux femmes ne porte que sur le manque. Manque d'argent, manque d'espace, manque de reconnaissance…

Certes Diderot va avoir un enfant, mais personne dans sa famille ne doit le savoir, aussi Nanette s'est-elle persuadée qu'il a honte d'elle. Pour l'en punir, elle fait tout pour lui donner raison. Sitôt qu'il reçoit chez eux collaborateurs, libraires ou amis, elle l'insulte telle une harengère. Elle le rabaisse en se rabaissant. Diderot fuit pareille ambiance qu'il met sur le compte de la grossesse. État célèbre pour modifier les humeurs. Il suffit d'être patient, et il la retrouvera dans quelques mois comme il l'aime. Oubliant tout de ses précédentes rebuffades.

En attendant, il étire les heures de travail au-delà du nécessaire. Il prête sa plume anonymement aux uns, aux autres ; il a autant de plaisir à voir les ouvrages des autres complets et intéressants que les siens propres.

Il fait nombre de comptes-rendus scientifiques des séances publiques à l'académie de Bouguer, de La Condamine, de l'abbé Nollet. Ses articles dans le *Mercure* ne sont pas toujours signés, mais l'allégresse et la vivacité de leur style le trahissent. Ses compagnons de misère et autres « rêve creux » qui peuplent son univers ne suffisent plus à son besoin de controverse et de confrontation d'idées. Il doit trouver de quoi assurer sa gloire et sa réputation, échapper aux frustrations domestiques, se captiver davantage. C'est rue Saint-Jacques, chez le libraire Babuti avec la fille de qui il entretient une amourette très espiègle, qu'il tombe sur un ouvrage de Shaftesbury. Un Anglais à la mode même en France, dont Diderot s'entiche en quelques lignes. Il s'agit d'un *Essai sur le mérite et la vertu* qu'il parcourt à toute vitesse, et adore instantanément. Il en lit beaucoup de ces ouvrages, debout dans les librairies de la rue Saint-Jacques, aussi a-t-il désormais grande confiance dans son jugement, il sait immédiatement quand c'est vraiment bon. Il convainc aussitôt ses libraires de lui en confier la traduction. Il s'y attelle, tout en supervisant l'achèvement du dictionnaire que peaufinent ses « tâcherons ».

Shaftesbury est un somptueux prétexte pour dire enfin ce qu'il pense. Caché derrière lui, il ose pousser ses idées, il profite de Shaftesbury pour structurer et affermir sa pensée, tester son raisonnement. Il se fait les muscles et les neurones sur les idées de l'Anglais qu'il tire à lui de plus en plus. Traduire lui devient prétexte à semer son grain de sel qu'il épice sans cesse. Prétexte à élaborer sa philosophie : il grave noir sur blanc ses premières théories personnelles. Infidèle à l'auteur anglais qu'il prétend servir et adorer, il se paye le luxe de lui prêter ses propres audaces, et toute l'insolence qui mûrit en lui. Cette nouvelle manière de traduire l'exalte, il sent que, tout doucement, il s'approche de ce qu'il a vraiment envie de faire avec sa plume. Changer le monde, le dévoiler, le révéler pour autant qu'il le connaisse, le devine et le perce à jour. Transmettre au plus grand nombre les arcanes de tous les secrets entretenus par les pouvoirs qui y ont le plus intérêt. Ce que d'aucuns appellent son indiscrétion est chez lui un souci constant de transparence, c'est même sa raison d'être philosophe : tout dire au plus grand nombre, ne rien celer. Révéler. Éclairer le monde.

Plus la grossesse de Nanette avance, plus son caractère se révèle difficile, et c'est un euphémisme. Capricant, acariâtre, exigeant, mesquin, défauts que Diderot s'empresse d'attribuer à cet état de gésine, mystérieux quand on le côtoie de si près.

Tolérant – amoureux –, il attend que ça passe. Bienveillant, il fait le dos rond. Mais la vie à trois devient infernale, Diderot prend peur. Comment sera-ce à quatre ? Il se souvient de ce que prônait Rousseau : « Bah, il y a des nourrices. » Rousseau, voilà un interlocuteur dont il aurait besoin ces temps-ci. Comme il lui manque.

La chaleur caniculaire de ces journées d'été – ils demeurent toujours sous les toits – est encore plus agressive pour la pauvre Toinette chaque jour plus lourde et haletante. Elle se relaie avec sa mère en une sournoise guerre d'usure afin de l'obliger à déménager. La canicule achève de le contraindre d'installer rive droite femme, belle-mère et enfant à naître, en un quartier où tous sont inconnus, donc sans mauvaise réputation à contrecarrer. En dépit de toutes ses scènes, ses cris et ses larmes, Diderot ne cède pas sur le nom, Nanette doit continuer de porter son nom de jeune fille.

C'est près de la Bastille, rue Traversière, que Diderot trouve à loger son petit monde. Loin de son cher Quartier latin, mais l'appartement est plus grand, plus frais... Et il était temps : à peine installés, dans l'après-midi du 12 août, le bébé se présente. Au milieu de ballots de linges, Nanette accouche d'une belle petite, à qui Diderot donne le prénom de sa mère, Angélique. S'il ne peut lui annoncer qu'il l'a faite grand-mère, au moins saura-t-elle plus tard, quand elle l'apprendra, combien il pensait à elle. On la baptise le 13 août à Saint-Nicolas-du-Chardonnet. Comme prévu avant le déménagement, on a des arrangements avec le curé, c'est le confesseur de Nanette. Eut-elle fugitivement l'impression d'un marché de dupe en se rappelant que Diderot avait prétendu s'enfermer au séminaire de cette paroisse-là, dans l'unique but d'entrer en relation avec elle ? Plus le temps d'y songer. Désormais la vie des deux dames Champion tourne autour du berceau, entièrement mobilisée par le bébé. Diderot est toujours seul dans son lit. Nanette n'a pas décidé de le rejoindre.

– Oh, vous savez, tant qu'elle allaite..., semble l'excuser madame mère.

Il perd courage. Son amour commence d'être entamé par ces neuf mois et plus de refus systématique. Son désir pour elle ne décline pas, mais...

Mieux vaut se replonger à temps plein dans le travail, oublier, n'y pas penser. Mais son corps ne le laisse pas en repos.

Il est furieux. Il essaie à nouveau. Elle le repousse. Violemment. Elle se dit prête à appeler au secours, à crier par la fenêtre, prête à s'y jeter même, s'il approche, s'il la touche... Elle ne se laisse plus enlacer, embrasser. Plus rien. Il est pourtant persuadé que seuls l'apaisement des corps, l'exultation des sens, la sensualité débridée de leurs débuts, leur apporteraient un renouveau d'amour et de paix.

Nanette et sa mère constamment penchées sur l'enfant ne lui en laissent pas le loisir. À peine aperçoit-il sa toute petite fille qu'aussitôt on la lui ôte, comme si l'on se défiait de lui. Il n'a pas le temps de comprendre ce que la paternité change à sa vie, qu'en quelques secondes, une terrible tempête dévaste la maisonnée : la petite fille meurt. Elle dormait. Elle respirait calmement. Normalement. Puis soudain, sans qu'il se soit rien passé, Nanette ne l'a pas quittée, elle ne respire plus. Elle est toute bleue. Elle est morte. Endormie et morte. Sans raison.

La toute petite Angélique, morte. Elle s'est éteinte comme ça, sans un cri, sans un signe annonciateur, dans la nuit du 29 septembre. Et Nanette qui l'allaitait encore ! Que faire de tout ce lait ? Oh ! il se tarit d'un coup quand, au petit matin, elle la trouve toute froide dans son berceau, déjà roidie. Nanette est prise d'une crise de détresse d'une violence que Diderot n'aurait pas crue possible. On l'enterre le lendemain, dans une toute petite boîte en bois, au cimetière Sainte-Marguerite. Puis on rentre à la maison sans pouvoir échanger un seul mot. Le curé dans un silence prostré a récité ces paroles à cause desquelles Diderot s'est retiré de l'Église. Inconsolable, comment peut-on se réjouir qu'une petite âme soit montée au ciel, c'est ici qu'elle portait la joie, le bonheur, sa mort interrompt toute espérance. Diderot ne sait comment passer les minutes, les heures, les jours qui suivent ce cataclysme. Il ne peut consoler Nanette, réfugiée dans les bras de sa mère, mais lui aussi a besoin de bras autour de lui. Il ne comprend pas à quoi il est confronté, il sent juste une frontière entre sa vie hier et sa vie demain. Mais l'aujourd'hui est invivable.

L'entourage arrive chargé de victuailles. L'entourage, ce sont essentiellement les relations des deux femmes, des voisines du nouveau quartier, des clientes de l'ancienne lingère. On mange beaucoup autour de la mort, s'étonne Diderot. L'entourage et les mets ont pour fonction de consoler comme les paroles de l'homme de Dieu.

« Tout le monde perd un enfant, au moins un, quand ce n'est pas davantage… » L'entourage le sait bien, l'entourage le répète, l'entourage insiste. L'entourage a un côté madame-je-sais-tout qui agace Diderot. D'autant que Nanette n'écoute pas, Nanette n'entend pas, prostrée, elle s'enferme dans son chagrin. Sa mère reçoit les visites, écoute et répond. Même elle n'a plus accès à sa fille. Et ce grand deuil, ce chagrin qui eût dû rassembler les jeunes époux les éloigne davantage. Nanette a l'air d'en vouloir à son mari comme s'il était responsable. La mort le chasse comme l'avait fait la naissance. Dans les parages de l'enfant, vivant ou mort, l'homme est toujours de trop.

– Toinette…, l'implore-t-il.

Toinette se refuse à lui encore plus hargneusement, haineusement, dirait-on. Elle le punit de son chagrin. C'est de sa faute si l'enfant est morte. Le fait que ça arrive à d'autres ne change rien. On lui a volé sa petite Angélique, son tout petit… Elle est inconsolable. Diderot n'ose même pas dire sa propre peine. Pourtant elle seule, sa femme, rien qu'en posant la main sur son front l'apaiserait sûrement. Mais elle reste enfermée dans la pensée et le camp de sa mère.

Pour Mme Champion, pas de doute, c'est le manque d'argent qui a tué l'enfant. C'est donc la faute de ce claquedent, incapable de faire vivre dignement sa famille. Mauvaise, la belle-mère lui en veut ouvertement. À croire qu'elle monte sa fille contre lui…

Diderot franchit le pas et, furieux, maladroit, s'en prend à Nanette. Au lieu de dire la peine, la solitude, le manque, le deuil, il lui reproche stupidement de ne plus dormir avec elle, de se refuser à lui.

– Si tu continues de me repousser, je vais aimer ailleurs. Je suis un homme de bonne composition, mais j'ai des besoins. Célibataire, je n'ai jamais eu de problème pour les assouvir. Si tu fais de moi un mari célibataire, je reprendrai mes anciennes habitudes, c'est à toi de décider, mais dépêche-toi.

– J'ai bien trop peur de me retrouver enceinte d'un futur petit mort pour te laisser me faire l'amour.

– Reviens au moins dans notre lit, nous saurons nous aimer sans danger, je te le promets…

Elle cède. Sans les injonctions de sa mère, elle ne trouve aucun argument à lui opposer. Elle trouve même qu'il a raison de la désirer de la sorte. Ce lui est un réconfort. Et lui aussi, implore-t-il, a grand besoin d'être consolé. Cette petite fille, il y tenait beaucoup, il allait l'aimer quand on la lui a enlevée. Il faut qu'ils se consolent tous les deux enlacés, c'était leur petite à eux deux. Elle le rejoint dans leur lit. Où ils inventent un nouvel érotisme qui permet à Diderot de jouir, et à Nanette de n'être pas fécondée. Ça va un peu mieux. Ils se détendent.

Puisque ce bébé à cause de qui Diderot a quitté son Quartier latin n'est plus, rien ne justifie son exil des lieux où il a toujours vécu, où sont ses libraires, ses amis, ces lieux qui exaltent sa vie à Paris. Il veut déménager à nouveau, les deux femmes refusent en chœur. En s'installant rue Traversière, outre une réputation neuve – c'est une telle douleur pour une fille grandie au couvent de laisser l'entourage croire son enfant illégitime –, elle espérait dépayser son mari, l'éloigner de ses mauvaises fréquentations, de toute cette canaille littéraire avec qui il passe son temps. Elle refuse de lui faire cette joie-là. Rentrer au Quartier latin, ce serait comme s'il l'abandonnait davantage.

Faire croire qu'il n'est pas marié autorise Diderot à mener sa vie de célibataire comme si rien n'était changé. Nanette en a conscience et se tient désormais sur ses gardes.

D'autant que cet homme qui a tant plu à Diderot, celui dont il s'est dit qu'il ne le quitterait jamais, vient de rentrer à Paris. Le si charmant Jean-Jacques Rousseau arrive chez les Diderot, encore tout essoufflé de ses quinze mois à Venise, dont il n'a pas envie de parler tant ça s'est mal passé pour lui, à l'inverse de ses espérances. Il est brouillé à vie avec son ambassadeur, il est ruiné…

Qu'à cela ne tienne, on parle d'autre chose. Ce ne sont pas les sujets qui manquent. L'amitié est là, bouillonnante, trépignante. Ils sont fous d'amitié l'un pour l'autre. Diderot est prêt à l'héberger, à lui donner sa bourse. Mais pour ça, il faut s'éloigner de chez sa femme. Sa belle-mère tient sa générosité pour un crime de lèse-foyer. Ils filent à la Régence, où ils commencent par reprendre leurs bonnes parties d'échecs. Rousseau gagne toujours. C'est assez la nature de Diderot, pour consoler un ami, que de le laisser gagner, c'est sa manière de lui témoigner son amitié. Toujours pétri de bonnes intentions, plein de fougue et d'exubérance, prêt à tout pour faire plaisir. Le timide Rousseau, torturé par son sentiment d'infériorité, a grand besoin de l'estime que lui témoigne Diderot qu'il voit comme un gentil géant. Il l'admire autant que Diderot l'intimide. L'amitié – cette amitié un peu inégale en taille comme en personnalité, ce qui ne les dérange ni l'un ni l'autre tant elle est fusionnelle –, cette amitié pleine d'effusions commence à se déployer sur le tempo que lui imprime Diderot.

Diderot parle, torrentueux, volubile, plein de fougue, Rousseau écoute, fait la moue, observe, se tait. Maladroit et incapable de reparties, il se laisse aimer. Diderot aime aimer et Rousseau supporte de l'être. Rousseau se laisse régenter avec bonheur tant la chaleur de Diderot est communicative, exubérante, contagieuse.

Amer et terriblement humilié par son expérience vénitienne, où il n'a pas été à la hauteur, ce qu'il impute à son ambassadeur, Rousseau frappe partout pour obtenir vengeance et réparation. Justice, crie-t-il désespérément. Secrétaire d'ambassade, il croyait que ça faisait de lui un presque ambassadeur. Il a dû déchanter, mais ne s'en console pas. Le reste du temps, il écrit un opéra, *Les Muses galantes*. La musique est ce qui l'intéresse le plus au monde. Il a des idées, il est sûr d'avoir une œuvre à accomplir. C'est par la musique que le monde va enfin le connaître. C'est là qu'il sera grand.

Et puis, Rousseau a retrouvé sa Thérèse, la servante de l'hôtel d'Orléans, que Diderot lui avait recommandé – l'hôtel, pas la servante – et où il a pris pension près du Palais-Royal. Rousseau a repris son histoire d'amour là où il l'avait laissée, et il est très content comme ça. Diderot se dit que c'est l'occasion de changer les idées de Nanette en la sortant dans le monde, en la faisant entrer dans son monde à lui, dont elle lui reproche sans trêve de la tenir éloignée. La similitude de situations entre ces deux garçons, pleins d'ambitions et de rêves pas encore réalisés, tous deux amourachés d'une fille de peu, incite Diderot à présenter sa Nanette à la Thérèse de Rousseau.

Toinette n'a pas oublié qu'il a refusé d'être témoin à son mariage et n'a pas eu un mot de consolation pour l'enfant perdue, quand il est monté chez eux le jour de son retour. « Tant qu'on n'en a pas perdu un soi-même... » plaide

Diderot. Qui rédige sans trêve des articles pour le *Mercure*, des traductions pour ses libraires… Sa quête d'indépendance l'oblige à conserver plusieurs moyens de subsistance. Plusieurs fers au feu pour ne pas dépendre d'un seul protecteur. D'ailleurs il décroche un nouveau contrat. La bohème qui lui sert toujours de terreau fertilisateur, et le soutien de sa chaude fraternité de rêveurs éveillés, lui amène un drôle de type, Jean-Paul de Gua de Malves. Un bizarre abbé, défroqué bien sûr mais très élégant, quoique assez sale, en tout décalé et détonant. Pourtant de Gua expose à Diderot un projet intéressant, ou plus exactement, un projet taillé pour lui. Sitôt qu'il en comprend la teneur, Diderot est prêt à se lancer dans l'aventure. Il n'attendait que ça, ses travaux journalistiques l'épuisent quand ils ne l'ennuient pas. Il préfère de loin les traductions de ces ouvrages au long cours qu'on n'ose écrire en France.

L'entreprise de Gua est d'apparence assez modeste. Il s'agit d'une traduction en quatre volumes in-folio de la *Cyclopaedia, or Universal Dictionary of Arts and Sciences* d'Ephraïm Chambers qui a connu un immense succès en Angleterre en 1728. Depuis les Anglais n'ont cessé de l'actualiser et de la réimprimer. On en escompte autant. Il existe bien en France quelques dictionnaires techniques, mais rien d'aussi exhaustif couvrant toutes les découvertes du siècle. Le dit abbé de Gua a débauché trois des libraires qui ont publié Diderot, Briasson, Laurent Durant et David l'aîné, plus un nouveau, Le Breton, qui est dans les petits papiers du chancelier d'Aguesseau, l'homme de France qui accorde ou non les autorisations de publier. Le fameux Privilège.

Cet André François Le Breton chez qui de Gua amène Diderot n'est pas n'importe qui. D'Aguesseau l'a fait imprimeur officiel de l'almanach royal. Pas moins ! Il tient boutique rue Hautefeuille. C'est un gros homme plein de lui-même et sans doute de quelque influence. Âpre au gain, vaniteux et assez tortueux, il est d'humeur instable. Mais il vient de damer le pion de tous les libraires de la place en se procurant les droits de l'encyclopédie de Chambers qu'il exhibe devant Diderot.

À ces quatre libraires imprimeurs, il faut ajouter le premier rédacteur que de Gua a recruté et qu'il présente à Diderot. C'est lui qui emporte son adhésion. Il s'agit d'un dénommé Jean Le Rond d'Alembert, de quatre ans plus jeune que Diderot, mais déjà célèbre. Sitôt qu'on le voit, on comprend pourquoi. Il a tout pour plaire.

Fils naturel d'une des femmes les plus fameuses du début du siècle, Alexandrine de Tencin, ex-chanoinesse, grande amoureuse mais assez peu mère, et du chevalier Destouches, charmant mais négligent. À sa naissance, le bébé est déposé, pour ne pas dire abandonné sur les marches de l'église Saint-Jean-Le Rond, d'où il tient son nom. Il est recueilli par la veuve d'un vitrier, une certaine Dame Rousseau – rien à voir avec le Genevois – à qui Destouches verse une pension afin qu'elle lui serve de mère. Ça a si bien marché qu'encore aujourd'hui d'Alembert vit chez elle.

Bizarrement, il livre ces renseignements intimes à Diderot dès leur première rencontre, quand de Gua les met en présence. Comme s'il cherchait à excuser sa grande notoriété en se minimisant aux yeux de Diderot par sa triste naissance. Bâtard et abandonné, il lui faut compenser, c'est pourquoi il est déjà célèbre. Et d'une précocité et d'un talent incroyables. Alors que Diderot peine à se faire reconnaître, quoique les libraires aient insisté pour qu'il soit le maître d'œuvre du projet, on connaît sa rigueur et son expérience, associé à d'Alembert qui apporte lui, l'assurance d'une reconnaissance mondaine, l'aventure a bonne mine. À 25 ans, d'Alembert est déjà membre de l'Académie des sciences, il a publié un traité de dynamique, dont même Diderot a eu vent tant il a fait événement dans l'histoire des sciences.

La notoriété de l'un, le sérieux du travail de l'autre, pensent les libraires, garantissent le succès de l'entreprise, en accolant leurs deux noms en bas du contrat. Contrat qui n'entrera en vigueur que lorsque cet étrange abbé de Gua aura cessé de leur faire autant d'ennuis, et de les menacer de procès… Désormais il cherche à leur nuire à tout prix. Comme si, au seuil de réaliser son rêve, il en avait si peur qu'il préférait le saboter. Les libraires ont trop investi dans l'aventure, ils la veulent cette encyclopédie.

En attendant, Diderot et d'Alembert sont embauchés, et reçoivent une avance importante pour un travail indéfiniment différé. Diderot en a tant à achever que cet argent, sans rien faire en échange, est une aubaine. Sitôt qu'ils s'y mettront, ils seront rétribués par mensualités. Si tout va bien, l'avenir de son ménage est assuré pour une ou deux années.

La sympathie de Diderot pour d'Alembert est immédiate. Petit, frêle, pas plus haut ni plus gros que Rousseau, un visage merveilleusement intelligent, séduisant, plein de charme et même de joliesse, une voix de fausset perçante et sonore, qui lui permet des imitations des deux sexes avec un succès étonnant. Ajoutez à ça, pour Diderot qui aime tant à rire, un vrai sens de l'humour. Il est réellement drôle, d'une ironie terrible, quand même assez gentil. Et, ce qui ne gâte rien, lui aussi tombe immédiatement sous le charme de Diderot. Conquis par son intelligence et sa verve, sa fougue et sa gaieté, il le considère comme plus fort, plus doué, plus universel que lui, ce qui est rare pour d'Alembert qui a une assez haute idée de sa personne. Il perçoit Diderot comme un immense fleuve capable de tout charrier. Et le pense comme lui promis à un bel avenir. D'Alembert n'a jamais douté de sa réussite. Ni, à dater de ce jour, de celle de son nouvel associé.

Dans la semaine où ils font connaissance, Diderot lui présente Rousseau qui, en échange, leur fait cadeau de Condillac, son meilleur ami du moment. Lequel porte le petit collet des abbés de cour. Mine humble et courtoise, mais l'œil aux aguets, il est d'une impitoyable curiosité. Sous la soutane bat un cœur de passionné. Rousseau le présente comme un futur grand homme, d'un immense mérite et d'une science infinie. Bref, ne tarit pas d'éloges comme s'il était chargé de le vendre. Inutile, l'entente est immédiate. Presque aussi grand que Diderot, et tout aussi gros mangeur, ils sympathisent par-dessus la tête des deux autres. Alors que d'une égale petite taille, d'Alembert et Rousseau picorent et chipotent, Condillac et Diderot ont l'air de concourir à celui qui engloutit la plus grande quantité en moins de temps. Comme lui, Condillac remue encore sa fourchette quand il a la bouche pleine et continue de parler par gestes. Ils parlent autant qu'ils dévorent. On croirait leurs bouches en mouvement perpétuel, toujours occupées.

Entre eux quatre, une mutuelle et immédiate connivence, ils parlent la même langue, rêvent d'une même gloire. Des mois durant, ce quatuor refait le monde au moins un soir par semaine. Rousseau se pique d'écrire de la musique. Condillac, de la philosophie, il travaille à un traité sur les sensations dont il parle beaucoup avec Diderot, lequel ne peut s'empêcher de l'enrichir de ses réflexions passionnées. Pour mieux en tenir compte, Condillac reprend son livre de A à Z. Il veut y intégrer cette notion tellement neuve qui consiste à faire naître la pensée exclusivement des sensations. Du coup, il met plus de quatre ans à l'achever. Quant à d'Alembert, le plus savant des quatre, il survole tout avec brio, il éblouit, jongle de brillantes communications de mathématiques en exposés à l'Académie sur ses dernières trouvailles...

Diderot est le plus généraliste de la bande. Esprit universel, curieux de tout et en tout dispersé, il a de l'intérêt et des connaissances dans les domaines de chacun, une largeur de vues et des compétences dans toutes les matières, outre une capacité à introduire une note subjective, personnelle, sur n'importe quel sujet. Rien ne le laisse indifférent, tout l'excite, l'émerveille, le réjouit, le passionne. Ses amis sont ébahis par l'étendue et l'ouverture de son esprit. Diderot aimerait bien que le cercle de ses admirateurs, ceux qui reconnaissent ses talents, s'étende suffisamment pour résoudre à jamais ses problèmes d'argent. Si sa jeune gloire prend quelque ampleur, sa fortune est faite. Il n'en peut plus des sempiternelles plaintes des femmes de sa maison. Où « l'assassinat de sa fille Angélique par manque de sous » figure en tête de liste. Et s'il est parvenu à ne plus y accorder le moindre crédit, le rappel de cet atroce souvenir le peine toujours autant. Comment vivre avec des gens qui vous haïssent à ce point ? Nanette se plaint légitimement de ne pas partager la vie de son mari. Elle a raison. Désormais, c'est toute la vie de Diderot qui a lieu à l'extérieur de cet appartement d'où ne montent que jérémiades et méchancetés. Aussi profite-t-il de son amitié avec Rousseau pour tenter une sortie en ville. Nanette à son bras, Jean-Jacques avec sa Thérèse. Le dîner doit avoir lieu demain. Soudain il faut l'annuler. Il faut tout annuler. Mme Champion vient de rendre l'âme. Son cœur s'est arrêté de battre. Sans raison, mais y en a-t-il davantage à la vie, à l'amour ? La mort de sa belle-mère qui ne l'aimait pas est une catastrophe pour Nanette. Qui n'a jamais eu personne d'autre au monde. Mais après tout, elle va peut-être lui revenir, redevenir toute à lui… On l'enterre au plus vite. Diderot soutient sa femme, mais n'arrive pas à avoir de la peine. Très présent, il l'aide à survivre à la solitude de ses journées désormais désertes. Comme il a beaucoup de travail, il propose d'en faire une partie près d'elle, à condition qu'elle ne le déconcentre pas. Elle y parvient. Du coup, elle tolère mieux ses soirées au café, et quand il rentre tard la nuit, elle se fait plus tendre, et même plus chatte. Elle se laisse reconquérir sentimentalement, sensuellement. Elle est si perdue. La preuve, elle est à nouveau enceinte. C'est le moment qu'il choisit pour organiser ce fameux dîner à quatre.

Diderot et Rousseau ont beau préparer la soirée au mieux, croient-ils, le fiasco est total. Au premier regard, les deux femmes se détestent. L'une se conduit en pimbêche, fait tout pour avoir l'air d'une aristocrate déchue, et surtout misérablement traitée par son Diderot de mari, alors que l'autre joue la gourgandine comblée par le si peu sensuel Rousseau. Elles rivalisent de sottises, font concurrence d'ambitions plus bêtes et plus superficielles l'une que l'autre. Les deux hommes sont muets, tétanisés, ils assistent à ce mauvais spectacle, plus gênés qu'autre chose, mais l'un comme l'autre incapables d'y mettre un terme. Ils ne veulent pas risquer leur amitié.

Intelligemment, ils ont préféré le Procope à la Régence, où Diderot craignait de se laisser embarquer par ses chers pousseurs de bois. Comme tous les soirs traînent là ses amis et désormais associés Eidous et Toussaint, en compagnie d'autres bohèmes de leurs relations. De loin, Eidous comprend quel psychodrame se joue à la table de son ami. Comme il a déjà croisé Nanette chez elle, il la salue respectueusement, se fait présenter Thérèse, et entraîne à sa table en plus de Toussaint un autre de leurs compères, histoire de faire diversion. Quand ils approchent leurs sièges de la table, les femmes Rousseau et Diderot sont proches du crêpage de chignon, face à quoi ni l'un ni l'autre ne se sentent d'intervenir. Assurément incapables de séparer leurs épouses respectives ! Sans doute ont-ils tous un peu trop bu. Si Thérèse et Toinette ne peuvent pas se sentir, la jalousie que Rousseau manifeste envers Eidous, qui n'hésite jamais à afficher une grande intimité avec « son Diderot à lui tout seul, l'homme qu'il admire le plus au monde », cette jalousie-là l'emporte sur les autres tensions de l'instant.

Rousseau est d'une jalousie morbide, qu'il exhibe malgré lui, envers tous les amis de Diderot. Mais c'est la première fois qu'elle s'exprime avec tant de véhémence. À quoi est-ce dû, la querelle des femmes, l'échec de ce dîner, l'abus d'alcool ? Qui le sait ? Voilà en tout cas Rousseau sur le point d'exploser. Toute société dépassant quatre personnes le rend d'une timidité affreuse. Timidité qui sans raison apparente se change en violence. Quatre personnes, c'est son maximum. Et encore faut-il qu'il les connaisse toutes. Au-delà, il devient rustre, fâcheux ou taciturne. En tout cas, nul et imprévisible sauf quand il est au centre du motif. Or cet Eidous, ce Toussaint et surtout ce Jean-François, le comparse qu'ils ont imposé à table, ne sont bons qu'à rire et à faire rire, à s'amuser et à amuser la galerie. Se moquer est leur premier métier. Et que Diderot rie si bien de leurs plaisanteries irrite excessivement Rousseau. Toinette, sollicitée par Thérèse d'avoir un avis sur une de leurs saillies, la prend de haut, la toise, et fait soudain claquer sa lointaine naissance qui, effectivement, à l'origine était noble, même si, à l'arrivée, elle est plus pauvre que ces pauvres bohèmes... Ça dégénère. L'ambiance n'est pas bonne, quand le jeune gandin, au genre fêtard, cynique et superficiel, ce Jean-François, ami d'Eidous mais inconnu des deux couples, se met à plaisanter la Toinette sur ses grands airs. Et même à franchement s'en moquer.

– Et alors Marquise, combien de quartiers de noblesse ? Eh, mais c'est une belle duchesse que voilà... Et le cul, de quelle qualité de blancheur, de quelle variété de douceur, la peau des fesses ? Dites-nous tout, vraiment, ô ma grande noblesse...

Paradoxalement ce drôle de langage fait rire Toinette, rire bêtement ou rire jaune mais rire avec une certaine complaisance envers ce pas vilain garçon, qui après tout, semble s'intéresser à elle davantage qu'à la Thérèse. Va-nu-pieds et mal fagoté, mais des traits intelligents et une ironie mordante. Ce qui fait plaisir à Toinette, en revanche, fout en rogne son mari ! Eh oui, Diderot est aussi un jaloux, ombrageux et grotesque. Il le sait et déteste se montrer tel, surtout devant Rousseau. À jaloux jaloux et demi !

Les minauderies de Nanette soudain envahissent tout, Diderot ne se contrôle plus, il attrape le gandin au collet pour l'entraîner et en découdre si possible physiquement. Seule une bonne rouste le soulagerait.

Le jeune gandin s'appelle Jean-François Rameau, il est le neveu du célèbre compositeur Jean-Philippe et Diderot est prêt à l'insulter avec bien plus que des mots. Mais celui-ci flambe avec brio et esbroufe. Tant qu'il est dans l'établissement.

– Je ne pense pas qu'il te soit réellement possible de mourir sur le pré sinon d'une indigestion de foin, ricane Rameau.

Sitôt que Diderot l'a mené dans la rue et s'apprête à en venir aux mains, Rameau se jette face contre terre en gémissant très fort, et se roule dans le caniveau.

– Arrêtez, je vous en supplie... Cessez de me frapper... Je vais mourir...

Et Diderot ne l'a pas encore touché.

Tout ce que le Procope compte de fripons et de gobe-lune s'assemble sur ce bout de trottoir, comme sur le balcon d'en face, qui appartient à la Comédie-Française, s'agglutinent les acteurs, ravis d'assister aux derniers hurlements de Rameau, célèbre pour toujours déclencher l'hilarité générale. Il est un protée reconnu, capable de se changer en prince ou en loque humaine à la demande. Et il est toujours ce qu'il feint d'être, jusqu'au bout, avec foi, sincérité et ferveur. C'est un personnage étonnant. Ajoutez à ce physique dérangeant, ébouriffé comme un chien de basse-fosse, de jolies fossettes d'enfant gentil, un grand beau front intelligent, une bouche des plus gourmandes, des yeux vifs, et surtout, ce dont il use volontiers ce soir, une voix de stentor, une tessiture de cathédrale. Là, toujours en hurlant qu'on le tue, il fait mine de s'évanouir à même le sol. Plus question pour Diderot de porter la main sur lui. Il rentre payer pour s'en aller au plus vite. Sitôt que retombe l'attention sur lui, avec la dignité d'un prince de ligne, le neveu du grand Rameau se redresse et, en rajustant son couvre-chef, à la cantonade jette un tonitruant :

– Rira bien qui rira le dernier !

Puis magnifique, disparaît sans laisser de trace ni régler ses nombreuses pintes. Les convives de Diderot sont toujours aussi mal à l'aise. Quant au reste du café, médusé, il est sous le charme du traîne-savates évaporé.

Rousseau ne sait plus où se mettre, horriblement gêné de faire partie du cercle qui a créé ce tapage. Eidous et Toussaint s'éclipsent sans mot dire, chacun rentre chez soi la queue basse.

Diderot ramène sa « marquise » à la maison, en se promettant de ne plus la sortir jamais. Pas un mot sur la route. Piteux tous deux ? Oh non, une fois à la maison Nanette laisse dégorger sa colère et lui déverse des tombereaux d'injures plus ou moins méritées, juge Diderot, pas fier de lui.

Que faire ? Pour la première fois, il se prend à douter de cet amour pour lequel il a bravé père et mère, affronté tant d'obstacles, a enterré un enfant en cachette, en attend un autre... Impossible de s'avouer vaincu. Elle porte leur enfant. Il rentre en lui-même, il va patienter. Le travail ne manque pas. Jamais plus il ne recommencera pareil mélange des genres. Sa femme à la maison, ses amis au-dehors, le travail entre les deux.

Sans sa mère pour guider sa grossesse, elle reporte toutes ses craintes sur lui, et ne le lâche plus. Son angoisse augmente au fur et à mesure qu'approche le terme, Diderot n'en peut mais. Une fois reconquise sexuellement, il commence à sentir le poids de ce mariage « si mal assorti », comme le prophétisait sa sœur. La mort de sa belle-mère lui fait mesurer l'écart qui les sépare et semble se creuser. Seul avec elle, plus d'échappatoire intellectuelle, elle meurt de peur à l'idée d'accoucher, de ne pas savoir faire, de perdre à nouveau son bébé. Impossible de la rassurer suffisamment pour retourner à ses chères études. Il lui tient la main et cherche des sages-femmes à proximité pour le jour où.

Chapitre 13

1746
De la première maîtresse aux premiers vrais livres

> *On me dira des injures mais les injures ne sont pas des pierres. Rien ne me blesse.*
>
> Correspondance

Pendant la si pénible grossesse de Nanette, Didier, le petit frère de Diderot, arrive à Paris pour entrer au séminaire de Saint-Sulpice. Denis l'accueille à l'arrivée de la Poste et le conduit directement au séminaire. Puis le quitte, et l'oublie.

À cette occasion pourtant quelques aimables lettres de son père le prient de jeter un œil sur son petit dernier, sa mère le lui recommande avec tendresse, même Sœurette, qui s'enquiert surtout de sa vie à lui, et des rumeurs qui le disent marié, voire pis, père de famille. Ça ne peut pas être vrai. Diderot ne répond pas. Si, bien sûr, il promet d'aller visiter son petit frère, d'en prendre soin, de le sortir... Mais Nanette qu'il ne peut laisser seule, son travail qui ne peut attendre... pas une fois, il n'en trouve le temps. Ou la force. Si déjà la rumeur le chuchote... Il a trop peur d'être dénoncé à son père pour ce qu'il est devenu. Surtout de son frère, il se défie. Et comme il ne peut le convier chez lui, il ne le visite pas davantage. Il se sait si grand gaffeur qu'il s'abstient. Diderot est célèbre parmi ses amis pour dire tout ce qu'il ne faut pas. Il a du mal avec les secrets, il n'en confie ni n'en garde. Il préfère rendre ses vies étanches plutôt que de courir le risque que son père apprenne d'un autre qu'il est marié et père demain.

En dépit de sa femme en gésine et le plus souvent en larmes, Diderot reprend ses sorties. Il met en place un système d'alertes afin que Nanette prévienne au plus vite les matrones de l'immeuble, chargées d'aller quérir la sage-femme. Tout, il a tout prévu pour échapper à cette vie conjugale plus infernale à mesure que Nanette s'arrondit.

Dehors, une grande exaltation amicale et intellectuelle le lie chaque jour davantage à Rousseau, d'Alembert et Condillac. Ils ont pris l'habitude de se retrouver une fois par semaine au Panier fleuri, un restaurant du Palais-Royal. À ce rendez-vous, Diderot le désinvolte ne manque jamais, contrairement à ses usages : il est coutumier des rendez-vous manqués, oubliés. Ensemble, ils envisagent de créer une revue, une gazette, un bulletin, enfin ils ne sont pas fixés, ils savent seulement que ce sera un écrit pamphlétaire, dont ils ont arrêté le titre, *Le Persifleur*. Ils en parlent tant et tant qu'ils ne trouvent pas le temps de s'y mettre. D'Alembert en son for intérieur n'y est pas favorable. Sa réputation d'académicien ne l'autorise pas à se faire remarquer comme un potache. Mais l'amitié l'engage à jouer le jeu.

Reste que les sentiments entre ces quatre-là sont d'une infinie richesse. La proposition des libraires d'œuvrer à cette fameuse Encyclopédie à la française les rassemble avec bonheur, et plus encore, la nécessité de trouver des collaborateurs, experts sur les mille et un sujets dont elle traitera. L'entreprise se met en place en ayant encore l'air de traîner dans les cafés de la bohème dépenaillée. Tant que de Gua leur fait des ennuis… N'empêche, on s'organise pour le jour où. Les libraires annoncent que ça ne devrait plus tarder.

Bizarrement, c'est Diderot que les libraires envoient à d'Aguesseau, le très sévère directeur de la librairie, sorte de ministre de la censure, pour négocier le « Privilège d'impression de publication et de diffusion » de l'Encyclopédie. Ce Privilège est en gros un permis d'imprimer mais pas obligatoirement de diffuser. Sans lui, tout est interdit, avec on peut commencer à négocier. Le chancelier d'Aguesseau est un vieillard très chrétien et totalement conventionnel. D'Alembert, de l'Académie, n'aurait-il pas mieux fait l'affaire ? D'entrée, la personne de Diderot risque de choquer. Or contre toute attente, le vieux chancelier tombe sous le charme de Bouche d'or. D'Aguesseau lui trouve une intelligence tellement hors du commun qu'il se met, lui aussi, à rêver de son Encyclopédie. Il lui promet de la protéger envers et contre tout. Diderot a gagné. Il a le Privilège ! À lui, Denis Diderot. Grâce à quoi, il signe avec ses libraires un contrat plus avantageux que d'Alembert et qui le met à l'abri du besoin pour quelques années, à condition que ses besoins n'augmentent pas.

Dans toutes les publicités pour l'Encyclopédie, le nom de d'Alembert devance toujours celui de Diderot. Il est pourtant moins payé que le second. Présenté comme coéditeur de l'Encyclopédie sans distinction, d'Alembert, mieux connu des savants, apporte à l'entreprise caution et prestige de l'Académie des sciences. Diderot est perçu comme un obscur tâcheron des lettres auquel ses traductions et articles dans les journaux n'ont pas valu grande notoriété. Mais les éditeurs le connaissent, ils ont apprécié le travail considérable qu'il a fourni pour le dictionnaire de médecine. Bon traducteur, bon éditeur, bon chef d'équipe, il a mené la barque avec brio et rapidité. Des deux hommes c'est lui le professionnel, c'est donc lui qui a la responsabilité globale de l'entreprise, d'où sa rémunération qui pèse plus du double de celle de d'Alembert.

En attendant, Diderot continue de fuir son foyer au bénéfice du travail et de l'amitié. Ses nouveaux amis l'enchantent, il les trouve géniaux, au sens le plus fort du mot. Et réciproquement. Pareille excitation intellectuelle débouche sur de nouvelles amours. À quoi Diderot ne s'attend pas, si préoccupé par la perpétuelle mauvaise humeur de sa femme. Lors d'un dîner rue Saint-Louis-en-l'île, chez Philippe de Puisieux, jeune avocat spécialiste en droit des traductions, où l'entraîne Rousseau, persuadé que Diderot se fait exploiter par ses libraires, Diderot le maladroit, toujours aussi gauche en société, se laisse capturer comme un papillon par la flamme. Il ne voit ce soir-là aucun des autres convives que l'épouse de l'avocat. Il n'a d'yeux que pour elle. Incapable de suivre ni même de faire mine de suivre la conversation, il bade leur hôtesse. Mme de Puisieux. Madeleine de Puisieux. Elle lui fait très rapidement comprendre qu'elle ne sera pas cruelle envers son désir, s'il accepte de l'aider à écrire ses propres œuvres. Car elle se pique d'écrire, cette blonde dont Diderot dit : «... blonde, une de ces blondes qu'un philosophe devrait toujours éviter ». Elle se veut intellectuelle, et s'estime très au-dessus de la société. Sitôt qu'elle découvre quel homme il est, de quel talent et de quelle générosité il est capable, elle décrète qu'elle a besoin de lui, et qu'avec son aide, elle fera une œuvre véritable.

Madeleine de Puisieux est laide. Et même effroyablement laide, mais elle ne laisse pas à Diderot le temps de s'en rendre compte. Très cultivée, une conversation charmeuse, délurée et terriblement coquette... Il tombe immédiatement dans le piège des sortilèges qu'elle semble ne déployer que pour lui. Avec la promesse de lui révéler des talents plus cachés encore. Si elle n'a pas, loin s'en faut, la beauté de Toinette, elle s'attache instantanément Diderot par ses exigences érotiques et sa science des frissons. Cette femme est douée d'un exceptionnel talent sexuel. Elle sait traiter un homme au lit. Et dans les salons, mène des conversations d'un assez bon niveau. À l'opposé de Toinette. Elle a accès, sinon au grand monde, du moins au beau monde, où elle donne magnifiquement le change. Chacun la prend pour une grande. Toutes choses interdites à Toinette. Cette excitation nouvelle ne succède pas à celle de l'amitié avec Rousseau et d'Alembert, au contraire. Elle la redouble, la triple, la centuple. Diderot ne sait plus à quel amour se vouer. Trop de sollicitations, trop d'occasions de faire le larron. Il en oublie sa femme enceinte et pleurnicharde.

Sous les compliments et les encouragements de Mme de Puisieux, il se lance dans une écriture personnelle. Il ose. Enfin. Comme s'il n'attendait que ça depuis toujours sans en avoir conscience.

Elle lui répète sans cesse qu'il est un génie, et comme tout en lui rêve de le croire, il la croit, sur parole et sur baisers. Et le devient un instant à ses propres yeux. Elle l'aime, elle l'admire, elle le veut riche et célèbre. Sous sa gouverne, il le deviendra, il n'a qu'à se laisser sculpter par elle, par ses mains agiles et expertes en caresses plus douces et terribles les unes que les autres. Elle a besoin qu'il soit le plus grand, il va l'être. Entre deux étreintes, il le lui promet. Elle rêve qu'il écrive de grands textes qui défrayent la chronique, il s'y jette à corps perdu. À corps vraiment perdu. Plus besoin du prétexte d'une traduction pour émettre ses idées propres, il se lance et il écrit enfin comme si ça allait de soi, comme s'il n'avait attendu que ça toute sa vie. Il engrange textes sur textes, à toute vitesse, sans trêve. Il n'a plus droit au repos ni au sommeil. Il produit ses œuvres, ça y est ! « Voltaire, j'arrive ! »

Il ose enfin dire les quelques certitudes, fondées sur les doutes que la religion a fait naître en lui et lui a permis d'articuler depuis l'époque où il s'apprêtait à se faire clerc, les motifs qui l'en ont détourné. Sa pensée n'a pas tranché entre déisme, théisme et athéisme. Le déiste est celui qui croit en Dieu mais qui nie toute révélation. Le théiste au contraire est celui qui admet la révélation comme fondement d'un culte. Quant à l'athée, lui nie l'existence de toute divinité. Il tâtonne. Il pioche dans les notes prises en traduisant Shaftesbury, ces pensées forcément issues d'un esprit formé par la Sorbonne, trop françaises, trop à lui, pour être imputées à l'Anglais. À toute vitesse, il rassemble et rédige ses *Pensées philosophiques*. Il oscille toujours entre théisme et déisme, s'il réfute encore l'athéisme, il laisse le champ ouvert, mais condamne sans rémission toute forme d'excès, de superstitions et avant tout l'intolérance révélée par les plus absurdes manifestations, tels les fameux convulsionnaires de Saint-Médard. Ses *Pensées* sont encore sur le métier, que déjà, ça ne suffit plus au bonheur de sa maîtresse.

Elle veut d'autres textes, elle veut la gloire pour son amant, et que les brillants écrits qu'elle lui inspire lui rapportent à elle. Ou pour mieux dire, elle veut aussi l'argent qu'il en retire. Ses *Pensées* ne sont pas publiées, mais circulent comme on dit sous le manteau, et bénéficient d'un succès d'estime et de bouche-à-oreille. La Puisieux se délecte de l'effet produit. Vénale et coquette, ses besoins de toilettes et de colifichets sont un gouffre qui excède de beaucoup les moyens de son juriste d'époux. Pour sonder la dépendance de son amant, elle tente des caprices de plus en plus coûteux.

Diderot doit produire davantage. Produire plus vite pour gagner plus d'argent. Argent qui par nature doit échapper à son ménage pour se changer en toilettes et en bijoux pour sa maîtresse. Il doit aussi faire vivre sa femme, incessamment mère. C'est imminent. Comment y parvenir avec cette exigeante maîtresse, qui ne le laisse pas en repos ? En produisant plus ! Et Diderot découvre qu'il adore qu'on ne le laisse pas en repos. Il adore être surchargé de travail, il adore voir comme plus il accomplit de choses dans sa journée, plus il parvient à en faire et davantage encore, y compris la nuit. Ravi de pouvoir étirer sa puissance de travail et ses pouvoirs d'amant, passer de l'un à l'autre et recommencer. Ravi d'avoir réussi à finir un livre, son premier livre, de lui, seul.

– L'heure est au succès de Crébillon. Son texte licencieux *Le Sopha* fait florès à la cour et chez les gens aisés..., insinue Mme de Puisieux.

– Et alors ? ne comprend sincèrement pas Diderot.

– Pourquoi ne rédigerais-tu pas, oh juste là, comme ça, sur un coin de guéridon, un petit roman assez libertin pour émoustiller les lecteurs, suggère-t-elle, le corps lascif et encore abandonné contre celui de son amant. Chiche ? Ou peut-être n'en es-tu pas capable ! le provoque-t-elle.

– Tenu, relève imprudemment Diderot.

– Alors... Allez, debout, au travail, libertin.

Ainsi s'attelle-t-il aux *Bijoux indiscrets*. Un roman grivois. L'idée est des plus simples. La mode est aux mystères orientaux. Ses héros sont transparents, ils règnent au Congo, c'est-à-dire en France. De Louis XV, Diderot fait un sultan, Montgogul, de la Pompadour, Mirzoza sa maîtresse aimée et aimante. Par jeu, pour se distraire, ils parient sur l'infidélité définitive de toutes les femmes. Le sultan est doté d'un talent mystérieux pour faire parler les clitoris, autrement dit, le

« bijou » fameux des femmes. Lequel, on ne sait pourquoi, ne saurait mentir. La nature ne ment pas ! Et se révèle d'un bavardage et d'une vantardise pas toujours flatteuse pour ces messieurs de la cour. Chaque bijou autorisant plus d'une anecdote, une femme bien née ne saurait se contenter d'un seul amant, Diderot risque de n'en jamais voir la fin. Il manque encore d'imagination en ce domaine et finit par solliciter ses fidèles compagnons d'orgie, pour qu'ils lui fournissent des scènes plus scabreuses les unes que les autres. Ses amis de bamboche s'amusent follement. Ravis, ils inventent ce qu'ils ne vivent peut-être pas. Tous les traîne-misère une fois lancés y vont chacun de leurs histoires d'amour très débraillées, débridées même, où de l'amour, il ne reste souvent que la chair. Des affaires de sexe assez osées. Collationnées par Eidous et Toussaint en moins d'une semaine, elles sont mises au propre par Diderot en quinze jours. Entre le Vendredi saint et le dimanche de Pâques, il parachève l'écriture de ses *Bijoux indiscrets* et l'annonce tout fier à sa belle. Et au libraire, qui lui promet de ne jamais révéler que Diderot en est l'auteur. Pour ce manuscrit anonyme que Briasson publie en Hollande sous l'indication « Au Monomotapa » il lui remet douze cents livres, une fortune. S'il n'avait qu'une seule femme, il serait presque riche, mais Mme de Puisieux est d'une folle gourmandise. Et s'est donné pour mission de l'épuiser tant au lit qu'à la table d'écriture. Avec science et conscience, elle y met tout son cœur, tout son corps et toute sa ruse. Elle exige toujours plus de textes faciles à vendre. Les contes se vendent bien. Qu'à cela ne tienne. Mme de Puisieux est prête à faire croire qu'elle est l'auteur de *L'Oiseau blanc, conte bleu* d'un érotisme très osé même pour un anonyme.

Elle réclame qu'il corrige aussi ses textes propres, et qu'il les épure de ses innombrables fautes d'orthographe. Ce qui l'amène à les réécrire presque en entier... Amour de la langue oblige et de sa maîtresse. Entre deux séances de sexe acrobatique, elle lui prouve qu'il ne sait encore rien des vraies femmes et de leurs désirs. Il ne demande qu'à apprendre. Mais quand ? Il n'a plus une seconde.

Pour assurer le tout-venant, sa femme et son ménage, il signe pour une nouvelle traduction anglaise. Pour son compte, maintenant qu'il y a pris goût, il ne veut plus s'en priver, il se lance dans un autre texte philosophique dont le thème cette fois porte sur les aveugles.

À la question « un aveugle-né auquel la vue est rendue distingue-t-il à distance la sphère du cercle, le carré du cube ? » Diderot répond par un relativisme généralisé : « Un aveugle n'ayant jamais vu couler les larmes de son prochain sera peu compatissant, voire cruel. Plus menacé il sera plus sévère pour le vol, à plus forte raison pour le meurtre. » En deuxième partie, il fait dialoguer le mathématicien Saunderson, un aveugle-né, avec le ministre Holmes qui le veut bon chrétien. « Un aveugle n'a aucune idée de la beauté du spectacle du monde, elle ne lui révèle donc aucun Dieu... L'existence même des aveugles est un démenti à l'ordre du monde... » Pour la dernière partie, il distingue sensations et perceptions confondues par Condillac et La Mettrie, et décrète que seules les sensations sont immédiates, les perceptions demandent du temps et des comparaisons de sensations. Ainsi subrepticement sans avoir l'air d'y toucher, Diderot fonde le matérialisme biologique ! *Rien de juste ou d'injuste dans la nature, tous les phénomènes y sont nécessaires et personne ne peut agir autrement qu'elle le fait.*

Longtemps avant de la laisser publier, sa *Lettre sur les aveugles à l'usage de ceux qui voient* se diffuse sous forme manuscrite, sans nom d'auteur évidemment. Comme elle est très demandée, le libraire Durand l'imprime et la domicilie à Londres pour la distribuer. En attendant, Diderot et d'Alembert œuvrent à la promotion de la future Encyclopédie. Mais la dame ne le laisse pas en repos. Elle le somme d'achever sa *Promenade du sceptique* qu'il a commencé mais traîne à finir. Il n'en est pas très satisfait, il hésite encore sur l'athéisme.

Eidous, Toussaint, Rousseau, Wille et d'Alembert, ses rares amis au courant, approuvent sa liaison avec la Puisieux. Puisqu'elle lui inspire des textes plus épicés qu'avant, plus nombreux, plus personnels, qu'elle l'oblige à diversifier ses activités, et donc à les solliciter, eux, pour des choses légères et plus amusantes que la traduction du vocabulaire technique anglais ; ils approuvent l'aventure à condition qu'il ne tombe pas amoureux, parce qu'une fois entiché, il est perdu pour la joie. Amoureux, Diderot l'a bien vu quand sa Nanette ne voulait pas de lui, et eux le savent, il n'a plus une once d'humour.

Le terme est proche. Aussi à bout de résistance, Toinette cède, Diderot a gain de cause, le couple se réinstalle rive gauche, rue Mouffetard, précisément où jadis ils se sont aimés et connus. Tout est bon pour ranimer un amour… C'est là que le 22 mai 1746 naît un beau petit garçon qu'ils nomment François Jacques Denis. Pour celui-là, Diderot ne prend aucun risque. Sitôt baptisé à Saint-Médard, il le met en nourrice, la plus chère, la meilleure, décrète-t-il. En nourrice pendant les mois tangents, ensuite… Ensuite, ce sera une joie pour Toinette de le récupérer. D'ici là, libre à elle de se rendre tous les jours à Sèvres où loge la bonne nourrice. Et de passer ses journées à apprendre près d'elle son métier de mère. Ouf, voilà Toinette enfin occupée. Et souriante. Diderot est heureux et fier de se trouver père, mais il est inquiet et reste sur ses gardes. Tant que l'enfant ne vit pas avec eux à la maison,

DE LA PREMIÈRE MAÎTRESSE AUX PREMIERS VRAIS LIVRES

il refuse de s'y attacher, il est échaudé plus qu'il ne le pensait par la perte de la petite fille. Mais n'en dit rien à Nanette qu'il laisse à sa joie.

Le mois suivant, donc en juin 1746, c'est au tour de ses *Pensées philosophiques* de naître vraiment c'est-à-dire d'être publiées, diffusées hors des cercles étroits des salons et des cafés, sans nom d'auteur ni d'éditeur, mais ça suffit au bonheur de Diderot. Le succès est immédiat et général. Considérable pour un débutant. Le voilà aussitôt sacré grand écrivain. Dans son petit cercle de lettrés et de curieux, l'accueil est unanime. Pour son premier ouvrage, c'est un coup de maître.

Comme il a eu raison de s'opposer à son père! Comme il a eu raison de renoncer à tout autre métier! Comme il a eu raison de s'entêter! Le voilà, sinon récompensé, du moins encouragé à continuer sur le chemin qu'il trace de-ci de-là, sans trop savoir, au jugé, à l'intuition. Diderot se voit enfin sur le sentier de la gloire. Et le temps passe et ne le dément pas. Il jouit toujours de l'amour de Mme de Puisieux, de la tendresse d'amis très chéris, d'un grand nombre de commandes pour des travaux d'écriture collective et alimentaire, à ne savoir qu'en faire... Outre le désir de poursuivre une œuvre personnelle à peine esquissée et de mettre en chantier la grande affaire Encyclopédique.

À la maison, son épouse apaisée dorlote leur héritier mâle. Qui ne porte pas le nom de Diderot mais ça ne l'inquiète plus. Il sait aujourd'hui que tout viendra en son temps. Il vit intensément, il est heureux.

Le bonheur? Oui et il n'y a pas de raison que ça s'arrête, quand, brutalement, un bruit se met à courir Paris. « Ce livre est un scandale, un scandale, un scandale... »

Il s'agit de ses *Pensées philosophiques*. Le seul diffusé largement dans toute la France. La rumeur – Diderot aurait écrit un livre contre nature, voire pis – met l'année pour pénétrer tous les cercles de la société ! Au point qu'effectivement, un an après, en juillet 1747, le Parlement de Paris le condamne à « être lacéré et brûlé sur les marches du Parlement ».

Lors de ces autodafés, en réalité on ne brûle que du vieux papier. Ce n'est qu'une mise en scène conçue pour frapper les esprits, et, au passage, mais ça le Parlement ne l'a pas compris, donner un sacré coup de pouce aux ventes du livre. Si l'excitation et le succès sont au rendez-vous, la prise de risque et la publicité que lui vaut cette condamnation aussi.

Finalement Mme de Puisieux a ce qu'elle veut, succès, argent et scandale. Deux livres publiés sous son nom, même si on chuchote partout celui de son amant. Ses *Conseils à une amie* font peu parler d'eux. Elle y explique par quel type de « soins » retenir un mari volage. Autant dire qu'elle a couché ses propres exploits cette fois sur du papier. Quant à ses *Caractères* très transparents, ils permettent de reconnaître un trop grand nombre de libertins à la mode à qui le miroir qu'elle leur tend déplaît terriblement.

Avec la complicité des libraires Durant et Briasson, Diderot fait attention à ne publier qu'anonymement. Pour ses *Pensées*, ils avaient créé de toutes pièces une maison d'édition sise au Monomotapa, c'est-à-dire nulle part, avec une magnifique fausse adresse à La Haye. Pas de nom d'auteur, Diderot n'apparaît pas, n'est mentionné nulle part, ce qui n'empêche la rumeur d'attribuer ses *Pensées philosophiques*, qui à La Mettrie, que Diderot déteste depuis le collège, qui à Voltaire. Quel honneur ! Personne ne dément mais on s'étonne. Chacun est flatté de passer pour l'auteur de ce joli petit livre qui sent le soufre. Par quel biais finit-on par savoir le nom de cet insolent auteur ? Du jour au lendemain il est sur toutes les lèvres. À croire que la Puisieux a dénoncé son amant pour se faire de la publicité ! Elle n'y est sans doute pas étrangère. Si fière de s'être attaché un homme de si grand talent, elle ne manque pas de s'en vanter. Ou bien, c'est Rousseau le jaloux, qui ne récolte qu'un début de gloire mondaine, et ne parvient pas à faire interpréter ses compositions musicales, qui cherche à mouiller son frère Diderot ? Pervers comme l'est Rousseau, on peut tout imaginer.

Moins timide mais moins intrigant, moins farouche mais beaucoup plus indépendant, parisien depuis sa jeunesse, rebelle au grand monde, Diderot ne se laisse pas facilement entraîner hors du Quartier latin. La belle société lui pèse. Le grand monde l'ennuie. « Je préfère les gueux », dit-il, peut-être en manière de provocation, mais pas seulement. Et puis sa maîtresse qui déjà se prend pour une grande, lui suffit dans le genre mondain.

Pour l'heure, Diderot s'en moque. Il se moque de tout. Il est fou de joie. Il vient d'être adoubé par le grand Voltaire. Bien sûr il lui a envoyé chacun de ses ouvrages, sitôt imprimés. Pas ses *Bijoux*, ni ses contes libertins, juste les *Pensées*, sa *Lettre sur les aveugles* et le manuscrit de sa *Promenade* qu'il hésite toujours à faire imprimer. Il en change le titre, l'intitule *Les Allées*. Le relit. Non décidément, trop risqué, trop ouvertement athée.

À Voltaire seul, Diderot révèle qu'il est l'auteur de ces œuvres anonymes.

Or dès réception de ses *Pensées philosophiques*, par retour de courrier, Voltaire lui fait parvenir une lettre de félicitations flagorneuse, louangeuse, mais si bien sentie, comme il en a le génie. Diderot est fou de joie. C'est comme s'il venait de franchir un palier. Voltaire sait qui il est. Voltaire lui envoie toute son admiration. Quel bonheur !

En son for intérieur, le grand homme a plutôt tendance à désapprouver ce genre d'écrits, en particulier ces *Pensées-là*… En dépit de son opposition à cet opuscule précisément, Voltaire a l'œil. Il demeure chez Émilie du Chatelet, à Cirey proche de la frontière lorraine où il se tient à couvert du roi et de ses lettres de cachet depuis 1734. Mais de là il sait tout ce qui se passe, il suit toute la vie artistique et intellectuelle de Paris. Et il a tout de suite vu quel talent se cache derrière pareille prose. Il voit le penseur, il voit l'écrivain, il voit le rival. Oui, il peut sincèrement lui écrire que désormais le monde va devoir compter avec Diderot. Et, lui aussi, risque d'être menacé et même dépassé sur sa gauche par ce drôle. Mieux vaut l'adouber tout de suite et s'en faire un allié. Et Voltaire le lui dit, le lui écrit en toutes lettres. Presque mot pour mot.

Voilà qui fait le bonheur de Diderot. Absolument.

Voltaire ou rien, disait-il, rêvait-il…

À peine publie-t-il enfin ce qu'il a sur le cœur que Voltaire lui rend grâce. Et le nomme officiellement son rival !

Chapitre 14

1749
Au donjon de Vincennes

> *Ô la sotte condition des hommes !*
> *Mariez-vous vous courez le risque d'une vie malheureuse, ne vous mariez pas vous êtes sûr d'une vie dissolue et d'une vieillesse triste. Ayez des enfants, ils sont plats, sots, méchants, et vous commencez par vous en affliger et finissez par ne plus vous en soucier. N'en ayez point, vous en désirez. Ayez-en d'aimables, le moindre accident qui leur survient vous trouble la tête ; vous vous levez du matin, vous vous asseyez à votre bureau pour travailler, rien ne vous vient. Et voilà précisément le rôle que je fais.*
>
> Correspondance

Comment est-ce arrivé ? Était-ce prévisible ? Diderot aurait-il pu s'en douter, s'en méfier ?

Tout est allé si vite... Oui, mais justement. Depuis combien de temps ce tourbillon lui brouille-t-il la vue, dévoie-t-il son jugement ? Quels signes annonciateurs a-t-il négligés ? Est-il possible qu'il se soit laissé piéger comme un idiot ?

Depuis deux ans qu'il est officiellement directeur de l'Encyclopédie, c'est simple, il n'a pas touché le sol. Il se sait le roi d'un futur chef-d'œuvre totalement singulier, dont rien n'est encore paru mais dont les penseurs du moment attendent beaucoup. Pour l'instant, il en est surtout le valet. Il y travaille d'arrache-pied, chaque heure de chaque journée, avec plus de passion que s'il s'agissait de lettres d'amour. Dans un état de joie sauvage. Très vite ce travail est devenu sa vie même. Il y met toute l'invention dont il est capable. Il ne s'agit pas d'un livre de plus, ni même d'un dictionnaire de plus, mais d'un ouvrage absolument inédit. On s'est beaucoup éloigné de la « petite » Cyclopediae anglaise d'origine : on fait du neuf, du grand. Plus détonant, plus utile, plus progressiste... plus humaniste... plus révolutionnaire..., jamais conçu.

Des imprimeurs aux libraires, des censeurs au directeur de la librairie, il les a tous convaincus de la nécessité vitale, urgente de l'ouvrage. S'il ne parvient pas à changer le statut du genre humain avec ça, il aura vraiment raté son coup. C'est dire s'il est concentré sur mille autres choses que les obscures raisons qui lui valent une inquisition matutinale. Pour un peu il s'en ficherait. Mais non, tout ce qui retarde son travail est importun et parasite. Pour s'en débarrasser au plus vite, il doit comprendre ce qui arrive.

Au matin du 24 juillet 1749, à sept heures et demie, il fait déjà très chaud, quand frappent à sa porte deux hommes. Le premier se présente cérémonieusement comme l'inspecteur de la librairie, suivi d'un plus grand, tout aussi solennel pour décliner son titre d'avocat au Parlement de Paris, conseiller du roi et commissaire au Châtelet... Diderot n'a pas le choix. Il s'efface pour les laisser entrer. Ces gens lui sont inconnus mais pas l'ordre qu'ils brandissent de perquisitionner ses deux pièces de la rue de la Vieille-Estrapade où il vient à peine d'emménager. Ils y trouvent les manuscrits du dictionnaire Chambers comme attendu, mais aussi trois exemplaires de sa fameuse *Lettre sur les aveugles à l'usage de ceux qui voient* qu'ils ont mission de réquisitionner. Son *Mémoire sur différents sujets de mathématiques* ne les intéresse nullement, pas plus que ses travaux d'harmonie avec Jean-Philippe Rameau. Non, c'est cette lettre, sa *Lettre sur les aveugles*. C'est vraiment ça qu'ils veulent ! Diderot n'y croit pas. Grands dieux, pourquoi ? Elle a plusieurs mois d'existence clandestine, elle a été publiée en revue, et jamais personne n'y a trouvé à redire. Que se passe-t-il ? Ça ne peut être qu'une erreur. Depuis ses *Pensées*, c'est grâce à sa *Lettre* que Diderot se taille cette réputation de sérieux qu'il brigue depuis toujours, et que ses *Bijoux indiscrets* lui interdisaient, que ses *Pensées philosophiques* seules n'étaient pas parvenues à lui ouvrir. En toute quiétude, il remet un exemplaire de sa *Lettre* à ses inquisiteurs.

— Et les autres ? exige d'un ton rogue le commissaire du Châtelet.

— Quels « autres » ? demande Diderot encore en tenue de nuit.

— Les *Bijoux indiscrets*, *L'Oiseau blanc, conte bleu*... — cette fois l'inspecteur de la librairie lit sa fiche.

— Je ne sais rien de ce que vous me débitez là. J'entends ces mots pour la première fois...

On a recommandé à Diderot de nier tout, toujours. Et comme le répète Eidous, « plus c'est gros, mieux ça passe ». Il est quand même surpris que la police ait connaissance de sa « participation » modeste, et surtout dissimulée, à ce *Conte bleu*. Il n'est jamais apparu comme son auteur. Jamais. Comment l'ont-ils su ? Qui l'a dénoncé ? Bien sûr qu'il l'a un peu écrit, mais il a laissé sa maîtresse le recopier à sa sauce. Alors, qui est l'auteur de ce conte ? Impossible pour Diderot en toute honnêteté de le revendiquer.

— Et ce texte qui s'appelle tantôt *La Promenade du sceptique*, tantôt *Les Allées*, vous ne l'avez pas écrit non plus, vous ne le connaissez pas ?

— Si, celui-là, si. Mais, ne vous fatiguez pas, vous ne le trouverez pas, ni chez moi, ni ailleurs. Il y a déjà longtemps que je l'ai brûlé.

– Ah oui, et pourquoi ça ? Trop dangereux ?

– Non, quelle idée, c'était seulement trop mauvais ! J'aurais eu honte de le voir publié sous mon nom, j'ai préféré le faire disparaître. Les gens sont si malveillants.

– On se demande comment tout Paris peut en avoir connaissance s'il n'en existe aucun exemplaire en circulation.

Diderot lui-même s'étonne de ce qu'on lui révèle là. Sincèrement. Tout Paris bruirait de sa *Promenade* ? Il n'en croit rien. Bien sûr, l'irruption de ces agents l'inquiète, mais il ne comprend pas ce qu'on lui reproche ni ce qu'ils lui veulent réellement. Il est convaincu de n'avoir pas eu le temps de nuire ni de commettre de choses dangereuses, tant il est requis par l'Encyclopédie, mais comment s'y est-il pris pour mériter tant d'indignité ?

Ils ont repris leur fouille sans plus se soucier de lui. Ils veulent entrer dans la pièce à côté où Nanette et leur petit garçon dorment encore. Diderot refuse énergiquement. Ils cèdent. Aussi prend-il les devants, il va s'habiller et avertir sa femme de son départ pour « au moins jusque tard dans la soirée », afin de ne pas les inquiéter inutilement. Lui-même ne l'est pas. C'est l'affaire d'une journée pour débrouiller la chose, songe-t-il, il suffit d'y mettre du sien. Et il y est prêt. Il ne songe qu'à se libérer pour retrouver son travail qui ne peut souffrir le moindre retard.

Nanette ne croit pas un mot des explications embrouillées de son mari. L'intuition féminine toujours en alerte, à peine Diderot dans l'escalier, elle se précipite à la fenêtre. Et le voit en bas encadré d'un peu trop près par deux hommes en élégant uniforme, puis poussé dans un fiacre par deux policiers. Elle a compris. Diderot, toujours pas.

C'est la direction du fiacre et la longueur du trajet qui lui font prendre conscience de la nature alarmante des événements. De fait, arrivé au château de Vincennes, on ne lui en propose pas la visite, on le pousse sans ménagement jusqu'au donjon, où on l'enferme sans plus de précision. Cette sombre forteresse médiévale est à deux lieues de Paris. Coupé du monde ! Absolument. Personne ne sait où il est, lui-même ne sait pas pourquoi il y est. Pas un être humain qui lui adresse la parole, ni ne lui explique quoi que ce soit. Il est au secret.

Des motifs… ? Oh ! S'il doit commencer de s'interroger tout seul, et il n'a pas le choix, personne ne s'intéresse à lui, il n'en a que trop fourni aux autorités. Mais laquelle de ses actions peut-elle lui valoir cette condamnation sans jugement ?

S'agit-il d'une vengeance personnelle de Mme Dupré de Saint-Maur ? On la dit très fâchée. Ce serait une vengeance bien tardive. On raconte qu'elle aurait exigé de son amant, le chancelier d'Argenson, la tête de Diderot, sous le prétexte aussi futile et bête que le philosophe l'a traitée d'« yeux sans conséquence ». C'est vrai, il l'a dit et il est prêt à le répéter. Il a une excuse. Réaumur lui avait promis de le convier à la levée des pansements d'un aveugle nouvellement ressuscité à la vue. Or sur pression du chancelier, Réaumur lui a substitué Mme Dupré de Saint-Maur, ces fameux « yeux sans conséquence » puisque incapables de poser les questions cruciales que Diderot a conçues pour conclure sa *Lettre sur les aveugles à l'usage de ceux qui voient*. Quel intérêt, cette séance pour la maîtresse du chancelier sinon une stupide curiosité mondaine, même pas scientifique ? Comment Réaumur a-t-il pu se prêter à cette mascarade ? Car il a été jusqu'à organiser une « seconde première levée » des pansements pour Diderot qui, aux réponses de l'aveugle, a compris qu'il avait déjà vu et surtout déjà raconté ce qu'il avait ressenti en ouvrant les yeux sur le monde la première fois.

Diderot a dû chercher d'autres aveugles à interroger pour finir son ouvrage. Lequel est en circulation depuis plus de quatre mois. Si la justice avait dû le saisir pour complaire à d'Argenson, ce serait fait. Aussi n'arrive-t-il pas à croire qu'on l'enferme pour pareille faribole.

S'agit-il alors du contenu de sa *Lettre sur les aveugles* ? Les lieutenants de la censure auraient mis quatre mois à la lire ! C'est coquet. D'Alembert qui l'a relu dans ce sens, lui a juré qu'il n'y mettait pas en péril les fondements de la religion ni du pouvoir divin. Certes Diderot y démontre par des propos abrupts et sans concession mais prêtés à son aveugle, qu'il est un vrai philosophe, et qu'il pense de façon très originale, ce qui signifie toujours dangereuse pour la royauté.

Rousseau prétend lui que ce sont ses écrits frivoles et faciles, ses bijoux érotiques, juste bons à entretenir son exigeante maîtresse, qui le mettent en danger et lui font courir le risque de la censure. Peut-être, mais de là à l'emprisonner ! Ça, même l'angoissé Rousseau n'y a pas songé. Les *Bijoux indiscrets* lui ont paru infamants, mais il est connu et moqué pour sa pruderie de vieille chatte anglaise. Ce qu'il désapprouve plus que tout, c'est cet oiseau de malheur… *L'Oiseau blanc, conte bleu* (sous-titre qui signifie simplement conte « à dormir debout »). Certes Diderot s'y montre polisson, mais est-ce qu'on emprisonne pour polissonnerie ? Sans compter toutes les œuvrettes qu'on lui prête, plus libertines les unes que les autres, et qu'il n'a même pas lues ! Dont il ne soupçonne même pas l'existence. Mais on ne prête qu'aux riches et le prisonnier de Vincennes est en passe de le devenir. Il ne parvient ni à croire ni surtout à penser que ses rêves de jeunesse, son désir de gloire, son appétit pour la grandeur sont incompatibles avec son amour de la vie, son insolence et son génie de la provocation.

La Promenade du sceptique, ou *Les Allées*, il les a brûlées. Sa philosophie y glissait trop clairement vers l'athéisme. Il doit en rester quelques exemplaires dans un ou deux salons. Mais ça paraît incroyable. Non, pour rien de ce qu'il a fait ou écrit, on n'emprisonne aujourd'hui, se rassure Diderot enfermé, que tant de silence et d'interrogations commencent à angoisser.

Il ne pense pas devoir tenir compte de ses *Pensées philosophiques*, jadis interdites et condamnées publiquement. C'était il y a plus de deux ans. Il y a prescription. On ne condamne pas deux fois pour le même ouvrage. Depuis il a beaucoup produit en peu de temps mais anonymement. On ne peut l'enfermer pour rien. Et pour combien de temps ? Personne n'a jugé bon de lui signifier ni les motifs ni la durée de son incarcération.

Nanette, sitôt son mari enlevé, court à la police demander des explications. Forte de son angoisse extrême, elle ose tout et même s'arrête au Procope, en franchit seule le seuil, pour chercher du regard, dans la pénombre de l'endroit, un visage connu. Apercevant Toussaint, une des âmes damnées de son époux, elle se précipite sur lui. Elle sait qu'il se couperait les deux jambes pour le sauver. Il l'aime et lui doit son gagne-pain.

C'est donc par lui qu'en moins d'une heure tout Paris est au courant. Huit heures plus tard, le bruit de cette arrestation atteint même Voltaire. Il réside pourtant en province, chez Mme du Châtelet. N'est-elle pas une parente du gouverneur de la prison ? Peut-être une proche parente ?

L'angoisse étreint Diderot, qui ne sait rien ni de ce qui se trame dans l'ombre ni du tapage des siens.

Dans ce donjon qu'il arpente comme pour le mesurer au centimètre près, sans répit, tel un fauve capturé, il cherche à comprendre. Il se remémore l'enchaînement qui a pu le mener là. Depuis l'autodafé de ses *Pensées* qu'il considère à l'aune de ce qui se passe comme un avertissement, il s'est déroulé un grand nombre d'événements minuscules, impossibles à récapituler. Dont Diderot n'a tenu aucun compte. Quand les *Pensées* anonymes, officiellement imprimées à l'étranger – et couronnées de succès peu après la sortie, il le reconnaît avec fierté – lui furent attribuées, et dans la foulée condamnées à être lacérées et brûlées, ça l'a fait rire. Et tous ses camarades de café, envieux, jugèrent que c'était un fameux coup de pouce du destin. Grâce à quoi tout Paris désormais en connaissait l'existence, comme de leur auteur à peine dévoilé.

Certes il n'a écrit ça que pour plaire à la Puisieux au début de leur liaison. Un mois après que son fils est né, grand bonheur, Nanette est redevenue une femme heureuse et épanouie, à nouveau tendre et folle amoureuse de... son fils.

Et Diderot, pour qui tout se présente au mieux, outre ses traductions pour assurer le pain quotidien à sa famille, et l'immense chantier Encyclopédique, s'est remis à des œuvres tendancieuses pour gagner davantage d'argent dévolu aux caprices de sa maîtresse. Laquelle en réclame toujours plus alors que Diderot est toujours plus épris. Le tourbillon l'a entraîné de plus en plus vite, et l'honnêteté l'oblige à reconnaître qu'il a adoré ça. La condamnation de ses *Pensées* l'a propulsé dans la cour des écrivains reconnus, ce qui lui a dissimulé les risques encourus. Il aurait dû se méfier, et avancer davantage masqué. Il l'ignorait. Il ne rêvait que d'amour et de gloire.

Ces heures, ces semaines... de réclusion silencieuse, à peine trouée de rares passages de ses geôliers, apprennent à Diderot que la police l'a à l'œil depuis un moment. Qu'il est surveillé de près depuis longtemps ! Lors de son premier interrogatoire, on lui met sous le nez une fiche le concernant, qui date de juin 1747, il y a déjà deux ans. Une dénonciation explicite est recensée aux fichiers de la police si bien tenus par M. Berryer.

« *Ce gaillard menant une vie besogneuse et désordonnée, auteur des* Pensées philosophiques *condamnées, et d'un autre ouvrage* [sans doute sa *Promenade du sceptique*, plus condamnable encore, ajoute ce grand ami de l'ordre public], *est un homme très dangereux qui parle des saints mystères de notre religion avec mépris, qui corrompt les mœurs et dit que lorsque viendra le dernier moment de sa vie, il faudra qu'il passe comme les autres et qu'il se confessera et recevra ce que nous appelons notre Dieu, non par devoir mais pour sa famille...* »

Soigneusement recopiées pour être excipées, ces informations le font sourire. Là encore, il a tort. Elles sont signées par le curé de Saint-Médard, le confesseur de Nanette. Les jours suivants son enfermement, le même curé se fait une joie de se rendre à une convocation de police pour certifier ses dires, et en rajouter.

« *Dridrot a passé sa jeunesse dans le libertinage... il s'est marié sans le consentement de son père et fait passer son épouse pour sa sœur.* »

Joli monsieur ! commente Berryer pour Nanette, revenue le supplier de lui rendre son mari. Le chef de la police semble prendre un vif plaisir à lui relire la déclaration de son confesseur. Elle est dévastée. Comment savoir si elle a plus envie de maudire son époux libertin ou son curé-délateur, dont ses propres confessions rendent le témoignage accablant ?

Je ne sais pas comment il sait ça ! se lamente Diderot quand il l'apprend. Car le curé n'a pas fini. Il continue de débiter des propos que Diderot a effectivement tenus en privé. Visiblement très au fait des questions que Diderot se pose sur les théories théistes, déistes et athées.

« Il débite aussi contre Jésus-Christ. Et même contre la Sainte Vierge ! Il dit des blasphèmes que je n'ose répéter... Je ne le connais pas personnellement [qu'est-ce que ce serait s'il me connaissait ! Droit au bûcher, il m'enverrait], *mais on m'a dit qu'il fait paraître beaucoup d'esprit critique, et que sa conversation est des plus amusantes. Il s'est avoué l'auteur d'un ou deux ouvrages brûlés, il y a deux ans... Et travaille depuis plus d'un an à un autre, paraît-il plus dangereux encore, contre la religion. Je tiens ces faits d'une personne qui demeure dans la même maison... »*

Les relations de Diderot et Nanette sont assez détériorées : pour un peu, il l'aurait soupçonnée d'être sa délatrice. C'est malgré elle qu'en confession, le curé lui aura habilement tiré les vers du nez. Oui mais censément, elle ignore tout de son travail, et surtout de ses autres activités. Il faut qu'on lui ait fait réciter mécaniquement ce qu'elle entend malgré elle. Qui, sinon son confesseur, peut l'avoir contrainte à rapporter par le menu les conversations de son mari ? Elle, sa première visiteuse dans sa prison, elle, qui brave sa pudeur en pénétrant seule au Procope pour alerter son ami Toussaint ? Ça n'a pas de sens ! Pourquoi le dénoncer alors qu'elle dépend de lui pour vivre et faire vivre leur enfant ? Diderot s'en veut même d'y avoir pensé. Décidément, la prison abaisse l'âme, et lui fait l'esprit sensible à de sottes idées de complots. Nanette n'a pu chercher à lui nuire. Pauvrette, c'est d'abord contre elle que ces événements se retournent. Il ne sait à quel saint se vouer.

Alors, la Puisieux ? Sa maîtresse adorée qui le tient par le bout du nez, et même pire, aurait voulu lui nuire ? Avec elle, rien d'impossible. De son galetas, il se remémore sa taille fine et légère au-dessus de son bel embonpoint, il se pâme encore. Il n'a jamais vu de couleurs plus vives, de peau plus animée, de plus belles chairs, d'yeux si pétillants qui inspirent autant le désir. Et c'est pis encore quand il pense à son esprit si vif, son amour pour les beaux raisonnements... Elle est la première femme à le faire bander tant avec son corps qu'avec son esprit. Experte en érotisme, intellectuelle de bon niveau, et perverse avec ça! D'elle, il a au moins appris à s'attendre à tout. Est-elle assez méchante pour le dénoncer? Oui. Mais elle n'est pas assez stupide pour immoler sa poule aux œufs d'or. Depuis deux ans, elle lui a soutiré une fortune, l'obligeant à en gagner le double. En a-t-il bâclé de ces textes pour la couvrir de colifichets? et faire mieux vivre sa famille! Rien que pour ces textes que sans elle il n'aurait jamais songé à écrire, il ne parvient pas à lui en vouloir.

Franchement s'il n'était retenu de force dans ce sinistre donjon, il se jugerait assez satisfait de sa production des dernières années. En tout cas du volume. Il en a couvert des kilomètres de parchemins... Il n'a pas arrêté. Il a engrangé échecs et succès, sans prendre le temps de souffler. Parmi les échecs qui ne sont pas passés, une humiliation majeure l'a marqué au fer rouge. Entre Voltaire qui ne pense qu'à le protéger, et sa maîtresse à l'appétit mondain sans bornes, Diderot est allé se faire pendre malgré lui! Eidous et Toussaint ont tenté de l'en détourner, mais l'insistance — et les recommandations — de Voltaire, Fontenelle, Montesquieu soi-même, et plus timidement, de d'Alembert, firent pencher la balance du mauvais côté.

Voltaire prétend qu'entrer à l'Académie est le meilleur sinon le seul moyen de se mettre à l'abri, de ce qui arrive précisément à Diderot. La prison, l'arbitraire, l'injustice... Aussi Diderot s'est-il laissé présenter. Mais, et le rouge lui monte au front quand il y pense, on l'a rejeté. Pas une voix ! Personne à l'Académie n'a retenu son nom. Raté ! L'Académie l'a refusé… Et deux fois de suite. Elle n'a pas daigné le mentionner parmi ses candidats possibles. Pour acheter son ticket d'entrée, préalablement Diderot a fait pourtant paraître un *Mémoire sur différents sujets mathématiques*. Il a adoré se remettre aux mathématiques pour rédiger ce petit opuscule qu'il voulait savant mais qui à cause, d'aucuns diraient grâce à sa plume, ou son nom, s'est aussitôt vendu comme des petits pains. Pour un livre de mathématique, c'est un exploit, qui a popularisé le nom de Diderot dans toute l'Europe. Le hissant au niveau des scientifiques qu'il admire. Du coup, l'imbécile s'est cru protégé ! Intouchable ! Et comme un nigaud, il s'est présenté chez les Immortels qui l'ont sciemment ignoré, pis, méprisé. Quelle bévue !

Il se rappelle aussi, mais seulement aujourd'hui, qu'il a négligé calomnies et médisances qui n'ont pourtant cessé de courir sur son compte, et que sa naturelle forfanterie a sciemment entretenues. Car enfin, tout de même, il s'est sottement cru des motifs de contentement de soi. De vulgaire tâcheron, journaliste aléatoire, obscur traducteur, écrivain public en période de famine, travailleur à la pièce sans le sou, en moins de cinq ans, le voilà à la tête de la plus importante entreprise littéraire jamais conçue depuis des siècles. N'est-ce pas quelque chose, ça ?

Il est désormais salué par ses pairs comme philosophe, romancier, mathématicien et surtout, surtout, Monsieur le Directeur de l'Encyclopédie. Alors oui, il a cru son élection possible. Il s'est monté la tête, et a failli la perdre. Poussé par Voltaire, présenté par le physicien célèbre Jean-Antoine Nollet, soutenu par l'astronome Alexis Clairaut, encouragé par l'ingénieur Gaspard de Courtivon, et louangé par le physicien naturaliste René Antoine de Réaumur pour se faire pardonner l'affaire de l'aveugle ! Excusez du peu. Avec de pareils parrains, on n'échoue pas. Ils se sont aussi démenés pour le faire entrer à l'Académie royale des sciences comme adjoint mécanicien. Première marche vers l'Académie française. La vraie. Un jour ? Et… rien. Pas une voix ! Personne n'a voulu de Diderot ! Se présenter lui a fait croire qu'il y avait droit, qu'en somme, il était devenu quelqu'un d'important. Il est tombé de haut. Et s'est juré qu'on ne l'y reprendrait plus. D'autant qu'aujourd'hui ce refus joue contre lui. Élu, on ne l'aurait pas traîné en prison. Son statut l'aurait protégé. Pressentaient-ils, ces beaux messieurs qui l'ont dédaigné, qu'il serait un jour condamné comme un vulgaire émeutier de papier ? On n'élit pas un criminel. Ne le met-on au cachot que parce que l'Académie ne le protège pas ?

La Pompadour a fait nommer Berryer lieutenant général de police, afin qu'il la protège des scandales de sa liaison avec le roi. À cet effet, il a créé un cabinet noir n'ayant pour fonction que d'ouvrir, lire et re-sceller la plupart des lettres qui transitent dans le royaume. D'où la disgrâce des ennemis de la favorite, et l'internement à la Bastille de tous les délinquants subalternes de la bohème littéraire. Parmi ces gens de peu, Berryer est devenu un sujet de crainte et de haine. Le petit peuple, scandalisé par la brutalité avec laquelle il procède aux rafles des vagabonds et des enfants errants, veut sa peau au point que le Président l'ayant mandé au Parlement, il refuse de traverser Paris, craignant pour sa vie. La populace a juré de lui dévorer le cœur. La cour lui reproche paradoxalement son incapacité à museler les libellistes. D'où ce récent excès de zèle contre Diderot ?

Nanette, seule, folle d'angoisse, et inconsciente, retourne chez le tout-puissant Berryer. Elle apprend que c'est *sur ordre D'Argenson qu'on a expédié à Vincennes le sieur* Dridot [sic] *auteur du livre de l'*Aveugle…. *Le 23 juillet, une lettre de cachet est expédiée au gouverneur du château de Vincennes, François Bernard du Châtelet…*

Pour Berryer, Diderot c'est du nanan, le profil idéal, croit-il. Issu de ces bas-fonds littéraires d'où le ministre fait régulièrement rafler séminaristes en goguette, folliculaires cyniques, provinciaux besogneux aveuglés par le lustre de la capitale, maîtres chanteurs appointés, curés défroqués, pornographes aux gages, une bonne petite centaine de miséreux qui trempent leur plume dans les ruisseaux et survivent dans les bouges à la recherche d'une bonne fortune. Il les fait surveiller de près. Or ce Diderot a beau avoir publié avec succès quelques ouvrages qu'on dit de qualité, Berryer est persuadé de pouvoir le renvoyer à son ruisseau, et plus bas encore s'il le faut.

Après l'avoir fait enfermer, sa stratégie consiste à l'oublier, le laisser mariner dans son cachot. Où Diderot s'effondre.

Jusqu'au 31 juillet, où Berryer condescend à l'interroger.

Diderot nie tout.

Mais Berryer n'a aucun besoin de ses aveux, il sait déjà tout.

Ah vraiment ! Diderot n'a jamais rien écrit ! Ni *Lettre sur les aveugles*, ni *Bijoux indiscrets*, ni *L'Oiseau bleu* ou *blanc*… Peu importe, il y viendra. Qu'on le renferme. Si. Il veut bien reconnaître sa *Promenade du sceptique* puisqu'elle n'existe plus. Il l'a brûlée.

Cette belle résistance est inutile. Diderot l'ignore, mais ses libraires ont déjà tout avoué. Alertés par Toussaint. Avaient-ils le choix ? Prêts à payer toutes les amendes, prêts à tout en vérité pour récupérer au plus vite le maître d'œuvre de l'Encyclopédie. Il s'est échiné à peaufiner cette introduction. Il fallait présenter au mieux leur grand'œuvre. Diderot sait mieux qu'eux tous ce qu'il va en faire, il en connaît le plan global, l'architecture générale, il s'y est repris à dix fois. Il faut qu'à le lire, chacun rêve de s'en porter acquéreur sur-le-champ, d'avoir chez soi au plus vite le premier tome, puis le second, enfin tous les autres, pour s'approprier tous les savoirs du monde. Ce texte doit être parfait. La réputation et l'avenir de l'Encyclopédie se jouent là, l'avenir et la réputation de Diderot aussi. Il le sait. Il y manque encore d'ultimes retouches. Les libraires supplient les autorités. En vain.

Diderot reste dans son donjon. Seul, sans information, oscillant de l'abattement à la fureur, de la résignation à l'angoisse. À devenir fou. Il n'est pas seul, mais comment pourrait-il savoir qu'on vient d'arrêter la moitié de la canaille littéraire ?

La période est sinistre. Ça gronde de partout.

La paix d'Aix-la-Chapelle d'octobre 1748 a mis fin sans gloire à la guerre de succession d'Autriche. « Bête comme la paix » grogne le peuple, ponctionné de taxes et d'impôts. Impôts de guerre, impôts de paix... Il n'en peut plus, le peuple. Aussi fleurissent satires, libelles, épigrammes et chansons, seule façon de s'en prendre à ce pouvoir indifférent aux misères des humbles. Pouvoir qui s'essouffle. Les petites gens sont-elles allées trop loin ?

Moqué, le garde des Sceaux décide d'y mettre bon ordre en faisant *la chasse à tous ceux qui parlent mal du roi, de ses ministres, de sa politique, des impôts, de la religion...* La moitié de la France.

De mai à juillet, on embastille sans désemparer. Au tour de Le Bret, petit écrivain licencieux, de Jacques-Joseph Le Blanc, auteur du *Tombeau des préjugés*, un brûlot, de Pisandat de Mairobert, encore un habitué du Procope. De quelques autres impudents qui ont diffusé des livres interdits. Tant d'autres encore, tout aussi arbitrairement envoyés aux galères… Et tant et tant. Le ministre d'Argenson réprime sans ménagement tous les hommes de plume, surtout ceux qui font profession de penser. Son frère, le marquis du même nom, en fin observateur à la cour, note dans ses carnets « *on a arrêté ces jours-ci quantité d'abbés, de savants, de beaux esprits et on les a mis à la Bastille comme le sieur Diderot, et d'autres professeurs d'université, de docteurs en Sorbonne… Ils sont accusés d'avoir fait des vers contre le roi, de les avoir récités, débités, d'avoir frondé contre le ministère, d'avoir écrit ou imprimé pour le déisme et contre les mœurs…* »

Diderot a-t-il simplement été pris dans la nasse ? Bénéficie-t-il d'un sort particulier ? Il est à Vincennes, pas à la Bastille. Quel sens donner à cela ?

Les libraires font bien leur propagande. Tout le monde est au courant. Dès le 28 juillet, Voltaire écrit « Quel barbare persécute le pauvre Diderot ». Il récidive le 29, « Je hais bien un pays où les cagots font coffrer un philosophe ». Le lendemain, le grand Voltaire réclame « qu'on adoucisse autant que pourra la prison de Socrate-Diderot. Il est honteux qu'il soit en prison et que Roy ait une pension. Ces contrastes-là font saigner le cœur ». Peu nombreux savent qui est ce Roy, si même il existe, mais tous se régalent de l'homonymie. De bien-aimé, Louis XV bascule dans les rois haïs. Du jour au lendemain la France est ruinée, les guerres l'ont épuisée. Le roi est coupable.

Ça s'agite au-dehors, mais au-dedans, Diderot l'ignore. Il ne sait rien des démarches des uns, des aveux des autres… Il demande à se promener, à avoir des plumes, du papier pour travailler... On lui refuse tout. Il prend peur. À l'étroit, au secret, il ne parle à personne, personne ne semble s'inquiéter de lui. Il n'a ici qu'un petit Platon, le *Critias* en grec. Grâce à quoi son geôlier ne le lui a pas retiré. Et qu'il annote jour et nuit avec, en guise d'encre, de la poussière mouillée, et des échardes du parquet pour plume.

Berryer persiste à le maintenir dans l'angoisse, de son point de vue, il a raison. Le 1ᵉʳ août, Diderot craque, et rédige une missive à Berryer, une autre à d'Argenson. Il y réitère ses supplices pour sortir, lire, écrire, recevoir des visites, comprendre ce qui lui arrive...

Je vous le demande les larmes aux yeux en embrassant vos genoux au nom d'une femme vertueuse qui ne mérite pas d'être misérable et d'un honnête homme qui ne mérite ni d'être ruiné ni de périr dans une prison comme il en est menacé par son désespoir... On peut me condamner à rester dans ma prison mais non à y vivre...

De quoi fendre le cœur de gens moins endurcis qu'un lieutenant de police.

Pas de réponse. C'est à devenir fou. Ce que fait Diderot. Il se cogne contre le mur de ce silence compact, opaque, meurtrier. Il a peur d'être oublié jusqu'à la fin des temps. N'est-ce pas ce qu'on raconte à propos des lettres de cachet ?

Depuis trois ans qu'il se démène pour fabriquer une équipe, quasi une famille à l'Encyclopédie, il a rencontré assez de Grands pour s'en recommander comme témoins de moralité. Il a trop peur pour avoir des scrupules ! Toute honte bue, il prie qu'on demande à la marquise du Deffand de plaider sa cause. La fameuse du Deffand qu'il ne connaît pas, mais dont d'Alembert est le favori. Cette despote de salon, en revanche, connaît tout le monde. Qu'on demande à Buffon, à Fontenelle, à la marquise du Châtelet, l'amie de

Voltaire et la cousine du gouverneur de cette prison... Il fait feu de tout bois. Il ose tout.

En vain.

Oh, tous se démènent, s'entremettent pour lui, mais sans résultat.

Pathétique, il implore, il supplie.

Il s'humilie... Il pense sincèrement ne pas survivre à cet enfermement s'il dure cinq minutes de plus.

Il commence à comprendre qu'on attend de lui encore plus d'humiliations et de reniements...

Il n'avoue rien de précis, se repent de fautes qu'il nie avoir commises. Mais qu'il promet de ne plus commettre !

Berryer ne répond pas. Là encore, il a raison puisque le 13 août, Diderot cède. Cède tout, sur tout. Il avoue les *Pensées philosophiques*, les *Bijoux indiscrets*, la *Lettre sur les aveugles*, *La Promenade* ou *Les Allées*...

Il reconnaît même que *ce sont des intempérances d'esprit qui me sont échappées... Je cède à la haute opinion que j'ai conçue de vous avec tout le monde éclairé, et à l'extrême confiance que j'ai dans la parole d'honneur que vous me donnez que vous aurez égard à mon repentir et à la promesse sincère que je vous fais de ne plus rien écrire à l'avenir sans l'avoir soumis à votre jugement...*

Ce n'est pas brillant, il n'est pas fier, mais c'est prudent. Et il n'en peut plus. Il se sent de moins en moins à la hauteur de ce surnom de Socrate dont Voltaire l'a affublé. Méchanceté du grand ricaneur ? Diderot ne peut le croire. Il a honte. À ses yeux, il a déchu. Parviendra-t-il jamais à l'oublier ? D'autant qu'à sa résistance anéantie, il ajoute la trahison. Il n'a pas seulement avoué ses œuvres, il est prêt à dénoncer ses complices, libraires, imprimeurs, collaborateurs... Il ignore que ceux-ci se sont déjà dénoncés eux-mêmes dans l'espoir de le faire libérer.

Il ne leur fait pas courir grand risque mais il l'ignore. Il va plus loin encore. Il dénonce sa maîtresse comme l'unique auteur de *L'Oiseau blanc*. Il immole Mme de Puisieux sur l'autel de sa peur de mourir.

Je peux la nommer car elle ne s'en cache pas. J'ai corrigé son orthographe contre laquelle les femmes qui ont le plus d'esprit font toujours des fautes...

Paradoxalement la Puisieux n'est jamais inquiétée. Soit qu'on n'ait pas cru Diderot, soit qu'il n'ait pas été rentable pour Berryer de s'en prendre à elle, soit qu'elle ait été protégée par un lointain cousinage avec la famille d'Argenson...

N'est pas héros qui veut, ni Socrate. Diderot est peu doué pour le martyre, et plus que tout, il déteste la mort. Qu'on ne compte pas sur lui pour avaler la ciguë.

Berryer attend ces aveux depuis le premier jour. Mais... Oh, non, il ne va pas se précipiter pour le libérer. Il a tout son temps. Le 21 août, outre ses aveux, il lui fait signer un engagement à ne pas sortir du château, si jamais on l'autorise à quitter son donjon.

... me soumettant en cas de désobéissance d'être renfermé toute ma vie dans le donjon, dont il a plu à la clémence du roi de me faire sortir...

Diderot prend alors la décision aussi cruelle qu'humiliante d'écrire une supplique à son père pour qu'il lui envoie un peu d'argent. Il est persuadé qu'une fois au courant de son arrestation, il se précipitera à Paris pour le soutenir.

Cette démarche le gêne terriblement, du coup il s'y prend mal, se montre maladroit. Non seulement son père reste à Langres, mais commence par ne pas lui répondre. Alors, acculé par la peur, Diderot renvoie un appel au secours. Par retour de courrier cette fois, le 3 septembre tombe la réponse du père : affreuse. Pire que le silence. Radicale, épouvantable.

Un refus clair, définitif et moralisateur. Cette lettre le bouleverse. Il ne sait plus vers qui se tourner. Il n'a plus personne, se sent seul au monde, abandonné, et... oui, quelque chose résiste en lui. Il ne parvient pas à croire à l'absolue méchanceté dont son père fait preuve.

« *Vous avez bien su mon fils, manquer de respect à notre sainte religion pour vous retrouver là où vous êtes...* »

La lettre de Diderot n'avait d'autre office que de mander quelques subsides...

« *... Quoi, un homme comme vous, qui travaillez à des ouvrages immenses, peut-il en avoir besoin ? Voilà 28 jours écoulés dans un endroit où il ne vous en a rien coûté. Je sais que sa Majesté par un effet de sa bonté fait donner une subsistance honorable à ceux qui en exécution de ses ordres sont traduits là où vous êtes...* [Diderot a tout de même trente-six ans.] *Mais si Dieu est au-dessus des rois, les rois sont au-dessus des pères et les fils doivent aux pères, aux rois et à Dieu respect et obéissance...* »

Son père commet une erreur. La pension est aux frais du prisonnier. N'empêche, ses railleries sont très douloureuses. Diderot ne croit pourtant pas à son rejet absolu. La preuve, son père a quand même joint quelque argent à son envoi. Bourru, caustique et même sardonique, il a glissé cent livres à ses moqueries.

Diderot est soulagé.

Écrit à La Mitre
Merci Geneviève

Fin de la première partie
Tome 2 : Les encyclopédistes
à paraître en janvier 2010

Le Neveu de Rameau

de Denis Diderot
Adaptaté pour le théâtre par :
Olivier Baumont, Nicolas Marié et Nicolas Vaude

Théâtre Le Ranelagh, Paris, automne 2009

Musique : Ouverture *pour* Le Neveu de Rameau, *en sol mineur/majeur, composée pour le spectacle par Olivier Baumont*

MOI. – Qu'il fasse beau, qu'il fasse laid, c'est mon habitude d'aller sur les cinq heures du soir me promener au Palais-Royal. C'est moi qu'on voit, toujours seul, rêvant sur le banc d'Argenson. Je m'entretiens avec moi-même de politique, d'amour, de goût ou de philosophie. J'abandonne mon esprit à tout son libertinage. Je le laisse maître de suivre la première idée sage ou folle qui se présente, comme on voit dans l'allée de Foy nos jeunes dissolus marcher sur les pas d'une courtisane à l'air éventé, au visage riant, à l'œil vif, au nez retroussé, quitter celle-ci pour une autre, les attaquant toutes et ne s'attachant à aucune. Mes pensées, ce sont mes catins.

Si le temps est trop froid, ou trop pluvieux, je me réfugie au café de la Régence ; là je m'amuse à voir jouer aux échecs.

Paris est l'endroit du monde, et le café de la Régence est l'endroit de Paris où l'on joue le mieux à ce jeu.

Un après-dîner, j'étais là, regardant beaucoup, parlant peu, et écoutant le moins que je pouvais ; lorsque je fus abordé par un des plus bizarres personnages de ce pays. C'est un composé de hauteur et de bassesse, de bon sens et de déraison. Il faut que les notions de l'honnête et du déshonnête soient bien étrangement brouillées dans sa tête ; car il montre ce que la nature lui a donné de bonnes qualités, sans ostentation, et ce qu'il en a reçu de mauvaises, sans pudeur. Rien ne dissemble plus de lui que lui-même.

Il s'était introduit, je ne sais comment, dans quelques maisons honnêtes où il avait son couvert, mais à la condition qu'il ne parlerait pas, sans en avoir obtenu la permission. Il se taisait, et mangeait de rage. Il était excellent à voir dans cette contrainte. S'il lui prenait envie de manquer au traité, et qu'il ouvrît la bouche ; au premier mot, tous les convives s'écriaient : « Ô Rameau ! » Alors la fureur étincelait dans ses yeux, et il se remettait à manger avec plus de rage.

Je n'estime pas ces originaux-là mais ils m'arrêtent une fois l'an, quand je les rencontre, parce que leur caractère tranche avec celui des autres, et qu'ils rompent cette fastidieuse uniformité que notre éducation, nos conventions de société, nos bienséances d'usage ont introduite. S'il en paraît un dans une compagnie ; c'est un grain de levain qui fermente. Il secoue, il agite ; il fait sortir la vérité ; il fait connaître les gens de bien ; il démasque les coquins ; c'est alors que l'homme de bon sens écoute, et démêle son monde.

Musique : La d'Esclignac, *en do majeur, de Claude Balbastre (1724-1799)*

Je connaissais celui-ci de longue main.
LE CLAVECINISTE. – C'est le neveu de Rameau.
MOI. – C'est le neveu de Rameau, ce musicien célèbre qui a tant écrit sur la théorie de la musique, où ni lui ni personne n'entendit jamais rien. Quelquefois, il est maigre et hâve, comme un malade au dernier degré de la consomption ; on compterait ses dents à travers ses joues. Le mois suivant, il est gras et replet, comme s'il n'avait pas quitté la table d'un financier. Aujourd'hui, en linge sale, en culotte déchirée, presque sans souliers, il va la tête basse, il se dérobe, on serait tenté de l'appeler pour lui donner l'aumône.
LUI. – Ah, ah, vous voilà, Monsieur le philosophe, et que faites-vous ici parmi ce tas de fainéants ? Est-ce que vous perdez aussi votre temps à pousser le bois ?
MOI. – Non, mais quand je n'ai rien de mieux à faire, je m'amuse à regarder un instant ceux qui le poussent bien.
LUI. – En ce cas, vous vous amusez rarement ; excepté Légal et Philidor, le reste n'y entend rien.
MOI. – Oh je vois que vous ne faites grâce qu'aux hommes sublimes.
LUI. – Aux échecs, aux dames, en poésie, en musique, à quoi bon la médiocrité dans ces genres.
MOI. – C'est qu'il faut qu'il y ait un grand nombre d'hommes qui s'y appliquent, pour faire sortir l'homme de génie. Il est un dans la multitude. Mais laissons cela. Il y a une éternité que je ne vous ai vu. Je ne pense guère à vous, quand je ne vous vois pas. Mais vous me plaisez toujours à revoir. Qu'avez-vous fait ?

LUI. – Ce que vous, moi et tous les autres font : du bien, du mal et rien.

MOI. – C'est très fatigant !!!...

LUI. – Et puis j'ai eu faim, et j'ai mangé, quand l'occasion s'en est présentée ; après avoir mangé, j'ai eu soif, et j'ai bu quelquefois. Cependant la barbe me venait ; et quand elle a été venue, je l'ai fait raser.

MOI. – Vous avez mal fait. C'est la seule chose qui vous manque pour être un sage.

LUI. – Oui-da. J'ai le front grand et ridé, l'œil ardent, le sourcil fourni, la bouche bien fendue, la lèvre rebordée et la face carrée. Si ce vaste menton était couvert d'une longue barbe, savez-vous que cela figurerait très bien en bronze ou en marbre.

MOI. – À côté d'un César, d'un Marc-Aurèle, d'un Socrate.

LUI. – Non, je serais mieux entre Diogène et Phryné. Je suis effronté comme l'un, et je fréquente volontiers chez les autres.

MOI. – Vous portez-vous toujours bien ?

LUI. – Pas merveilleusement aujourd'hui.

MOI. – Votre oncle, le voyez-vous quelquefois ?

LE CLAVECINISTE. – Ah son oncle ! (*Le claveciniste commence frénétiquement à jouer.*)

Musique : Tambourin, *en mi mineur, de Jean-Philippe Rameau (1683-1764)*

LUI. – Ah, Rameau non !!!

MOI. – Votre... le voyez-vous quelquefois ?

LUI. – Oui, passer dans la rue.

MOI. – Est-ce qu'il ne vous fait aucun bien ?

LUI. – S'il en fait à quelqu'un, c'est sans s'en douter. C'est un philosophe dans son espèce. Il ne pense qu'à lui ; le reste de l'univers lui est comme d'un clou à soufflet. Sa fille et sa femme n'ont qu'à mourir quand elles voudront, pourvu que les cloches de la paroisse qu'on sonnera pour elles continuent de résonner la douzième et la dix-septième tout sera bien. C'est ce que je prise particulièrement dans les gens de génie. Ils ne sont bons qu'à une chose. Passé cela, rien. Ils ne savent ce que c'est d'être citoyens, pères, mères, frères, parents, amis. Entre nous, il faut leur ressembler de tout point ; mais ne pas désirer que la graine en soit commune. Il faut des hommes ; mais pour des hommes de génie, point. Non, ma foi, il n'en faut point. Ce sont eux qui changent la face du globe ; et dans les plus petites choses la sottise est si commune et si puissante qu'on ne la réforme pas sans charivari... Si je savais l'histoire, je vous montrerais que le mal est toujours venu ici-bas par quelque homme de génie. Mais je ne sais pas l'histoire, parce que je ne sais rien. Le diable m'emporte si j'ai jamais rien appris ; et si pour n'avoir rien appris, je m'en trouve plus mal. Les gens de génie sont détestables, et si un enfant apportait en naissant, sur son front, la caractéristique de ce dangereux présent de la nature, il faudrait ou l'étouffer, ou le jeter au cagnard.

MOI. – Tout en convenant avec vous que les gens de génie sont communément singuliers, ou comme dit le proverbe, qu'il n'y a point de grands esprits sans un grain de folie, on n'en reviendra pas. L'homme de génie qui dénonce une erreur générale, ou qui accrédite une grande vérité, est toujours un être digne de notre vénération.

Et quand cet homme de génie serait communément d'un commerce dur, difficile, épineux, insupportable, quand même ce serait un méchant, qu'en concluriez-vous ?

LUI. – Qu'il est bon à noyer.

MOI. – Doucement, cher homme. Ça, dites-moi, je ne prendrai pas votre oncle pour exemple ; c'est un homme dur, c'est un brutal, il est sans humanité.

LUI. – Avare...

MOI. – Ah oui avare aussi !!! Il est mauvais père, mauvais époux, mauvais oncle ; et il n'est pas assez décidé que ce soit un homme de génie, mais Racine ? Celui-là certes avait du génie, et ne passait pas pour un trop bon homme. Lequel des deux préféreriez-vous ? ou qu'il eût été un bon homme, identifié avec son comptoir ou avec son aune, faisant régulièrement tous les ans un enfant légitime à sa femme, bon mari ; bon père...

LUI. – Il n'y en a pas.

MOI. – ... bon voisin, bon oncle...

LUI. – Il n'y en a pas.

MOI. – ... honnête commerçant...

LUI. – Il n'y en a plus.

MOI. – ... mais rien de plus...

LUI. – Ou ?...

MOI. – Ou qu'il eût été fourbe, traître, ambitieux, envieux, méchant ; mais auteur d'*Andromaque*, d'*Athalie*, de *Britannicus*...

LE CLAVECINISTE. – De *Phèdre*.

MOI. – Oh oui de *Phèdre*.

LUI. – Je réfléchis, moi il y a des jours où il faut que je réfléchisse... Pour lui, ma foi, peut-être que de ces deux hommes, il eût mieux valu qu'il eût été le premier.

MOI. – Pourquoi pour lui ?

LUI. – C'est que toutes ces belles choses-là qu'il a faites ne lui ont pas rendu vingt mille francs ; et que s'il eût été un bon épicier en gros de la rue Saint-Denis ou Saint-Honoré, un apothicaire bien achalandé, il eût amassé une fortune immense, et qu'en l'amassant, il n'y aurait eu sorte de plaisirs dont il n'eût joui ; qu'il aurait donné de temps en temps la pistole à un pauvre diable de bouffon comme moi qui l'aurait fait rire, qui lui aurait procuré dans l'occasion une jeune fille qui l'aurait désennuyé de l'éternelle cohabitation avec sa femme.

Vous riez. Ah, vous voilà vous autres ! Si nous disons quelque chose de bien, c'est comme des fous ou des inspirés ; par hasard. Il n'y a que vous autres qui vous entendiez. Oui, Monsieur le philosophe. Je m'entends ; et je m'entends aussi bien que vous vous entendez. Racine. Cet homme n'a été bon que pour des inconnus, et que pour le temps où il n'était plus.

MOI. – D'accord. Mais dans mille ans d'ici, il fera verser des larmes ; il sera l'admiration des hommes. Dans toutes les contrées de la terre il inspirera l'humanité, la commisération, la tendresse et on l'enviera à la France. S'il a fait souffrir quelques êtres qui ne sont plus, auxquels nous ne prenons presque aucun intérêt ; nous n'avons rien à redouter ni de ses vices ni de ses défauts. Oui, je sais, il eût mieux valu sans doute qu'il eût reçu de la nature les vertus d'un homme de bien, avec les talents d'un grand homme. C'est un arbre qui a fait sécher quelques arbres plantés dans son voisinage ; qui a étouffé les plantes qui croissaient à ses pieds ; mais il a porté sa cime jusque dans la nue ; ses branches se sont étendues au loin ; il a prêté son ombre à ceux qui venaient, qui viennent et qui viendront se reposer autour de son tronc majestueux ; il a produit des fruits d'un goût exquis et qui se renouvellent sans cesse. Regardons la chose du côté vraiment intéressant ; oublions pour un moment le point que nous occupons dans l'espace et dans la durée ; et étendons notre vue sur les siècles à venir, les régions les plus éloignées, et les peuples à naître. Songeons au bien de notre espèce.

LUI. – Mais si la nature était aussi puissante que sage, pourquoi ne l'a-t-elle pas fait aussi bon qu'elle l'a fait grand ?

MOI. – Avec un pareil raisonnement vous renversez l'ordre général, si tout ici-bas était excellent, il n'y aurait rien d'excellent.

LUI. – Vous avez raison. Le point important est que vous et moi nous soyons...

LE CLAVECINISTE. – Et moi aussi.

LUI. – Et lui aussi!!!... Foin du plus parfait des mondes, si je n'en suis pas. Serviteur.

MOI. – Acceptons donc les choses comme elles sont. Voyons ce qu'elles nous coûtent et ce qu'elles nous rendent; et laissons là le tout que nous ne connaissons pas assez pour le louer ou le blâmer.

LUI. – Je n'entends pas grand-chose à tout ce que vous me débitez là. C'est apparemment de la philosophie; je vous préviens que je ne m'en mêle pas. Tout ce que je sais, c'est que je voudrais bien être un autre, au hasard d'être un homme de génie. Je n'en ai jamais entendu louer un seul que son éloge ne m'ait fait secrètement enrager. Je suis envieux. Lorsque j'apprends de leur vie privée quelque trait qui les dégrade, je l'écoute avec plaisir. Cela nous rapproche : j'en supporte plus aisément ma médiocrité. Je suis fâché d'être médiocre, je suis médiocre et fâché.

Je suis jaloux de mon oncle; et s'il y avait à sa mort, quelques belles pièces de clavecin, dans son portefeuille, je ne balancerais pas à rester moi et à être lui.

Je n'ai jamais entendu jouer l'ouverture des *Indes galantes* sans me dire avec douleur; voilà ce que tu ne feras jamais.

Musique : Ouverture *des* Indes Galantes, *en sol majeur, de Jean-Philippe Rameau*

Tu voudrais bien avoir fait ce morceau-là, hein ? Si tu avais fait ce morceau-là, tu en ferais bien deux autres ; et quand tu en aurais fait un certain nombre, on te jouerait, on te chanterait partout ; les autres, te désigneraient du doigt. On dirait : « C'est lui qui a fait les jolies gavottes »... (*Il chante et le claveciniste joue les notes.*) Do, si, si la sol, la mi, ré...

MOI. – Puis avec l'air d'un homme touché, qui nage dans la joie, et qui en a les yeux humides, il ajoutait, en se frottant les mains...

LUI. – Tu aurais une bonne maison...

MOI. – ... et il en mesurait l'étendue avec ses bras.

LUI. – Un bon lit...

MOI. – ... et il s'y étendait nonchalamment.

LUI. – De bons vins...

MOI. – ... qu'il goûtait en faisant claquer sa langue contre son palais.

LUI. – De jolies femmes...

MOI. – ... à qui il prenait déjà la gorge et qu'il regardait voluptueusement.

LUI. – Cent faquins me viendraient encenser tous les jours. On te dirait le matin que tu es un grand homme, tu serais convaincu le soir que tu es un grand homme ; et le grand homme, Rameau le neveu, s'endormirait au doux murmure de l'éloge qui retentirait dans son oreille ; même en dormant, il aurait l'air satisfait ; sa poitrine se dilaterait, s'élèverait, s'abaisserait avec aisance ; il ronflerait, comme un grand homme.

MOI. – Vous croyez donc qu'un grand homme a son sommeil ?

LUI. – Si je le crois ! Moi, pauvre hère, lorsque le soir j'ai regagné mon grenier et que je me suis fourré dans mon grabat, je suis ratatiné sous ma couverture ; j'ai la poitrine étroite et la respiration gênée ; c'est une espèce de plainte faible qu'on entend à peine ; au lieu qu'un financier fait retentir son appartement, et étonne toute sa rue. Mais ce qui m'afflige aujourd'hui, ce n'est pas de dormir et de ronfler mesquinement.

MOI. – Cela est pourtant triste.

LUI. – Ce qui m'est arrivé l'est bien davantage.

MOI. – Qu'est-ce donc ?

LUI. – Vous, vous avez toujours pris quelque intérêt à moi, parce que je suis un bon diable que vous méprisez dans le fond, mais qui vous amuse.

MOI. – C'est la vérité !

LUI. – Vous savez que je suis un ignorant, un sot, un fou, un menteur, un paresseux, un bouffon. Ce que vos Bourguigons appellent un fieffé truand...

MOI. – Quel panégyrique !

LUI. – Il est vrai de tout point. Il n'y en a pas un mot à rabattre. Point de contestation là-dessus, s'il vous plaît. Personne ne me connaît mieux que moi ; et je ne dis pas tout.

MOI. – Je ne veux point vous fâcher ; et je conviendrai de tout ce qu'il vous plaira

LUI. – Eh bien, j'étais tombé chez des gens, la petite Hus du Théâtre-Français et son amant le gros financier Bertin qui m'avaient pris en gré, précisément parce que j'étais doué, à un rare degré, de toutes ces qualités. J'étais comme un coq en pâte. On me fêtait. J'étais leur petit Rameau, leur joli Rameau, leur Rameau l'impertinent, le bouffon, l'escroc, le gourmand, la grosse bête. Il n'y avait pas une de ces familières épithètes qui ne me valût un sourire, une caresse, un soufflet, un coup de pied, à table un bon morceau qu'on me jetait sur mon assiette. Le grand chien que je suis ; j'ai tout perdu ! J'ai tout perdu pour avoir eu le sens commun, une fois, une seule fois en ma vie ; ah, si cela m'arrive jamais !

MOI. – De quoi s'agissait-il donc ?

LUI. – C'est une sottise incomparable, incompréhensible, irrémissible.

MOI. – D'accord, mais quelle sottise encore ?

LUI. – La sottise d'avoir eu un peu de goût, un peu d'esprit, un peu de raison. Rameau, Rameau, vous avait-on pris pour cela ? Rameau, mon ami, cela vous apprendra à rester ce que Dieu vous fit et ce que vos protecteurs vous voulaient. Aussi l'on vous a pris par les épaules, on vous a conduit à la porte ; on vous a dit : « Faquin, tirez ; ne reparaissez plus. Cela veut avoir du sens, de la raison, je crois ! Tirez. Nous avons de ces qualités-là, de reste ». Vous vous en êtes allé en vous mordant les doigts ; c'est votre langue maudite qu'il fallait mordre auparavant. Malheureux, possédé d'un million de diables, te voilà sur le pavé !

MOI. – Mais n'y aurait-il pas moyen de se rapatrier ? La faute que vous avez commise est-elle si impardonnable ? À votre place, j'irais retrouver mes gens. Vous leur êtes plus nécessaire que vous ne croyez.

LUI. – Oh, je suis sûr qu'à présent qu'ils ne m'ont pas, pour les faire rire, ils s'ennuient comme des chiens.

MOI. – J'irais donc les retrouver. Je ne leur laisserais pas le temps de se passer de moi, de se tourner vers quelque amusement honnête ; car qui sait ce qui peut arriver ?

LUI. – Ce n'est pas là ce que je crains. Cela n'arrivera pas.

MOI. – Quelque sublime que vous soyez, un autre peut toujours vous remplacer.

LUI. – Difficilement.

MOI. – D'accord. Cependant j'irais avec ce visage défait, ces yeux égarés, ce col débraillé, ces cheveux ébouriffés, dans l'état vraiment tragique où vous voilà. Je me jetterais aux pieds de la divinité. Je me collerais la face contre terre ; et sans me relever, je lui dirais d'une voix basse et sanglotante : « Pardon, Madame ! pardon ! »

LUI. – Pardon, Madame ! pardon !

MOI. – Je suis un indigne, un infâme.

LUI. – Un indigne, un infâme.

*Musique sur le texte : Extrait de l'*Ouverture *du début du spectacle*

MOI. – Ce fut un malheureux instant...

LUI. – ... malheureux instant.

MOI. – ... car vous savez que je ne suis pas sujet à avoir du sens commun...

LUI. – Oh non, pas sujet, pas sujet du tout.

MOI. – ... et je vous promets, je vous promets, de n'en avoir de ma vie.

LUI. – Oui ma petite reine je vous promets que je n'en aurais de ma vie, de ma vie !!!

Fin de la musique sur le texte.

Oui : vous avez raison. Je crois que c'est le mieux. Mais aller s'humilier devant une guenon ! Crier miséricorde aux pieds d'une misérable petite histrionne que les sifflets du parterre ne cessent de poursuivre ! Moi, Rameau ! fils de Monsieur Rameau, apothicaire et organiste de Dijon. Moi, Rameau le neveu, le neveu de celui qu'on appelle le grand Rameau. Moi qui ai composé des pièces de clavecin que personne ne joue, mais qui seront peut-être les seules qui passeront à la postérité qui les jouera ; moi ! moi enfin ! J'irais !.. Tenez, Monsieur, cela ne se peut. Je me sens là quelque chose qui s'élève et qui me dit, « Rameau, tu n'en feras rien ». Il faut qu'il y ait une certaine dignité attachée à la nature de l'homme, que rien ne peut étouffer. Car il y a d'autres jours où il ne m'en coûterait rien pour être vil tant qu'on voudrait ; ces jours-là, pour un liard, je baiserais le cul à la petite Hus.

MOI. – Hé, mais, l'ami ; elle est blanche, jolie, jeune, douce, potelée ; et c'est un acte d'humilité auquel un plus délicat que vous pourrait quelquefois s'abaisser.

LUI. – Entendons-nous ; c'est qu'il y a baiser le cul au simple, et baiser le cul au figuré.

MOI. – Si l'expédient que je vous suggère ne vous convient pas ; ayez donc le courage d'être gueux.

Musique : Romance, *en do majeur/mineur, de Claude Balbastre*

LUI. – Gueux ! Il est dur d'être gueux, tandis qu'il y a tant de sots opulents aux dépens desquels on peut vivre. Et puis le mépris de soi ; il est insupportable.

MOI. – Est-ce que vous connaissez ce sentiment-là ?

LUI. – Si je le connais ; combien de fois, je me suis dit : Comment, Rameau, il y a dix mille bonnes tables à Paris, à quinze ou vingt couverts chacune ; et de ces couverts-là, il n'y en a pas un pour toi ! Il y a des bourses pleines d'or qui se versent de droite et de gauche, et il n'en tombe pas une pièce sur toi ! Mille plats intrigants, sont bien vêtus, et tu irais tout nu ? Et tu serais imbécile à ce point ? Est-ce que tu ne saurais pas mentir, jurer, parjurer, promettre, tenir ou manquer comme un autre ? Est-ce que tu ne saurais pas te mettre à quatre pattes, comme un autre ? Est-ce que tu ne saurais pas favoriser l'intrigue de Madame, et porter le billet doux de Monsieur, comme un autre ? Est-ce que tu ne saurais pas faire entendre à la fille d'un de nos bourgeois, qu'elle est mal mise : qu'un beau monsieur, jeune et riche, en habit galonné d'or, en superbe équipage l'a vue en passant, l'a trouvée charmante ; et depuis ce jour-là en a perdu le boire et le manger ; qu'il n'en dort plus, et qu'il en mourra ? « Mais mon papa. – Bon, bon, votre papa ! il s'en fâchera d'abord un peu. – Et maman qui me recommande tant d'être honnête fille, qui me dit qu'il n'y a rien dans ce monde que l'honneur ? – Vieux propos qui ne signifient rien. – Et mon confesseur ? – Vous ne le verrez plus. – C'est un homme très sévère qui m'a déjà refusé l'absolution, pour la chanson. *Viens dans ma cellule, viens, viens, viens.* – C'est que vous n'aviez rien à lui donner… Mais quand vous lui apparaîtrez en dentelles. – J'aurai donc des dentelles ? – Sans doute, de toutes sortes… en belles boucles de diamants. – J'aurai donc de belles boucles de diamants ? – Oui. – Comme celles de cette marquise qui vient quelquefois prendre des gants dans notre boutique ? – Précisément. Dans un bel équipage, avec des chevaux gris pommelés ; deux grands laquais, un petit nègre. Au bal ! – Au bal ?.. » Déjà le cœur lui tressaillit de joie. « Qu'est cela ? – Un billet. – Et pour qui ? – Pour vous, si vous étiez un peu curieuse. – Curieuse, je le suis beaucoup. – Bah voyons. » Elle lit : « Une entrevue ? En allant à la messe ! Maman m'accompagne toujours mais s'il vient un peu matin je me lève la première avant qu'on soit levé… Au bal ? – Au bal, à l'Opéra, à la Comédie… – Et j'aurais des bijoux. – Oui. – Et j'aurais des dentelles. – Oui… »

MOI. – Je l'écoutais, et à mesure qu'il faisait la scène du proxénète et de la jeune fille qu'il séduisait, l'âme agitée de deux mouvements opposés, je ne savais si je m'abandonnerais à l'envie de rire, ou au transport de l'indignation.

LUI. – Il vient : il plaît ; un beau jour, à la brune, la petite disparaît, et l'on me compte mes deux mille écus... Eh, quoi Rameau, tu aurais ce talent-là et tu manquerais de pain ?

MOI. – Vingt fois un éclat de rire empêcha ma colère d'éclater ; vingt fois la colère qui s'élevait au fond de mon cœur se termina par un éclat de rire. J'étais confondu de tant de sagacité, et de tant de bassesse ; d'idées si justes et alternativement si fausses ; d'une perversité si générale de sentiments, d'une turpitude si complète, et d'une franchise si peu commune...

Il s'aperçut du conflit qui se passait en moi...

LUI. – Qu'avez-vous ?

MOI. – Rien.

LUI. – Vous me paraissez troublé.

MOI. – Je le suis aussi.

LUI. – Mais enfin que me conseillez-vous ?

MOI. – Je vous conseille de changer de propos. Dans quel état d'abjection vous êtes né ou tombé.

LUI. – Quoi qu'il en soit voilà le texte de mes fréquents soliloques que vous pouvez paraphraser à votre fantaisie pourvu que vous en concluiez que je connais le mépris de soi-même.

MOI. – En même temps, il se met dans l'attitude d'un joueur de violon ; il fredonne de la voix un allegro de Locatelli, son bras droit imite le mouvement de l'archet ; sa main gauche et ses doigts semblent se promener sur la longueur du manche ; s'il fait un ton faux, il s'arrête ; il remonte ou baisse la corde ; il la pince de l'ongle, pour s'assurer qu'elle est juste ; il reprend le morceau où il l'a laissé ; au milieu de ses agitations, s'il se présentait une tenue, un de ces endroits harmonieux où l'archet se meut lentement sur plusieurs cordes à la fois, son visage prenait l'air de l'extase, sa voix s'adoucissait, il s'écoutait avec ravissement. Il est sûr que les accords résonnaient dans ses oreilles et aussi dans les miennes.

Vous vous êtes donné bien de la peine pour me montrer que vous étiez fort habile, j'étais homme à vous croire sur parole.

LUI. – Fort habile ? oh non ! pour mon métier, je le sais à peu près, et c'est plus qu'il ne faut. Car dans ce pays-ci est-ce qu'on est obligé de savoir ce qu'on montre ?

MOI. – Pas plus que de savoir ce qu'on apprend aux autres.

LUI. – Là, Monsieur le philosophe, la main sur la conscience. Il y eut un temps où vous n'étiez pas cossu comme aujourd'hui.

MOI. – Je ne le suis pas encore trop.

LUI. – Ne donniez-vous pas alors des leçons de mathématiques ?

MOI. – Sans en savoir un mot. N'est-ce pas là que vous en vouliez venir ?

LUI. – Justement.

MOI. – J'apprenais en montrant aux autres, et j'ai fait quelques bons écoliers.

LUI. – Cela se peut, mais il n'en est pas de la musique comme de l'algèbre ou de la géométrie. Aujourd'hui que vous êtes un gros monsieur...

(*Le claveciniste éclate de rire.*)

MOI. – Quoi, je ne suis si gros.

LE CLAVECINISTE. – (*nouveau rire du musicien*) Ah, bah si quand même !...

MOI. – Non mais dites donc vous, de quoi je me mêle !

LUI. – Oh Monsieur le philosophe, vous avez du foin dans vos bottes !

MOI. – Très peu.

LUI. – Vous donnez des maîtres à votre fille ?

MOI. – Pas encore. C'est sa mère qui se mêle de son éducation.

LUI. – Sa mère !

MOI. – Eh oui, il faut avoir la paix chez soi !

LUI. – Quel âge a votre enfant ?

MOI. – Cela ne fait rien à l'affaire.

LUI. – Quel âge a votre enfant ?

LE CLAVECINISTE. – Quel âge a votre enfant ?

MOI. – Que diable, laissons là mon enfant et son âge.

LUI. – Pardieu, je ne sache rien de si têtu qu'un philosophe. En vous suppliant très humblement, ne pourrait-on savoir de Monseigneur le philosophe, quel âge à peu près peut avoir Mademoiselle sa fille.

MOI. – Marie Angélique a huit ans.

LUI. – Huit ans ! il y a quatre ans que Marie Angélique devrait avoir les doigts sur les touches.

MOI. – Mais peut-être ne me soucié-je pas trop de faire entrer dans le plan de son éducation, une étude qui occupe si longtemps et qui sert si peu.

LE CLAVECINISTE. – Merci !

LUI. – Et que lui apprendrez-vous donc, s'il vous plaît ?

MOI. – À raisonner juste, si je puis ; chose si peu commune parmi les hommes, et plus rare encore parmi les femmes.

LUI. – Eh ! laissez-la déraisonner, tant qu'elle voudra, pourvu qu'elle soit jolie, amusante et coquette.

MOI. – Puisque la nature a été assez ingrate envers elle pour lui donner une organisation délicate, avec une âme sensible, et l'exposer ce faisant aux peines de la vie, je lui apprendrai, si je puis, à les supporter avec courage.

LUI. – Eh! laissez-la pleurer, souffrir, minauder, avoir des nerfs agacés, comme les autres; pourvu qu'elle soit jolie, amusante et coquette. Quoi, point de danse? Point de chant? Point de musique?

MOI. – Non. S'il y avait un bon maître d'harmonie, je la lui confierais volontiers, deux heures par jour, pendant un ou deux ans; pas davantage.

LUI. – Et à la place des choses essentielles que vous supprimez…

MOI. – Je mets de la grammaire, de la fable, de l'histoire, de la géographie, un peu de dessin, et beaucoup de morale.

LUI. – Ah nous y voilà! Combien il me serait facile de vous prouver l'inutilité de toutes ces connaissances-là, dans un monde tel que le nôtre; que dis-je, l'inutilité, peut-être le danger. Mais je m'en tiendrai pour ce moment à une question: et ces maîtres, vous espérez qu'ils sauront la grammaire, la fable, l'histoire, la géographie, la morale dont ils lui donneront des leçons?

MOI. – …

LUI. – Chansons, mon cher maître, chansons. S'ils possédaient ces choses assez pour les montrer, ils ne les montreraient pas.

MOI. – Et pourquoi cela?

LUI. – C'est qu'ils auraient passé leur vie à les étudier. Il faut être profond dans l'art ou dans la science, pour en bien posséder les éléments. C'est le milieu et la fin qui éclaircissent les ténèbres du commencement. Ce n'est qu'après trente ans d'exercice que mon oncle a entrevu les premières lueurs de la théorie musicale. Trente ou quarante ans!

MOI. – Ô fou, archifou, comment se fait-il que dans ta

mauvaise tête, il se trouve des idées si justes, pêle-mêle, avec tant d'extravagances.

LUI. – Qui diable sait cela ? C'est le hasard qui vous les jette, et elles demeurent. Tant y a que, quand on ne sait pas tout, on ne sait rien de bien. Tenez mon philosophe, en vérité, il vaudrait autant ignorer que de savoir si peu et si mal ; et c'était précisément où j'en étais, lorsque je me fis maître d'accompagnement et de composition.

MOI. – Vous avez montré, l'accompagnement...

LE CLAVECINISTE. – ...et la composition... ?

LUI. – Oui.

MOI. – Et évidemment vous n'en saviez rien.

LE CLAVECINISTE. – ... Du tout ?

LUI. – Non, ma foi ; et il y en avait de pires que moi : ceux qui croyaient savoir quelque chose. Au moins je ne gâtais ni le jugement ni les mains des enfants. En passant de moi, à un bon maître, comme ils n'avaient rien appris, du moins ils n'avaient rien à désapprendre ; et c'était toujours autant de temps et d'argent épargnés.

LE CLAVECINISTE. – Comment faisiez-vous ?

LUI. – Comme ils font tous. J'arrivais. Je me jetais dans une chaise : « Que le temps est mauvais ! que le pavé est fatigant ! » Je bavardais quelques nouvelles : « Mademoiselle Lemierre devait faire un rôle de vestale dans l'opéra nouveau. Mais elle est grosse pour la seconde fois. On ne sait qui la doublera. – Madame Untelle est accouchée de deux enfants à la fois : chaque père aura le sien. » La mère : « Allons, Mademoiselle ; prenez votre livre. » Tandis que Mademoiselle, qui ne se presse pas, cherche son livre qu'elle a égaré, je continue : « Le bruit court que de Voltaire est mort. Tant mieux. – Et pourquoi tant mieux ? – C'est qu'il va nous donner quelque bonne folie. C'est son usage que de mourir une quinzaine auparavant.» On m'écoutait. On riait. On s'écriait: «Il est toujours charmant». Cependant, Mademoiselle, le livre enfin retrouvé sous un fauteuil, se mettait à son clavecin. D'abord elle y faisait du bruit, toute seule.

Musique sur le texte: Le claveciniste joue mal une musique de débutant pour imiter la jeune musicienne.

Ensuite, je m'approchais, après avoir fait à la mère un signe d'approbation: «Cela ne va pas mal.» La mère: «On n'aurait qu'à vouloir; mais on ne veut pas. On aime mieux perdre son temps à jaser, à chiffonner. Aussi vous ne la grondez jamais...» Comme il fallait bien faire quelque chose, je lui prenais les mains que je lui plaçais autrement. Je me dépitais, je criais «Sol, sol, sol; Mademoiselle, c'est un sol.» La mère: «Mademoiselle, est-ce que vous n'avez point d'oreille? Moi qui ne suis pas au clavecin, et qui ne vois pas sur votre livre, je sens qu'il faut un sol.» Alors je rabattais un peu les coups, et hochant de la tête, je disais: «Cela ne va pas mal. Cela pourrait aller mieux, si Mademoiselle étudiait un peu; mais cela ne va pas mal.» La mère: «Monsieur Rameau, vous la flattez. Voilà de sa leçon la seule chose qu'elle retiendra et qu'elle saura bien me répéter dans l'occasion.» L'heure se passait. Mon écolière me présentait le petit cachet, avec la grâce du bras et la révérence qu'elle avait apprise du maître à danser. Je le mettais dans ma poche. Je bavardais encore un moment par bienséance; je disparaissais ensuite, et voilà ce qu'on appelait alors une leçon d'accompagnement.

Fin de la musique sur le texte.

MOI. – Et aujourd'hui, c'est donc autre chose.

*Musique sur le texte : Extrait de l'*Ouverture *du début du spectacle.*

LUI. – Vertudieu, je le crois. J'arrive. Je suis grave. Je me hâte d'ôter mon manchon. J'ouvre le clavecin. J'essaie les touches. Je suis toujours pressé : si l'on me fait attendre un moment, je crie comme si l'on me volait un écu. Dans une heure d'ici, il faut que je sois là ; dans deux heures, chez madame la duchesse une telle. Je suis attendu à dîner chez une belle marquise ; et au sortir de là, c'est un concert chez monsieur le baron de Bacq, rue Neuve-des-Petits-Champs. Sol mademoiselle, sol, sol, sol, sol…

Fin de la musique sur le texte.

MOI. – Et cependant vous n'êtes attendu nulle part ?
LUI. – Il est vrai.
MOI. – Et pourquoi employer toutes ces viles petites ruses-là ?
LUI. – Viles ? En quoi, s'il vous plaît ? Mais, Monsieur le philosophe, il y a une conscience générale. Comme il y une grammaire générale ; et puis des exceptions dans chaque langue que vous appelez, je crois, vous autres savants, des… aidez-moi donc… des…
LE CLAVECINISTE. – Idiotismes.
LUI. – Tout juste. Eh bien, chaque état a ses exceptions à la conscience générale auxquelles je donnerais volontiers le nom d'idiotismes de métier.
MOI. – J'entends.
LUI. – Je donne ma leçon, et je la donne bien ; voilà la

règle générale. Je fais croire que j'en ai plus à donner que la journée n'a d'heures, voilà l'idiotisme.

MOI. – Et la leçon, vous la donnez bien ?

LUI. – Oui...

MOI. – Hum ?

LUI. – Pas mal...

LE CLAVECINISTE. – Hum ?

LUI. – Passablement... Autrefois je volais l'argent de mon écolière ; oui, je le volais ; cela est sûr. Aujourd'hui, je le gagne, du moins comme les autres.

MOI. – Et le voliez-vous sans remords ?

LUI. – Oh, sans remords. On dit que *si un voleur vole l'autre, le diable s'en rit*. Les parents regorgeaient d'une fortune acquise, Dieu sait comment ; c'étaient des gens de cour, des financiers, de gros commerçants, des banquiers, des gens d'affaires. Je les aidais à restituer. Dans la nature toutes les espèces se dévorent, toutes les conditions se dévorent dans la société, il n'y a que le coup d'œil qu'il faut avoir de juste. Et puis la misère. La voix de la conscience et de l'honneur est bien faible, lorsque les boyaux crient. Suffit que si je deviens jamais riche, il faudra bien que je restitue, et que je suis bien résolu à restituer de toutes les manières possibles, par le jeu, par le vin, par les femmes.

MOI. – Mais j'ai peur que vous ne deveniez jamais riche.

LUI. – Moi, j'en ai le soupçon.

MOI. – Mais s'il en arrivait autrement... Imaginons... Imaginons... S'il en arrivait autrement que feriez-vous ?

LUI. – Oh mon cher philosophe, je serais le plus insolent maroufle qu'on eût encore vu. J'aime à commander, et je commanderai. J'aime qu'on me loue et l'on me louera. Et je leur dirai, comme on me l'a dit : « Allons, faquins, qu'on m'amuse », et l'on m'amusera : « Qu'on me déchire les honnêtes gens », et on les déchirera, si l'on en trouve encore ; nous aurons toutes sortes de travers et de vices. Nous nous tutoierons, quand nous serons ivres, nous aurons des filles, cela sera délicieux. Nous prouverons que Voltaire est sans génie, que Diderot est sans génie, que Montesquieu n'est qu'un bel esprit. Tenez, vive la sagesse de Salomon : boire de bon vin, se gorger de mets délicats, se rouler sur de jolies femmes. Excepté cela, le reste n'est que vanité.

MOI. – Quoi, défendre sa patrie ?

Musique sur le texte : Malbrough s'en va-t-en guerre

LUI. – Vanité. Il n'y a plus de patrie. Je ne vois d'un pôle à l'autre que des tyrans et des esclaves.

MOI. – Servir ses amis ?

Fin de la musique sur le texte.

LUI. – Vanité. Est-ce qu'on a des amis ? Quand on en aurait, faudrait-il en faire des ingrats ? La reconnaissance est un fardeau ; et tout fardeau est fait pour être secoué.

MOI. – Avoir un état dans la société et en remplir les devoirs ?

LUI. – Vanité. Qu'importe qu'on ait un état, ou non, pourvu qu'on soit riche, puisqu'on ne prend un état que pour le devenir.

MOI. – Veiller à l'éducation de ses enfants ?

LUI. – Vanité. C'est l'affaire d'un précepteur.

MOI. – Mais si ce précepteur, pénétré de vos principes, néglige ses devoirs, qui est-ce qui en sera châtié ?

LUI. – Ma foi, ce ne sera pas moi ; mais peut-être un jour, le mari de ma fille, ou la femme de mon fils.

MOI. – Mais si l'un et l'autre se précipitent dans la débauche et les vices.

LUI. – Cela est de leur état.

MOI. – S'ils se déshonorent.

LUI. – Quoi qu'on fasse, on ne peut se déshonorer, quand on est riche... riche, riche, riiiiiiiiiiiche...

MOI. – Allons, les riches usent tout. Leur âme s'hébète. L'ennui s'en empare. Celui qui leur ôterait la vie au milieu de leur abondance accablante les servirait. C'est qu'ils ne connaissent du bonheur que la partie qui s'émousse le plus vite.

Je ne méprise pas les plaisirs des sens. J'ai un palais aussi, et il est flatté d'un mets délicat, ou d'un vin délicieux. J'ai un cœur et des yeux, et j'aime à voir une jolie femme. J'aime à sentir sous ma main la fermeté et la rondeur de sa gorge, à presser ses lèvres des miennes, à puiser la volupté dans ses regards, et à en expirer entre ses bras. Quelquefois avec mes amis, une partie de débauche, même un peu tumultueuse, ne me déplaît pas. Mais je ne vous dissimulerai pas, il m'est infiniment plus doux encore d'avoir secouru le malheureux, donné un conseil salutaire, fait une lecture agréable, une promenade avec un homme ou une femme chère à mon cœur, passé quelques heures instructives avec mes enfants, écrit une bonne page, dit à celle que j'aime quelques petites choses tendres et douces qui amènent ses bras autour de mon col. Vous savez moi, je connais telle action que je voudrais avoir faite pour tout ce que je possède.

Un homme de ma connaissance s'était réfugié à Carthagène. C'était un cadet de famille, dans un pays où la coutume transfère tout le bien aux aînés. Là il apprend que son aîné, enfant gâté, après avoir dépouillé son père et sa mère de tout ce qu'ils possédaient, les avait expulsés de leur château et que les bons vieillards languissaient, indigents, dans une petite ville de province. Que fait alors ce cadet, qui traité durement par ses parents était allé tenter la fortune au loin ? Il leur envoie des secours et il ramène son père et sa mère dans leur domicile. Mon cher Rameau, cet homme regardait cet intervalle comme le plus heureux de sa vie. C'est les larmes aux yeux qu'il m'en parlait ; et moi, je sens, en vous faisant ce récit, mon cœur se troubler de joie et le plaisir me couper la parole...

Musique : Allegro Assai, *en mi bémol majeur (extrait de la sonate opus XIV/1), de Johann Schobert* (1735-1767)

LUI. – À votre compte, il faudrait donc être d'honnêtes gens ?

MOI. – Pour être heureux ? Assurément.

LUI. – Cependant, je vois une infinité d'honnêtes gens qui ne sont pas heureux ; et une infinité de gens qui sont heureux sans être honnêtes.

MOI. – Il vous semble.

LUI. – Et n'est-ce pas pour avoir eu du sens commun et de la franchise un moment, que je ne sais où aller souper ce soir ?

MOI. – Hé non, c'est pour n'en avoir pas toujours eu. C'est pour n'avoir pas senti de bonne heure qu'il fallait d'abord se faire une ressource indépendante de la servitude.

LUI. – Indépendante ou non, celle que je me suis faite est au moins la plus aisée.

MOI. – Et la moins sûre et la moins honnête.

LUI. – Mais la plus conforme à mon caractère de fainéant, de sot, de vaurien.

MOI. – D'accord.

LUI. – Et puisque je puis faire mon bonheur par des vices

qui me sont naturels, que j'ai acquis sans travail, que je conserve sans effort, qui cadrent avec les mœurs de ma nation, il serait bien singulier que j'allasse me tourmenter comme une âme damnée pour me bistourner et me faire autre que je ne suis. On loue la vertu, mais on la hait, mais on la fuit, mais elle gèle de froid et, dans ce monde, il faut avoir les pieds chauds. Et puis ça me donnerait de l'humeur. Car pourquoi voyons-nous si fréquemment les dévots si durs, si fâcheux, si insociables, c'est qu'ils souffrent. Et quand on souffre on fait souffrir les autres. L'ami Rameau, s'il se mettait un jour à catoniser, que serait-il ? Un hypocrite. Il faut que Rameau soit ce qu'il est : un brigand heureux avec des brigands opulents.

MOI. – D'après cela le conseil que j'aie à vous donner, c'est de rentrer bien vite dans la maison d'où vous vous êtes imprudemment fait chasser.

LUI. – Et de faire ce que vous ne désapprouvez pas au simple, et ce qui me répugne au figuré ?

MOI. – Absolument... Baiser le cul de la petite Hus.

LUI. – Je veux bien être abject, mais je veux que ce soit sans contrainte. Je veux bien descendre de ma dignité... Pourquoi riez-vous ?

MOI. – C'est votre dignité qui me fait rire.

LUI. – Chacun a la sienne. Faut-il qu'on puisse me dire : rampe, et que je sois obligé de ramper ? C'est l'allure du ver ; c'est mon allure ; nous la suivons l'un et l'autre, le ver et moi ; mais nous nous redressons quand on nous marche sur la queue. On m'a marché sur la queue, et je me redresserai.

Et puis vous n'avez pas d'idée de la pétaudière dont il s'agit là-bas chez le gros financier Bertin : imaginez un mélancolique et maussade personnage, dévoré de vapeurs, enveloppé dans deux ou trois tours de robe de chambre ; qui se déplaît à lui-même et à qui tout déplaît. Rira-t-il ? ne rira-t-il pas ? Voilà ce que je suis forcé de me dire au milieu de mes contorsions ; et vous pouvez juger combien cette incertitude nuit au talent. Mon hypocondre, la tête renfoncée dans un bonnet de nuit qui lui couvre les yeux, a l'air d'une pagode immobile à laquelle on aurait attaché un fil au menton, d'où il descendrait jusque sous son fauteuil. On attend que le fil se tire, et il ne se tire point ; ou s'il arrive que la mâchoire s'entrouvre, c'est pour articuler un mot désolant, ce mot est la réponse à une question que vous lui aurez faite il y a quatre jours ; ce mot dit, le ressort mastoïde se détend et la mâchoire se referme : « Oui, vous avez raison, Mademoiselle Hus. Il faut mettre de la finesse là. » C'est que cela décide ; que cela décide toujours : le soir, le matin, à la toilette, à dîner, au jeu, au théâtre, au lit et, Dieu me pardonne... je crois, entre les bras de sa maîtresse. Triste, obscur, et tranché, comme le destin ; tel est notre patron, tel est le gros financier Bertin.

Musique : Quand un cœur sort de l'esclavage, *ariette de Mazet, en la majeur, de Egidio Duni (1708-1775), transcrite pour le clavecin par Michel Corrette (1707-1795)*

MOI. – Depuis que nous causons, j'ai une question sur la lèvre.

LUI. – Pourquoi l'avoir arrêtée là si longtemps ?

MOI. – C'est que j'ai craint qu'elle ne fût indiscrète.

LUI. – Après ce que je viens de vous révéler, j'ignore quel secret je puis avoir pour vous.

MOI. – Vous ne doutez pas du jugement que je porte de votre caractère.

LUI. – Nullement. Je suis à vos yeux un être très abject, très méprisable, et je le suis aussi quelquefois aux miens ; mais rarement. Je me félicite plus souvent de mes vices que je ne m'en blâme. Vous êtes plus constant dans votre mépris.

LE CLAVECINISTE. – ...

MOI. – Si, si, il a raison. Mais pourquoi me montrer toute votre turpitude ?

LUI. – D'abord c'est que vous en connaissiez une bonne partie, et que je voyais plus à gagner qu'à perdre à vous avouer tout le reste.

MOI. – Comment cela s'il vous plaît ?

LUI. – S'il importe d'être sublime en quelque genre, c'est surtout en mal. On crache sur un petit filou ; mais on ne peut refuser une sorte de considération à un grand criminel. Son courage étonne. Son atrocité vous fait frémir. On prise en tout l'unité de caractère.

MOI. – Mais cette estimable unité de caractère, vous ne l'avez pas encore. Je vous trouve de temps en temps vacillant dans vos principes. Et il est incertain, si vous tenez votre méchanceté de la nature, ou de l'étude ; et si l'étude vous a porté aussi loin qu'il est possible.

LUI. – J'y ai fait de mon mieux... Ne vous ai-je pas parlé du renégat d'Avignon.

MOI. – Ah, non, nous n'avons jamais entendu parler de ce renégat d'Avignon ; mais ce doit être un homme bien étonnant.

LUI. – Oh ! là, là !

LE CLAVECINISTE. – L'histoire des grands personnages m'a toujours intéressé...

LUI. – C'est vrai ? Le renégat d'Avignon : le renégat d'Avignon vivait chez un bon et honnête de ces descendants d'Abraham.

MOI. – Chez un Juif ?

LUI. – Chez un Juif. Le renégat avait surpris d'abord la

commisération du Juif, ensuite la bienveillance, enfin la confiance la plus entière. Car voilà comme il en arrive toujours. Nous comptons tellement sur nos bienfaits, qu'il est rare que nous cachions notre secret, à celui que nous avons comblé de nos bontés. Le Juif confia donc au renégat qu'il ne pouvait en conscience manger du cochon. Vous allez voir tout le parti qu'un esprit fécond sut tirer de cet aveu... Quelques mois se passèrent pendant lesquels notre renégat redoubla d'attachement. Quand il crut son Juif bien touché, bien captivé, bien convaincu par ses soins qu'il n'avait pas un meilleur ami dans toute la ville... Admirez la circonspection de cet homme. Le renégat ne se hâte pas. Il laisse mûrir la poire, avant que de secouer la branche... Mais vous ne m'écoutez pas, à quoi rêvez-vous ?

MOI. – Je rêve à l'inégalité de votre ton ; tantôt haut, tantôt bas.

LUI. – Est ce que le ton de l'homme vicieux peut être un ? Bref, un soir il arrive chez son bon ami, l'air effaré, le visage pâle comme la mort, tremblant de tous ses membres : « Qu'avez-vous ? – Nous sommes perdus. – Perdus, et comment ? – Un moment, que je me remette de mon effroi. – Allons, remettez-vous », lui dit le Juif ; au lieu de lui dire : « Tu es un fieffé fripon, je ne sais ce que tu as à m'apprendre mais tu es un fieffé fripon ; tu joues la terreur avec moi. »

MOI. – Et pourquoi devait-il lui parler ainsi ?

LUI. – C'est que le renégat était faux et qu'il avait passé la mesure. C'est clair pour moi, ne m'interrompez pas. Le renégat : « Nous sommes perdus sans ressource, un traître nous a déférés à la sainte Inquisition, vous comme Juif, moi comme renégat, comme un infâme renégat. » Le Juif s'effraye, il s'arrache la barbe, il se roule à terre : « Mon ami, mon tendre ami, mon unique ami, quel parti prendre ?... – Quel parti ? Il faut tout vendre. Je ferais louer un bâtiment par un tiers. » Fait et dit. Le bâtiment est loué. La fortune du Juif est à bord. Ils peuvent souper gaiement et dormir en sûreté. Demain, ils échappent à leurs persécuteurs. Pendant la nuit, le renégat se lève, dépouille le Juif de son portefeuille, de sa bourse et de ses bijoux ; se rend à bord, et le voilà parti.

Et vous croyez que c'est là tout ? Bon, vous n'y êtes pas. Jusqu'ici le renégat n'est qu'un coquin méprisable à qui personne ne voudrait ressembler. Le sublime de sa méchanceté, c'est d'avoir été lui-même le délateur de son bon ami l'israélite, dont la sainte Inquisition s'empara à son réveil et dont on fit un beau feu de joie...

MOI. – Je ne sais lequel des deux me fait le plus d'horreur, ou de la scélératesse de votre renégat, ou du ton dont vous en parlez.

LUI. – J'ai voulu que vous connussiez jusqu'où j'excellais dans mon art ; vous arracher l'aveu que j'étais au moins original dans mon avilissement, me placer dans votre tête sur la ligne des grands vauriens. Et m'écrier ensuite : « *Vivat Mascarillus, fourbum Imperator*, vive Mascarille, l'empereur des fourbes ». Allons, gai, Monsieur le philosophe ; chorus. Musique !!!... (*Il chante.*) Qu'avez-vous ? Est-ce que vous vous trouvez mal ?

MOI. – Un peu ; mais cela passera.

LUI. – Vous avez l'air soucieux d'un homme tracassé de quelque idée fâcheuse.

MOI. – C'est cela oui... Quelque idée fâcheuse...

LUI. – (*Il chante.*) « *Vivat Mascarillus, fourbum Imperator*... Oh terre reçois mon or »... Musique !!!...

(*Le Neveu s'écroule... Le Philosophe et le claveciniste s'approchent... Il se redresse brusquement.*)

Je ne sais ce que j'ai. Je souffre de la poitrine. Cela m'arrive presque tous les jours, sans que je sache pourquoi.

Musique : La Fête du village, je m'en souviendrai longtemps, *ariette de* La Clochette, *en la mineur, de Egidio Duni, transcrite pour le clavecin par Michel Corrette*

MOI. – Comment se fait-il qu'avec un tact aussi fin, une si grande sensibilité pour les beautés de l'art musical, vous soyez aussi aveugle sur les belles choses en morale, aussi insensible aux charmes de la vertu ?

LUI. – C'est apparemment qu'il y a pour les unes un sens que je n'ai pas, une fibre qui ne m'a point été donnée, une fibre lâche qu'on a beau pincer et qui ne vibre pas ; ou peut-être c'est que j'ai toujours vécu avec de bons musiciens et de méchantes gens ; d'où il est arrivé que mon oreille est devenue très fine, et que mon cœur est devenu très sourd. Et puis c'est qu'il y avait quelque chose de la race. La molécule paternelle était dure ; et cette maudite molécule première s'est assimilé tout le reste.

MOI. – Aimez-vous votre enfant ?

LUI. – Si je l'aime, le petit sauvage ? J'en suis fou.

MOI. – Est-ce que vous ne vous occuperez pas sérieusement d'arrêter en lui l'effet de la maudite molécule paternelle ?

LUI. – J'y travaillerais, je crois, bien inutilement. S'il est destiné à devenir un homme de bien, je n'y nuirai pas. Mais si la molécule voulait qu'il fût un vaurien comme son père, les peines que j'aurais prises pour en faire un homme honnête lui seraient très nuisibles. L'éducation croisant sans cesse la pente de la molécule, il serait tiré comme par deux forces contraires, et marcherait tout de guingois dans le chemin de la vie. Avant que la molécule paternelle n'eût repris le dessus et ne l'eût amené à la parfaite abjection où j'en suis, il lui faudrait un temps infini ; il perdrait ses plus belles années. Je le laisse venir. Je l'examine. Il est déjà gourmand, patelin, filou, paresseux, menteur. Je crains bien qu'il ne chasse de race.

MOI. – Et vous en ferez un musicien, afin qu'il ne manque rien à la ressemblance ?

LUI. – Un musicien ! Quelquefois je le regarde, en grinçant les dents, et je dis : « Si tu devais jamais savoir une note, je crois que je te tordrais le col. »

MOI. – Et pourquoi cela ?

LUI. – Cela ne mène à rien.

LE CLAVECINISTE. – Cela mène à tout.

LUI. – Oui, quand on excelle ; mais qui est-ce qui peut se promettre de son enfant qu'il excellera ? Il y a dix mille à parier contre un qu'il ne serait qu'un misérable racleur de cordes comme moi. Savez-vous qu'il serait peut-être plus aisé de trouver un enfant propre à faire un grand roi, qu'un grand violon. De l'or. De l'or. L'or est tout ; et le reste, sans or, n'est rien. Aussi au lieu de lui farcir la tête de belles maximes qu'il faudrait qu'il oubliât, lorsque je possède un louis, ce qui ne m'arrive pas souvent, je me plante devant lui. Je tire le louis de ma poche. Je le lui montre avec admiration. J'élève les yeux au ciel. Je baise le louis devant lui. Et pour lui mieux faire entendre encore l'importance de la pièce sacrée, je lui bégaye de la voix tout ce qu'on en peut acquérir, un beau fourreau, un bon biscuit... Ensuite je remets le louis dans ma poche. Je me promène avec fierté et c'est ainsi que je lui fais concevoir que c'est du louis qui est là, que naît l'assurance qu'il me voit.

MOI. – On ne peut rien de mieux. Mais s'il arrivait que, profondément pénétré de la valeur du louis, un jour... le petit sauvage abandonné à lui-même, conservant toute son imbécillité... et y ajoutant la violence des passions de l'homme de trente ans, il tordait le col à son père, et couchait avec sa mère.

LUI. – Cela prouve la nécessité d'une bonne éducation ; et qu'est-ce qu'une bonne éducation, sinon celle qui conduit à toutes sortes de jouissances, sans péril, et sans inconvénient.

MOI. – Je vous aime mieux musicien que moraliste.

LUI. – Je suis pourtant bien subalterne en musique, et bien supérieur en morale.

Musique : Variations *sur la romance* Ah, vous dirais-je Maman*, en la majeur, de Michel Corrette*

LUI. – Ah si j'avais vos talents.

MOI. – Laissons là mes talents...

LUI. – Si je savais m'énoncer comme vous.

MOI. – Je parle mal. Je ne sais que dire la vérité ; et cela ne prend pas toujours, comme vous savez.

LUI. – Mais ce n'est pas pour dire la vérité ; au contraire, c'est pour bien dire le mensonge que j'ambitionne votre talent. Si je savais écrire ; fagoter un livre, bien enivrer un sot de son mérite ; m'insinuer auprès des femmes.

MOI. – Tout cela, vous le savez mille fois mieux que moi. Je ne serais pas même digne d'être votre écolier.

LUI. – Combien de grandes qualités perdues, et dont vous ignorez le prix !

MOI. – Mais c'est qu'il y a des gens comme moi qui ne

regardent pas la richesse, comme la chose du monde la plus précieuse. Gens bizarres !

LUI. – Très bizarres.

MOI. – Parlons musique, et dites-moi comment il est arrivé qu'avec la facilité de sentir, de retenir et de rendre les plus beaux endroits des grands maîtres ; avec l'enthousiasme qu'ils vous inspirent et que vous transmettez aux autres, vous n'avez rien fait. Enfin rien qui vaille.

LUI. – Et l'astre ? l'astre ! Quand la nature fit Pergolèse, elle sourit. Elle prit un air imposant et grave, en formant le cher oncle Rameau. Quand elle fagota son neveu, elle fit la grimace et puis la grimace, et puis la grimace encore. C'est ainsi qu'elle me fit et qu'elle me jeta et tous se mirent à crever de rire, en me voyant : « Neveu, neveu, neveu ». Et moi, de mettre mes deux poings sur mes côtes et à crever de rire, en les voyant ; car les sots et les fous s'amusent les uns des autres ; ils se cherchent, ils s'attirent.

Il me semble qu'il y a pourtant là quelque chose ; mais j'ai beau frapper, secouer, il ne sort rien. Ou il n'y a personne, ou l'on ne veut pas répondre. Je sens, oui, je sens. Seul, je prends la plume ; je veux écrire. je me ronge les ongles ; je m'use le front. Serviteur. Bonsoir. Le dieu est absent ; je m'étais persuadé que j'avais du génie ; au bout de ma ligne, je lis que je suis un sot, un sot, un sot. Mais le moyen de sentir, de s'élever, en fréquentant avec des gens, tels que ceux qu'il faut voir pour vivre.

MOI. – Il vaudrait mieux se renfermer dans son grenier, boire de l'eau, manger du pain sec, et se chercher soi-même.

LUI. – Peut-être ; mais je n'en ai pas le courage ; et puis sacrifier son bonheur à un succès incertain.

Et le nom que je porte donc ? Rameau ! s'appeler Rameau, cela est gênant. Il n'en est pas des talents comme de la noblesse qui se transmet. Il n'en est pas ainsi du talent. Pour n'obtenir que la renommée de son père, il faut être plus habile que lui.

MOI. – À votre place, je ne me le tiendrais pas pour dit ; j'essaierais.

LUI. – Et vous croyez que je n'ai pas essayé. Je n'avais pas quinze ans, lorsque je me dis, pour la première fois : Qu'as-tu Rameau ? tu rêves. Et à quoi rêves-tu ? que tu voudrais bien avoir fait quelque chose qui excitât l'admiration de l'univers. Hé, oui…

MOI. – À quoi que ce soit que l'homme s'applique, la Nature l'y destinait.

Musique : Adagio, *en sol majeur (extrait de la sonate K.7), de Wolfgang Amadeus Mozart (1756-1791)*

LUI. – Comment dites-vous cela ?

MOI. – À quoi que ce soit que l'homme s'applique, la Nature l'y destinait.

LUI. – La nature fait d'étranges bévues. Il est dans la nature d'avoir appétit ; car c'est toujours à l'appétit que j'en reviens, à la sensation qui m'est toujours présente, je trouve qu'il n'est pas du bon ordre de n'avoir pas toujours de quoi manger. Que diable d'économie, des hommes qui regorgent de tout, tandis que d'autres qui ont un estomac importun comme eux, une faim renaissante comme eux, et pas de quoi mettre sous la dent. Le pis, c'est la posture contrainte où nous tient le besoin. L'homme nécessiteux ne marche pas comme un autre ; il saute, il rampe, il se tortille ; il passe sa vie à à exécuter les diverses pantomimes de l'espèce humaine.

MOI. – À votre compte, il y a bien des gueux dans ce

monde-ci ; mais je ne connais personne qui ne sache quelques pas de votre danse.

LUI. – Vous avez raison. Il n'y a dans tout un royaume qu'un homme qui marche. C'est le souverain.

MOI. – Le souverain ? Et croyez-vous qu'il ne se trouve pas, de temps en temps, à côté de lui, un petit pied, un petit chignon, un petit nez qui lui fasse faire un peu de la pantomime ? Quiconque a besoin d'un autre est indigent et prend une position. Le roi prend une position devant sa maîtresse et devant Dieu ; il fait son pas de pantomime. Le ministre fait le pas de courtisan, de flatteur, de valet ou de gueux devant son roi. La foule des ambitieux danse vos positions, en cent manières plus viles les unes que les autres, devant le ministre. Ma foi, ce que vous appelez la pantomime des gueux n'est jamais que le grand branle de la terre. Chacun a sa petite Hus et son gros financier Bertin.

LUI. – Cela me console.

MOI. – Il y a pourtant un être dispensé de la pantomime. C'est le philosophe qui n'a rien et qui ne demande rien.

LUI. – Et où est cet animal-là ? S'il n'a rien il souffre ; s'il ne sollicite rien, il n'obtiendra rien, et il souffrira toujours.

MOI. – Diogène se moquait des besoins.

LUI. – Mais, il faut être vêtu.

MOI. – Il allait tout nu.

LUI. – Quelquefois il faisait froid dans Athènes.

MOI. – Moins qu'ici.

LUI. – On y mangeait.

MOI. – Sans doute.

LUI. – Aux dépens de qui ?

MOI. – De la nature. DE LA NATURE… À qui s'adresse le sauvage ? à la terre, aux animaux, aux poissons, aux arbres, aux herbes, aux racines, aux ruisseaux.

LUI. – Mauvaise table.

MOI. – Elle est grande.

LUI. – Mais mal servie.

MOI. – C'est pourtant celle qu'on dessert pour couvrir les nôtres. Les choses de la vie ont un prix sans doute ; mais vous, vous ignorez celui du sacrifice que vous faites pour les obtenir. Vous dansez, vous avez dansé et vous continuerez de danser la vile pantomime.

Musique : Pantomime, *en sol majeur du* Devin de Village, *de Jean-Jacques Rousseau (1712-1778)*

LUI. – « Moi qui siège toujours comme une queue masjestueux entre deux couilles » Tout le monde a ri. Tout le monde. Excepté le gros financier Bertin à ma droite. C'est ce chien de petit prêtre avare, puant et usurier qui est la cause de mon désastre. Il arriva à l'heure qui nous chasse tous de nos repaires, l'heure du dîner. J'entre, je l'aperçois. « Comment, l'abbé, lui dis-je, vous présidez ? voilà qui est fort bien pour aujourd'hui ; mais demain, vous descendrez, s'il vous plaît, d'une assiette ; après-demain, d'une autre assiette ; et ainsi d'assiette en assiette, jusqu'à ce que vous deveniez stationnaire à côté de moi, moi qui siège toujours comme une queue masjestueux entre deux couilles. » Mademoiselle Hus, pénétrée de la justesse de mon observation, a ri. Tout le monde a ri, excepté monsieur. « Rameau vous êtes un impertinent. – Je le sais bien, et c'est à cette condition que vous m'avez reçu. – Un faquin. Un gueux. – Est-ce que je serais ici, sans cela ? – Je vous ferai chasser. – Après dîner, je m'en irai de moi-même. – Je vous le conseille. » On dîna ; je n'en perdis pas un coup de dent. Après avoir bien mangé, bu largement, je pris mon parti. J'avais engagé ma parole auprès de tant de monde qu'il fallait bien la tenir. « Mais Mademoiselle Hus, qu'est-ce qu'il y a donc d'extraordinaire ? Ai-je été différent aujourd'hui des autres jours ? » Que diable, est-ce qu'il ne me connaît pas ? Est-ce qu'il ne sait pas que je suis comme les enfants, et qu'il y a des circonstances où je laisse tout aller sous moi ? On m'a voulu ridicule et je me le suis fait. Il faut que je les fasse rire, c'est la condition, mais il faut que je m'amuse aussi quelquefois !

Au milieu de cet imbroglio, il me passa par la tête une pensée funeste, une pensée qui me donna de la morgue : c'est qu'on ne pouvait se passer de moi, que j'étais un homme essentiel.

MOI. – Oui, je crois que vous leur êtes très utile, mais qu'ils vous le sont encore davantage. Vous ne retrouverez pas, quand vous voudrez, une aussi bonne maison ; mais eux, pour un fou qui leur manque, ils en retrouveront cent.

LUI. – Cent fous comme moi ! Ils ne sont pas si communs, Monsieur le philosophe. Des plats fous, oui. Je suis rare dans mon espèce, très rare. À présent qu'ils ne m'ont plus pour les faire rire, que font-ils ? Ils s'ennuient comme des chiens. J'avais à chaque instant une boutade qui les faisait rire aux larmes.

MOI. – Aussi vous aviez la table, le lit, l'habit, veste et culotte, les souliers, et la pistole par mois.

LUI. – Il n'y a point de meilleur rôle auprès des grands que celui de fou.

*Musique sur le texte : Extrait de l'*Ouverture *du début du spectacle*

Longtemps il y a eu le fou du roi en titre ; en aucun, il n'y a eu en titre le sage du roi. Moi je suis le fou de Bertin et de beaucoup d'autres, le vôtre peut-être dans ce moment ; ou peut-être vous, le mien. Celui qui serait sage n'aurait point de fou. Celui donc qui a un fou n'est pas sage ; s'il n'est pas sage, il est fou, et peut-être, fût-il roi, le fou de son fou…

Fin de la musique sur le texte.

MOI. – Il faut convenir que vous avez porté le talent de faire des fous, et de s'avilir aussi loin qu'il est possible. Il faut cependant que vous ayez péché une fois contre les principes de l'art et qu'il vous soit échappé par mégarde quelques-unes de ces vérités amères qui blessent ; c'est qu'en dépit du rôle misérable, abject, vil, abominable que vous faites, je crois qu'au fond, vous avez l'âme délicate.

LUI. – Moi, point du tout. Que le diable m'emporte si je sais au fond ce que je suis. Je dis les choses comme elles me viennent, sensées, tant mieux ; impertinentes, on n'y prend pas garde. Je n'ai pensé de ma vie ni avant que de dire, ni en disant, ni après avoir dit. Aussi je n'offense personne.

Mais baste. Au dernier moment, tous sont également riches. Et Bertin qui à force de vols, de pillages, laisse vingt-sept millions en or. Et Rameau, le neveu, le neveu, Rameau à qui la charité fournira la serpillière dont on l'enveloppera. Le mort n'entend pas sonner les cloches ; son âme ne marche pas à côté du maître des cérémonies. Pourrir sous du marbre, pourrir sous de la terre, c'est toujours pourrir. Oh fumier précieux ! Le point important est d'aller copieusement, agréablement, tous les jours, à la chaise…

Mais voyez un peu l'heure qu'il est, car il faut que j'aille à l'Opéra.

LE CLAVECINISTE. – Qu'est-ce qu'on y donne ?

LUI. – Le Dauvergne. Il y a d'assez belles choses dans sa musique ; c'est dommage qu'il ne les ait pas dites le premier.

MOI. – Parmi les morts, il y en a toujours quelques-uns qui désolent les vivants.

LUI. – Adieu, Monsieur le philosophe. N'est-il pas vrai que je suis toujours le même ?

MOI. – Hélas oui, malheureusement.

LUI. – Que j'aie ce malheur-là encore une quarantaine d'années. Rira bien qui rira le dernier... Rira bien qui rira le dernier...

*Musique : Reprise de l'*Ouverture *du début du spectacle*

FIN

CHRONOLOGIE

1694
Naissance de Voltaire

1712
Naissance de Rousseau

1713
5 octobre : naissance de Denis Diderot, fils de Didier, maître coutelier et d'Angélique Vigneron fille d'un marchand tanneur à Langres sur le plateau champenois.
Deux oncles maternels voués à Dieu, l'un curé, l'autre chanoine.
La Bulle *Unigenitus* condamne le jansénisme

1715
Naissance de Denise, alias Sœurette, Socrate femelle
Mort de Louis XIV
Régence de Philippe d'Orléans
Rameau : *Cantates*

1716
Naissance de Catherine Diderot, première de ce prénom, elle meurt en 1718
Naissance de Sophie Volland

1717
Naissance de Jean le Rond d'Alembert

1718
Voltaire : *Œdipe*

1720
Naissance d'Angélique Diderot, sœur et filleule de Denis

1721
Montesquieu : *Les Lettres Persanes*
Bach : *Concertos Brandebourgeois*

1722
Naissance du frère benjamin de Denis, Didier, futur prêtre et chanoine

1723
Diderot est élève chez les Jésuites de Langres.
Mort du régent
Marivaux : *La Double Inconstance*

1726
Diderot reçoit la tonsure en vue de la succession au canonicat de son oncle Vigneron, il est autorisé à porter l'habit des abbés.
Voltaire à la Bastille puis en Angleterre

1728
Diderot arrive à Paris
Voltaire : *La Henriade*
Chardin : *La Raie*

1730
Marivaux : *Le Jeu de l'amour et du hasard*

1732
Diderot est reçu maître ès art et entre à la Sorbonne en théologie.
Voltaire : *Zaïre*

CHRONOLOGIE

1735
Diplômé de théologie, Diderot reçoit le bénéfice de l'évêque de Langres mais renonce à l'église fin décembre.
Mort de sa sœur Catherine (la seconde du nom)
Rameau : *Les Indes galantes*

1736-1740
Vie de bohème
Diderot est précepteur des enfant Randon de Massane.
Il rencontre Wille, Preisler, Eidous, Toussaint.
Pergolèse : *Stabat mater*
Maupertuis en Laponie
Nollet donne des leçons publiques de physique.

1741
Diderot écrit ses premiers articles de compte rendus au *Mercure de France*.
Première traduction : *L'Histoire de Grèce* de Stanyan
Il rencontre Rousseau et Condillac.
Guerre de succession d'Autriche
Crébillon : *Le Sopha*
Hume : *Traité de la nature humaine*

1742
Marivaux est élu à l'Académie contre Voltaire.

1743
Diderot séjourne à Langres et est mis au cachot par son père. Il s'enfuit.
6 novembre, il se marie en cachette.
Contrat avec Eidous et Toussaint pour la traduction du *Dictionnaire de médecine* de James

1744

Naissance (13 août) et mort (29 septembre) d'Angélique, première fille de Diderot
Rousseau revient de Venise.

1745

Diderot traduit *L'Essai sur le mérite et la vertu* de Shaftesbury.

1746

Publication de sa traduction du *Dictionnaire de médecine* de James
Premier Privilège accordé à l'Encyclopédie
22 mai : naissance de François Jacques Diderot, son premier fils
Publication clandestine des *Pensées philosophiques*
Condillac : *Essai sur l'origine des connaissances*
De Gua, premier directeur de l'Encyclopédie, présente d'Alembert à Diderot.

1747

Diderot écrit la *Promenade du sceptique* (texte non publié de son vivant) et *Les Bijoux indiscrets.*
De Gua renonce à l'Encyclopédie. Diderot et d'Alembert le remplacent.
Voltaire : *Zadig*
La Mettrie : *L'Homme Machine*

1748

Diderot écrit *L'Oiseau blanc, conte bleu*
Publication de ses *Mémoires sur différents sujets de mathématiques*
Nouveau Privilège pour l'Encyclopédie

1749

Publication anonyme de *La Lettre sur les Aveugles à l'usage de ceux qui voient*

Perquisition au logement de Diderot, lettre de cachet, il est emprisonné à Vincennes.

1750
30 juin : mort de son fils de 4 ans, François Jacques
Naissance (29 septembre) et mort (25 décembre) de son second fils Denis Laurent
Mise en circulation du *Prospectus de l'Encyclopédie* qui lance la souscription
Le Discours des sciences et des arts de Rousseau est unanimement salué.
Malesherbes est nommé directeur de la Librairie jusqu'en 1763.
Mort de J.-S. Bach

1751
Permission tacite et publication de la *Lettre sur les sourds et muets*
Sortie du premier volume de l'Encyclopédie
Diderot est nommé membre de l'Académie de Berlin.
Thèse de l'abbé de Prades
Voltaire : *Le Siècle de Louis XIV*

1752
Sortie du tome 2 de l'Encyclopédie
Condamnation au pilon des deux premiers volumes de l'Encyclopédie et interdiction des suivants
La Pompadour s'entremet pour en suspendre l'arrêt.
Voltaire : *Micromégas*

1753
Naissance de sa fille Marie Angélique Diderot
Parution du tome 3 de l'Encyclopédie à 3000 exemplaires
Buffon : *Discours sur le style*

1754
Diderot séjourne à Langres.

Parution du tome 4 de l'Encyclopédie.
Les Jésuites attaquent l'Encyclopédie.
Condillac : *Traité des Sensations*
D'Alembert est élu à l'Académie française.

1755
Début de la guerre franco-anglaise au Canada
Tremblement de terre à Lisbonne
Mort de Montesquieu
Tome 5 de l'Encyclopédie qui s'ouvre sur un éloge de Montesquieu par d'Alembert
Liaison de Diderot avec Sophie Volland (première lettre perdue)
Il rencontre Melchior Grimm.
Rousseau : *Discours sur l'inégalité*

1756
Voltaire s'installe aux Délices près de Genève.
Diderot visite Rousseau à l'Ermitage chez Louise d'Epinay.
Tome 6 de l'Encyclopédie
Début de la guerre de sept ans

1757
Attentat contre Louis XV par Damiens
Raidissement du pouvoir contre les cafés de la bohème littéraire et le mouvement des philosophes réunis autour de l'Encyclopédie
Attaques de Palissot contre l'Encyclopédie
Diderot publie *Le fils Naturel* et d'Alembert son fameux *Article sur Genève*.
Rousseau : Première partie de *La Nouvelle Héloïse*
Mort de Fontenelle et de Réaumur
Campagne anti-philosophes menée par Palissot et Fréron : Les Cacouacs
Rousseau s'installe à Montmorency.
Échec de Diderot à l'Académie des sciences

CHRONOLOGIE

1758
Rousseau rompt idéologiquement et affectivement avec les encyclopédistes et publie sa *Lettre à d'Alembert.*
Diderot : *Le Père de famille* et *De la poésie dramatique*
Diffusion dans la *Correspondance littéraire* d'un *Poème à Sophie Volland*
Hélvétius : *De l'esprit*

1759
Le Parlement condamne *De l'Esprit* et l'Encyclopédie.
Condamnation entérinée par le pape, révocation du Privilège
Malherbes sauve Diderot d'une perquisition.
Voltaire : *Candide* et s'installe à Ferney
Mort de Didier Diderot père : Denis ne peut aller à l'enterrement.
Diderot rédige son premier *Salon* de 1759 pour Grimm.

1760
Diderot : *La Religieuse*
Voltaire répond par une autre pièce *L'Écossaise* aux *Philosophes* de Palissot.

1761
Le Père de Famille est représenté à la Comédie Française : réel succès.
Début probable de la rédaction par Diderot du *Neveu de Rameau*
Rousseau : *La nouvelle Héloïse,* immense succès
Greuze : *L'Accordée de village*
Suicide de Calas

1762
Rousseau : *Le Contrat social* et *Émile*, condamnés à l'autodafé
Rousseau, chassé de Berne, se réfugie à Neuchâtel.
Coup d'état de Catherine II qui empoisonne son mari
Suppression de la Compagnie de Jésus

1763
Diderot a 50 ans
Diderot : *Salon* de 1763 dans la *Correspondance littéraire*
Il défend Rousseau dans l'affaire de l'*Émile*.
Il rencontre David Hume et Garrick.
Voltaire : *Traité sur la Tolérance*
Mort de Marivaux
Premier séjour de Mozart à Paris

1764
Voltaire obtient la cassation du procès Calas.
Mort de La Pompadour
Voltaire : *Dictionnaire philosophique*
Début de la construction du futur Panthéon de Paris

1765
Diderot : *Jacques le fataliste*
Catherine II achète la bibliothèque de Diderot pour 15 000 livres et lui verse une pension annuelle de 1 000 livres outre la jouissance à vie de ses ouvrages.
Début de correspondance avec Falconet
Impression des derniers volumes de l'Encyclopédie
Diderot accepte d'aider l'abbé Raynal pour son *Histoire des deux Indes*.
Diderot : *Salon* de 1765 dans la *Correspondance littéraire*
Débuts de Fragonard remarqués par Diderot
Réhabilitation de Calas
Accusation du chevalier de la Barre
Rousseau est à Paris, il refuse de se réconcilier avec Diderot.

1766
Exécution publique du chevalier de la Barre
Voyage de Bougainville à travers le monde
Diffusion en province des dix derniers tomes de l'Encyclopédie

Le Breton est embastillé pour avoir distribué l'Encyclopédie à Versailles.

Diderot achève les *Essais sur la peinture* pour la *Correspondance littéraire*.

1767

Diderot : *Salon* de 1767 dans la *Correspondance littéraire*
Diderot retrouve son ami d'enfance Étienne Belle.
Les Jésuites sont expulsés d'Espagne.
Beaumarchais fait jouer son drame *Eugénie* à la Comédie Française.
Voltaire : *Les Scythes*
Gluck : *Alceste*
Voltaire : *L'Ingénu*

1768

Diderot : *Mystification*
Il achète pour Catherine II des tableaux de la collection Gaigniat.
Maupéou chancelier
Madame du Barry favorite
Acquisition de la Corse par Choiseul
Crise de subsistance dans l'est de la France mauvaises récoltes
Voltaire fait ses Pâques avec ostentation.
Mozart : *Bastien et Bastienne*

1769

Diderot : *Regrets sur ma vieille robe de chambre* dans la *Correspondance littéraire*
Il a une liaison avec madame de Meaux.
Diderot : *Entretien entre d'Alembert et Diderot, Le rêve de d'Alembert, La Suite de l'entretien entre d'Alembert et Diderot*. L'ensemble est diffusé un peu tronqué dans la *Correspondance littéraire, Salon* de 1769

1770
Diderot et seize philosophes chez Madame Necker lancent une souscription pour une statue de Voltaire confiée à Pigalle.
Parution de la première édition de *L'Histoire des deux Indes*
Diffusion de *La Religieuse* dans la *Correspondance littéraire*
Diderot : *Les deux amis* et *L'Entretien d'un père*
Arrivée à Versailles de Marie-Antoinette d'Autriche la Dauphine
Malesherbes s'attaque aux Lettres de cachet.
Campagne de Voltaire pour l'affranchissement des derniers serfs
Disgrâce de Choiseul
Beaumarchais : *Les Deux Amis*
Rousseau commence la lecture de ses *Confessions* dans les salons.
Une comète dans le ciel de Paris
Vernet : *La Tempête*
Watt : invention de la machine à vapeur
Élection du nouveau pape Clément XIV

1771
Lettre à Frédéric de Prusse
Diderot négocie pour Catherine II l'achat de la collection Thiers.
Il publie les *Leçons de clavecin et principes d'harmonie*, d'après les leçons à sa fille, de Bemetzrieder.
Il ébauche *Est-il bon, est-il méchant ?* pour Madame de Meaux.
Germe du *Supplément au voyage de Bougainville*
Version courte de *Jacques le Fataliste* achevée
Un édit royal remplace les Parlements par des Conseils supérieurs. Voltaire approuve. Diderot condamne.
Louise d'Epinay veut faire interdire les lectures des *Confessions* de Rousseau et rédige ses *Contre-Confessions*. Diderot lui prête la plume.

1772
Partage de la Pologne entre l'Autriche, la Prusse et la Russie
Coup d'état de Gustave III de Suède au service des Lumières
Mariage de la fille de Diderot avec Caroillon de Vendeul à Saint Sulpice

Première publication à Amsterdam des *Œuvres philosophiques* de Diderot en 6 volumes
Diderot décide d'aller rendre grâce à Catherine II.

1773
Diderot a 60 ans
Abolition des Jésuites par le pape
Beaumarchais déconsidère Maupéou.
Diderot donne procuration à sa femme sur ses biens et nomme Naigeon légataire de ses manuscrits, charge pour lui de les publier après sa mort.
Diderot part pour Saint-Pétersbourg mais s'arrête plusieurs mois à La Haye chez Galitzine.
Il travaille beaucoup à la *Satyre première, les Mots de caractère,* avance *Le Neveu de Rameau, Jacques le Fataliste, La Réfutation d'Helvétius,* ébauche *le Paradoxe du comédien, Le Voyage en Hollande.*
Naissance de sa petite-fille Minette
Il arrive malade à la cour de Russie.
Entretiens quotidiens avec Catherine II
Il est reçu à l'Académie de Saint-Pétersbourg.

1774
Mort de Louis XV. Avènement de Louis XVI qui rappelle Maurepas et Turgot, nomme Miromesnil garde des Sceaux, rappelle les Parlements. Les philosophes peuplent les bureaux. Liberté du commerce des grains
Goethe : *Werther*
Histoire des deux-Indes, deuxième édition que Diderot révise encore
Diderot rentre de Russie en octobre.
Il arrive à Paris.

1775
Diderot envoi à Catherine II le *Plan d'une Université pour la Russie.*

Naissance de Denis Simon de Vandeul, son unique petit-fils
Diderot : *Salon* de 1775
Il ébauche *Les Deux Amis*
Guerre des farines : disette à Paris
Washington à la tête des Insurgents
Pie VI élu pape
Première du *Barbier de Séville* à la comédie Française : échec
Beaumarchais : *Mémoire au roi en faveur des Américains*

1776
Turgot est renversé.
Déclaration d'indépendance américaine
Benjamin Franklin est à Paris, il rencontre Diderot.
Rousseau répand ses dialogues, écrit les *Rêveries du promeneur solitaire* et les *Promenades*.
Voltaire : *La Bible enfin expliquée*
Querelle piccinistes contre gluckistes

1777
Diderot travaille à l'édition complète de ses œuvres et achève : *Est il bon ? est il méchant ?*
Retour de Grimm après deux ans d'absence
La Fayette en Amérique
Necker aux finances contribue à l'effort de guerre d'Amérique.
Deuxième séjour de Mozart à Paris, hébergé par Louise d'Epinay
Rousseau : *Dernières Rêveries*

1778
Diderot publie son *Essai sur la Vie de Sénèque* et achève *Jacques Le Fataliste*.
Voltaire rentre à Paris et rencontre Diderot.
Mort de Voltaire
Mort de Rousseau
Beaumarchais : *Le Mariage de Figaro*
Traité franco-américain et guerre aux Anglais
Diffusion de *Jacques Le Fataliste* dans la *Correspondance littéraire*

L'*Essai sur Sénèque* est publié à Paris avec Privilège.

1779
Necker abolit le servage.
Mort de Chardin
Goethe et Gluck : *Iphigénie en Tauride*

1780
Réforme des prisons par Necker
Le roi abolit la question préparatoire (torture).
Publication posthume des *Dialogues* de Rousseau
Mort de Condillac
Diderot travaille à ses *Eléments de physiologie,* complète le *Supplément au voyage de Bougainville* et achève de réviser sa *Religieuse*.
Troisième édition de *L'Histoire des deux Indes*, publié officiellement à Genève

1781
Lettre apologétique de l'abbé Raynal à M. Grimm par Diderot
Installation du buste de Diderot par Houdon à Langres
Condamnation des *Deux Indes* par le Parlement
Mort de Turgot
Démission de Necker
Victoire de Washington, La Fayette et Rochambeau
Condorcet : *Réflexions sur l'esclavage*
Diderot est élu à la société des Antiquaires d'Écosse.
Salon de 1781 et dernière main aux *Pensées détachées sur la peinture*

1782
Diderot remanie encore *La Religieuse*
Il publie *Essai sur les règnes de Claude et de Néron*, qui fait suite et complète son *Sénèque* imprimé à Bouillon.

Publication des six premiers livres des *Confessions* et des *Rêveries d'un promeneur solitaire* de Rousseau

1783
Mort de Louise d'Epinay
Mort de d'Alembert
Traité de Versailles : indépendances des États-Unis
Hiver très rude, la santé de Diderot s'en ressent.

1784
22 février : mort de Sophie Volland
Début avril : mort de Minette sa petite-fille adorée
Diderot est installé par Catherine II dans l'hôtel de Bezons au 39 rue de Richelieu
31 juillet 1784 : Diderot meurt à soixante et onze ans à Paris vers trois heures de l'après-midi.
Autopsie de Diderot selon ses vœux
Obsèques organisées par son gendre à l'église Saint-Roch. Sans reniement de sa part.

TABLE DES MATIÈRES

Chapitre 1
    1728 – *Première fugue* 9

Chapitre 2
    1728 – *Tribunal familial* 21

Chapitre 3
    1728-1729 – *À nous deux, Paris!* 33

Chapitre 4
    1730-1731 – *Il sera curé, mathématicien, acteur...* ... 55

Chapitre 5
    1731-1735 – *Années abstraites, années d'études* 69

Chapitre 6
    Hiver 1735 – *Retour à la case départ et deuxième fugue* 81

Chapitre 7
    30 décembre 1735 – *Une semaine en chaise de poste!* 103

Chapitre 8
    1736-1740 – *Les années Neveu* 123

Chapitre 9
    1742 – *De la bohème à la littérature, du libertinage à l'amour* 147

Chapitre 10
    Janvier 1743 – *Amoureux et publié!* 163

Chapitre 11
    1743 – *Du cachot au mariage clandestin* 177

Chapitre 12
    1744-1746 – *Du mariage d'amour aux grandes amitiés* 197

Chapitre 13
    1746 – *De la première maîtresse aux premiers vrais livres* 223

Chapitre 14
 1749 – *Au donjon de Vincennes* 237

Le Neveu de Rameau, adaptation pour le théâtre 257

Chronologie 299

Cet ouvrage a été composé par
IGS-CP à L'Isle-d'Espagnac (16)
et achevé d'imprimer sur Roto-Page
par l'Imprimerie Floch à Mayenne
Dépôt légal : octobre 2009
N° d'édition : 0923/01
N° d'imprimeur : 74813.
Imprimé en France